中·国·闲·暇·经·济·论·丛

INNOVATION OF
HOLIDAY PROPERTY

度假地产创新之道

崔丹 魏翔 秦川◎著

中国经济出版社
CHINA ECONOMIC PUBLISHING HOUSE
·北 京·

图书在版编目（CIP）数据

度假地产创新之道/崔丹，魏翔，秦川著．
北京：中国经济出版社，2015.11
（中国闲暇经济论丛）
ISBN 978－7－5136－4000－8
Ⅰ．①度… Ⅱ．①崔… ②魏… ③秦… Ⅲ．①旅游度假村—房地产开发—研究—中国
Ⅳ．①F299.233

中国版本图书馆 CIP 数据核字（2015）第 254409 号

策划编辑　崔姜薇
责任编辑　焦晓云
责任审读　贺　静
责任印制　马小宾
封面设计　任燕飞装帧设计工作室

出版发行　中国经济出版社
印 刷 者　北京科信印刷有限公司
经 销 者　各地新华书店
开　　本　710mm×1000mm　1/16
印　　张　14.5
字　　数　219 千字
版　　次　2015 年 11 月第 1 版
印　　次　2015 年 11 月第 1 次
定　　价　48.00 元
广告经营许可证　京西工商广字第 8179 号

中国经济出版社 **网址** www.economyph.com **社址** 北京市西城区百万庄北街 3 号 **邮编** 100037
本版图书如存在印装质量问题，请与本社发行中心联系调换（联系电话：010－68330607）

序一

Preface

旅游业是我国正在培育的战略性支柱产业，但旅游业从来都不是一枝独秀，既需要其他产业的支持，诸如交通、餐饮、娱乐等，也需要与相关产业融合发展，特别是与体育、文化和房地产的互动融合。度假地产正是旅游业与房地产业的最佳组合方式。

度假地产是伴随着20世纪60年代至70年代法国地中海沿岸盛极一时的度假需求而诞生的。有需求就有供给，面对蜂拥而至的贵族和客商，海滨度假别墅群拔地而起，有商业头脑的开发商以等分时段度假（分时度假）的方式招徕客户，这标志着度假地产市场的开始。

美国在20世纪70年代开始发展度假地产，是为了应对金融危机造成的房产积压。20世纪70年代末，美国的度假地产几乎全是由房地产及其他项目改造而成的，改造比例高达95%。随着美国度假地产行业法规的逐渐健全、管理模式的逐渐成熟，美国休闲度假业飞速发展起来。2007年，美国休闲度假业直接从业人员占总就业人数的1/4，间接从业人员占1/2，为美国相关产业创造了巨大的财富，更为多数投资者带来了极大的收益。休闲度假业逐渐成为美国第一大经济活动产业。

面对旅游度假产业的光明前景，日本、巴西、以色列等国家也不甘落后，争相发展度假地产。日本制定税收优惠政策，鼓励旅游度假发展；巴西对旅游委员会准许建造的饭店免除十年联邦税收；在以色列，只要投资重点旅游项目，就可以获得高额的政府补贴。新加坡、泰国近几年也大力发展旅游度假产业，以税收减免等政策鼓励金融投资商、地产开发商、饭店管理机构等投资旅游度假产业。

中国的度假地产始于20世纪80年代末，当时十几万人南下，涌入深圳、海南等地区创业。大量的资金和人才流入刺激了海南房地产业的发展。90 年代初如火如荼的房地产开发激起地产泡沫，1～2 年的时间房产价格飙升了 300% 多。面对国家的宏观调控，海南地产热浪应声而退，地产市场一度冷若冰山。部分开发商引入分时度假、产权式酒店等方式处理积压房产，此后度假地产在中国开始发展。

旅游度假地产是投资物业的升级版。除海南房地产外，1920 年美国佛罗里达的房地产、1980 年日本的房地产，都是房地产泡沫的终端版本，最后都以度假地产收场。中国相继出台多项政策支持旅游度假产业的发展，《中国旅游业“十二五”发展规划纲要》、2015 年《国务院关于促进旅游业改革发展的若干意见》等政策为度假地产提供了一个广阔发展的平台。此外，老年市场、康体市场、商务市场、大学生市场等市场份额的扩大也进一步推动了度假市场的发展。除政策和市场因素促进外，经济和社会因素也起着至关重要的作用。在经济层面上，人均收入的显著提升推动了休闲度假市场的快速发展。2014 年，中国休闲度假市场规模约 4500 亿元，休闲度假人次达 10.13 亿。此外，城市化进程的加快和双重空间的收缩（城市发展空间和企业利润空间）推动了逆城市化度假地产的进一步发展。在社会层面上，节假日的完善、旅游消费观念的提升和旅游消费结构的转型升级也推动着度假市场进一步扩大。另外，中国老龄化率的显著提升也成为促进度假地产发展的重要因素之一。

在多重因素推动下，度假地产逐渐成为投资新宠。万达、恒大、万科，甚至联想、华谊等百强企业也纷纷涉足度假地产。万达的文化旅游城、长白山度假综合体，以及今典红树林度假世界等已成为度假地产成功的典范，吸引了不少中小投资商如过江之鲫般投身度假地产。但是，不少企业是“项庄舞剑”，借度假地产之名开发传统房地产。在利益的驱使下，很多开发商在度假配套尚未完善的情况下便将项目以地产形式推向市场；或许是对市场的盲目乐观，很多开发商还未细细想清楚度假地产的发展定位和客群定位便急于面向市场，最终导致“鬼城”“空城”接二连三地出现。

鉴于当前度假地产发展的现状，运用创新理念，跳出传统地产发展模式，探索度假地产发展之道，帮助部分度假地产商突破发展瓶颈，是非常有意义的。但是，完成一部逻辑严谨清晰、体系结构合理、针对每个度假地产发展困境进行模式创新研究的著作实为一项非常巨大的工程。本书从度假地产发展现状中提炼出主要矛盾，并以简明的模型进行阐述，希望能为度假地产的创新发展提供参考，也希望不久的将来，中国的度假地产能走出寒冬，迎来发展的春天。

我不是专门做旅游研究的，但多年来区域规划、旅游规划的实践使我明白，度假地产虽然已出现很多年，但在中国，其发展的内在规律还没有被完全把握，其发展的成功经验远没有失败教训多，有必要对其进行深入研究。崔丹等几位年轻朋友就是在这样的情况下，勇挑重担，大胆探索，做了大量耐心细致的调查和思考，最终提出度假地产的创新路径。现在摆在读者面前的这部著作，就是他们奉献给我国旅游业和房地产业的创新力作，我有幸提前拜读，受益匪浅。

是为序。

吴殿廷

2015 年 5 月 28 日于京师

序二

Preface

未来学家格雷厄姆·莫利托预言，休闲度假业在2015年将主导世界劳务市场，占据世界生产总值的1/2份额。如今，格雷厄姆·莫利托的预测正在逐步成为现实。随着社会经济的发展，中国人均收入的快速增长，廉价劳动力驱动的“人口红利”逐渐转变成人口“消费红利”。在度假需求日益增长的时代背景下，“度假红利”占据“消费红利”的比例将大幅上升。

我国相继出台多项政策支持旅游度假产业的发展。《中国旅游业“十二五”发展规划纲要》中提出，“到2015年，将旅游业初步建设成为国民经济的战略性支柱产业和国人更加满意的现代服务业”。2015年，《国务院关于促进旅游业改革发展的若干意见》中提出，“旅游业是现代服务业的重要组成部分，加快旅游业改革发展，是适应人民群众消费升级和产业结构调整的必然要求”，旅游业改革发展的任务将落实到各个单位和部门。政策上的这些支持无形中为我国旅游度假地产的发展提供了一个广阔的平台。

我国的旅游消费结构不断变化，六大市场（老年养生、康体保健、带薪休假、商务旅游、大学生旅游、家庭亲子）的推动使得度假所占市场份额进一步扩大，在国家房地产宏观调控的背景下，辉煌的度假前景驱使房地产商大举进军度假地产。万科、恒大、万达、远洋、中坤等百强房企中，至少有1/3介入了旅游度假地产领域。然而势高力极，度假地产泡沫较大，且90%的度假地产因定位不明确而陷入发展困境，70%的度假地产因配套设施不完善、交通可进入性差而处于搁置状态，度假地产“鬼城”接二连三地出现。

面对度假地产的瓶颈，投资大鳄们投消费者所好（结合消费者多元化的度假消费需求）抢占先机，引领发展潮流——万达、今典投资综合型度假地产，开辟度假地产发展新模式；重庆美尔投资有限公司、华润国际长城（乳山）酒店管理有限公司以“分权度假”的新模式抢占市场先机；万科、保利成功进军养老度假地产。也有部分度假地产商面对度假地产瓶颈，尤其是接二连三的“鬼城”现象，信心不足、望而却步。

本书结合旅游度假消费趋势、度假地产发展现状，针对度假市场六大消费主体，提出度假地产突破路径，即度假地产文化主题突破、度假地产产业业态突破、度假地产产权权限突破、度假地产经营方式突破，以及度假地产其他创新突破（新常态下乡村旅游创新发展、休闲旅游引导的新型城镇化发展、旅游引导的区域综合开发、度假时代下部分“鬼城”现象突破），并针对每种度假地产突破路径提出相对应的发展模式，如文化主题度假地产开发模式、候鸟分权模式、乡村型度假综合体开发模式、城郊互动下半城镇化田园新城模式、区域联动下的综合旅游开发模式等。

度假地产的创新发展是一项非常巨大的工程，本书观点是我们在参与、总结和分析数百个实例的基础上提出的，希望能为企业提供发展参考。当然，本书观点仅为一家之言，所涉及的范围也比较单一，限于篇幅，不能把全部研究成果呈现给广大读者，希望能借此抛砖引玉，引发更多的研究与思考。

魏　翔

2015 年 8 月 26 日

目录

Contents

第一章　缘起——中国度假地产发展现状

第一节　应势而生——度假地产发展迅猛

一、度假地产概述

目前，我国对度假地产还没有一个权威或者公认的概念，一般认为度假地产是以良好的自然景观为基础（建立在风景名胜区或秀美山水之地）、以一定的主题为特色（民俗主题、影视主题等），依托多种体验互动性游乐项目和完善的度假配套设施发展的地产项目，其价值主要体现在特色主题项目、体验游乐项目和地产项目互动发展下的长期经营收益。

从上述定义不难发现，度假地产的核心要素是景观资源、体验游乐项目和度假配套设施。度假地产与传统房地产的区别在于，其核心产品是“旅游度假项目”，而不是“房地产”。本书认为，度假地产除强调物质层面的度假外，更强调高层次的精神度假，体验互动性游乐只是精神度假的一种体现。

本书认为，度假地产也称休闲房地产，是与休闲度假相关的所有地产物业，具体指依托核心主题、以休闲度假为目的的地产开发经营项目。度假地产有三大特性：一是地理位置较为偏僻，通常位于城郊；二是景观资源良好；三是核心配套服务完善。度假地产与旅游地产的区别在于：旅游地产的必备要素是核心景观和特色景点，开发目的是满足游客休闲旅游的需求，在旅游地产里，旅游者是游客身份；而度假地产会让游客有主人的感觉，突出居家度假的特性。

二、中国度假地产产生的时代背景

未来学家格雷厄姆·莫利托预言，大休闲时代将在2015年到来，届时休闲度假业将成为继信息产业后的第四波经济大潮，占世界生产总值的1/2份额。例如，美国休闲度假业的直接从业人员占总就业人员的1/4，间接从业人员占1/2①。休闲度假业带动美国相关产业创造了巨大的财富，更为多数投资者带来极大收益，显然已成为美国第一位的经济活动产业。

（一）经济背景

1. 休闲度假时代的来临

中国的休闲度假业潜力巨大。2014年中国休闲度假市场占旅游市场规模的27.91%，市场规模约4500亿元。中国休闲度假人次年均增长17%，2014年休闲度假人次达10.13亿，2020年休闲度假人次将达25.98亿，度假市场规模将达到38.90%。数据表明，我国正全面进入度假时代，度假地产拥有极大的发展前景和利润空间。

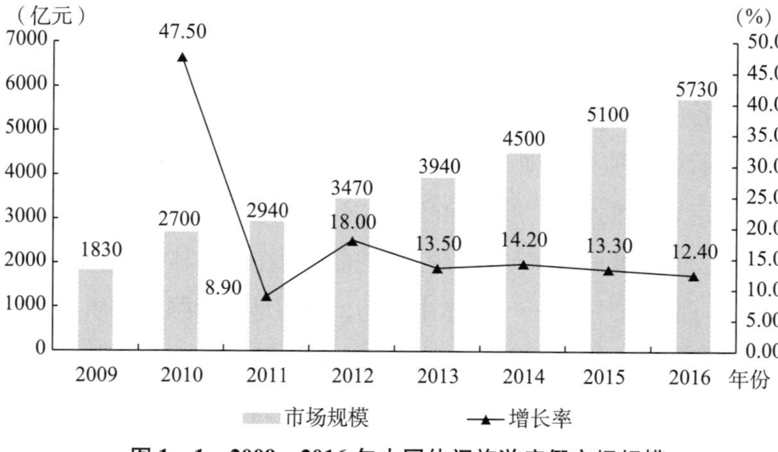

图1－1　2009—2016年中国休闲旅游度假市场规模

资料来源：艾瑞咨询。

① 屠高平．郑州市居民休闲旅游的现状调查及对策研究［D］．郑州：河南大学，2007：60.

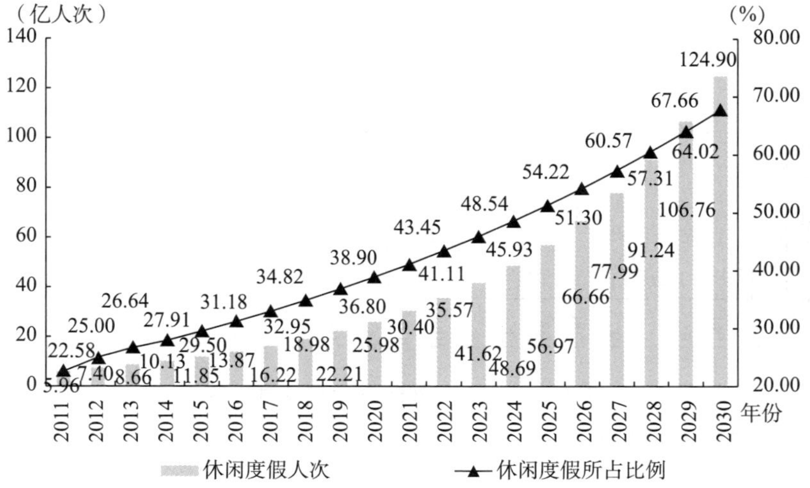

图 1－2　2011—2030 年休闲度假人次分析及预测

资料来源：国家旅游局。

2. 城市化进程加快

近年来，我国经济发展和城市化率提升扩大了城市的住宅产业增量需求，拉动城市房价飙升。与城市的寸土寸金相比，郊区或农村的度假地产（又称城郊型度假地产）在生态品质及整体房产价格上都有较大优势。城郊型度假地产正凭借其优势与城市度假地产抢占市场。

（1）城市化进程引发庞大度假需求。

农村的推力和城市的引力是城市化推进的两种动力。改革开放以来，越来越多的农民从土地上转移出来。2014 年，我国城市化率达到 51%～52%（1980 年为 19.39%）。预计到 2050 年，我国的城市化率将达到 72.9%[①]。城市化的加剧带来了拥堵的交通、恶化的环境、高昂的房价，从而迫使大部分中高层收入人群以不同形式提高住房消费水平，或是到郊区度假，或是购买第二居所。

（2）双重空间收缩推动度假地产发展。

大城市地产空间收缩主要体现在两方面：一是土地资源有限，城市发

① “城镇化质量”其实也是民生问题［EB/OL］. 中国网，2012－12－17.

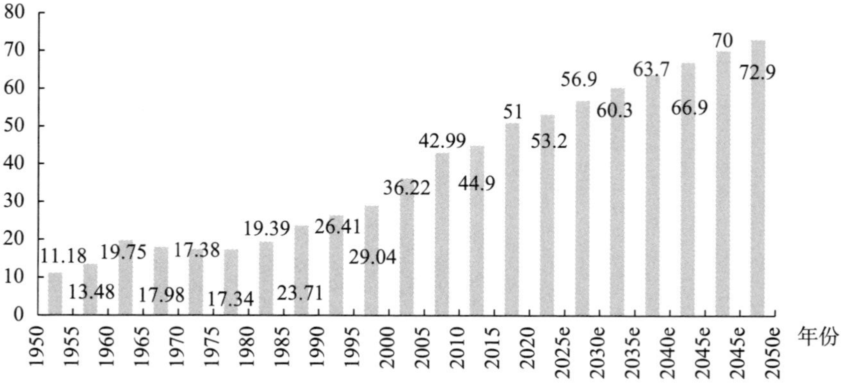

图 1－3　1950—2050 年中国城市化率

资料来源：国家统计局。

展空间收缩。二是城市地价飙升，地产企业利润收缩①。部分地产企业家突破传统思维向大城市城郊发展，开辟田园度假地产；部分地产开发商到资源优越的二、三线城市探寻度假地产发展空间。目前，以生态旅游资源为基础的度假地产渐成规模，逐渐成为中高阶层度假目的地或第二居所。

（二）社会背景

1. 旅游度假观念提升

随着社会经济的发展，我国居民的旅游观念从最初的“走马观光式旅游”提升为追求舒适、自由、康体、养生的“休闲度假”，从传统意义上的观光旅游逐渐发展成观光与休闲度假并存的体验式旅游。我国居民旅游度假观念的提升推动了度假地产的快速发展，促进了我国度假地产在数量和品质上的提升，也促进了度假行业的不断丰富和完善。

2. 节假日完善

我国法定节假日（115 天）加上带薪年休假，年休假日约占全年的 1/3，有力地推动了度假地产行业的发展。周末、节假日、带薪休假等多元化的休假方式也为度假地产提供了市场细分方式。根据居民可支配时

① 张明明．我国旅游地产投资分析［D］．天津：天津大学，2008：61.

间，可将度假市场细分为五种类型。

（1）城郊型度假：一般为2天（周末为主），2～3小时车程，主要以城郊型度假为主，以城市家庭、企业为主要客源。适合产品：城郊型度假村，特色农庄或乡村酒店，硬件设施简单，生态环境良好。目前，城郊型度假、中低端度假产品品质恶劣，严重影响游客回头率。当然也有特色度假村，如北京城郊的小毛驴农场，凭借认养土地、采摘蔬果等项目赢得公众喜爱；张北坝上草原，以天然草场、浓郁的草原风情吸引大批北京游客前去度假。

（2）候鸟型度假：一般为3～7天（小长假为主），以中高端收入阶层为主要客源。适合产品：避暑、避寒度假目的地，分时度假酒店等。

（3）商务型度假：一般为7～30天，以商务客群为主。适合产品：四、五星级度假酒店或度假公寓。

（4）环游型度假：30天以上，中高端收入阶层。适合产品：四、五星级度假酒店或度假公寓。

（5）第二居所：30天以上，中高端收入阶层。适合产品：城郊度假地产，或二、三线度假城市或大型度假区内的公寓或者别墅。生态旅游资源主导的度假地产正在形成规模，并且以第二居所的形式占据市场空间。优良的生态环境、私密的居住空间已成为中高阶层的心仪之地，其住房类型多以别墅或高档公寓为主。

3. 老龄化的推动

2014—2033年，我国60岁以上老人将由2亿上升到4亿[①]。到2050年，60岁以上老年人将占全国人口的30%，庞大的养老市场已经成为度假地产行业的坚挺后盾。李克强在2015年政府工作报告中提出，要进一步提高离退休人员基本养老金和城乡居民基础养老金标准，加大力度发展旅游、养老等生活服务业和生产服务业。

“9064”或“9073”的养老格局被多省市推崇，即90%居家养老、6%或7%社区养老、4%或3%机构养老。在这两种养老格局中，90%居家

① 2014年60岁以上老年人口将突破2亿［N］. 温州日报，2014-10-09.

养老和6%或7%社区养老为度假地产带来了无限前景。有闲暇且经济充裕的老年人更加注重度假品质和综合收益，中高端度假地产可以帮助他们实现追求生活质量、安享晚年的生活目标。“421”模式家庭（4个老人、1对夫妻、1个孩子）已经成为当前我国家庭结构的现状。面对重大的养老压力，大部分子女都希望父母有个舒适、健康的养老度假环境。

在郑州养老地产需求调查中，大多数老年人选择居家养老，青睐“亲子型”养老住宅（又称邻居型养老住宅，既方便照顾子女，又有自己的独立空间）；46.07%的老年人选择中档养老住宅，他们对周边的自然环境和医疗服务较为看重①。由此看来，配套设施齐全的养老度假地产商机无限。因此，中国的老龄化现象也成为促进度假地产发展的主要因素之一。

（三）政策导向背景

1. *房产调控推动度假地产逐步兴起*

近年来，国家出台了一系列房产调控政策，如限购令、信贷政策、行政干预等，使得房产行业遭遇寒冬，银根紧缩和销售遇冷使得传统房产市场表现暗淡。房产调控政策在一定程度上压缩了传统住宅市场的投资空间，也限制了部分投资客的投机性需求。不少房地产开发企业重整旗鼓，调整发展方向、运营模式和销售策略，将目标瞄准商业地产和度假地产，同时将基地向二、三线城市转移。

2. *政策助力旅游业及相关服务产业的发展*

旅游业及服务产业发展的刺激和拉动政策相继出台。《中国旅游业“十二五”发展规划纲要》中提出，“到2015年将旅游业初步发展成为国民经济的战略性支柱产业”。2015年，《国务院关于促进旅游业改革发展的若干意见》中提出，“旅游业改革发展是适应人民群众消费升级和产业结构调整的必然要求”，并且将旅游业改革发展任务落实到各个单位和部门。这些扶持政策为我国旅游度假地产的发展奠定了坚实的基础，也成为其可

---

① 郑州养老住宅需求意向调查 养老地产仍属“星星之火” [EB/OL]. www.fang.com，2015-03-12.

持续发展的动力保证。

表 1－1　2015 年促进旅游业改革发展的部分部门的工作任务及时间进度

工作任务	负责单位	时间进度
建立旅居全挂车营地和露营地建设标准，完善旅居全挂车上路通行的政策措施	公安部、交通运输部、旅游局、体育总局等	2015 年 6 月底出台具体措施
加强乡村旅游精准扶贫，扎实推进乡村旅游富民工程，带动贫困地区脱贫致富	发展改革委、旅游局等	2015 年底前取得阶段性成果
制定老年旅游服务规范，形成专业化老年旅游服务品牌	旅游局、全国老龄办等	2015 年 6 月底前出台具体措施
推动机关、企事业单位加快落实职工带薪年休假制度，将带薪年休假制度落实情况纳入各地政府议事日程	人力资源和社会保障部、全国总工会等	持续实施
在不影响教学质量的前提下，中小学、高等学校可调整寒、暑假时间，安排放春假	教育部等	2015 年 6 月底前出台具体措施
引导旅游供给结构调整，实施土地差别化管理，并完善旅游用地管理制度	国土资源部、旅游局等	2015 年 6 月底前出台具体措施

资料来源：2015 年《国务院关于促进旅游业改革发展的若干意见》。

3. 地方政府对旅游度假地产给予扶持

各地方政府也出台相关政策支持旅游度假地产发展，目的是以旅游度假地产带动落后城区及郊区的发展。这些政策主要体现在土地保障、税收优惠、资金补助等方面。

表 1－2　2014—2015 年部分地方政府旅游度假业扶持政策

文件	内容
2014 年《海南省推进旅游业发展政策》	“风情小镇”等海南行业主管部门认定的特色旅游项目，通过其对地方财力和就业贡献程度的考量，给予 5 年资金支持；经海南行业主管部门认定的特色旅游项目、创新型旅游产品和旅游经营新业态（邮轮、游艇、房车等），以其对地方财力和就业贡献程度给予 5 年资金支持
《中共广西壮族自治区委员会、广西壮族自治区人民政府关于加快旅游业跨越发展的决定》（桂发〔2014〕9 号）	重大旅游项目（如桂林国际旅游胜地、北部湾国际旅游度假区、巴马长寿养生国际旅游区）优先保障用地需求，自治区统筹推进的重大旅游项目用地给予重点保障

续表

文件	内容
2014 年吉林省《关于加快建设旅游支柱产业的意见》	建立统筹推进重大项目建设机制，在审批、用地、资金、政策等方面给予重大项目支持；大力引进资金、技术、设备及先进理念，吸引各类资本开发旅游资源、兴建旅游项目、参股旅游企业
2015 年《四川旅游局部署旅游重点工作》	实施旅游“双千亿”工程，设立“四川旅游产业基金”，强化四川省旅游引资力度；同时，与金融机构（工行、农行和开行等）建立“旅游投资”战略合作，引导银行等金融机构加强对四川省旅游重大项目建设的支持力度

三、度假地产发展历程分析

（一）国外度假地产发展历程

欧洲于 1960 年前后诞生的分时度假（time share）被誉为国外度假房地产的起源①。那时，欧美中产家庭到阿尔卑斯山地区滑雪度假，亚历山大·奈特将自家旅馆以一周为单位，将旅馆度假时段销售给不同的度假家庭，且度假时段的住宿权利可以转售。这是最早的分时度假。

法国地中海沿岸曾是欧洲乃至世界的休闲度假中心。由于度假地产火爆，大部分中产家庭无力负担度假别墅，而购买度假别墅的家庭，每年的度假时段也有限。面对较高的空置率，开发商推出合购房屋、分时享用的产品，于是出现了多数人分时享用一幢度假别墅的情况，这也属于早期的分时度假。

此后，分时度假迅速向世界各地蔓延。1975 年，美国经济衰退，为处理积压、空置的房地产，美国引入分时度假经营方式，成功盘活闲置地产。美国人对生活品质的追求、对精神消费的重视、超前的消费理念，以及美国健全的行业法规等，都成为分时度假在美国风靡至今的关键因素。

1974 年，世界上第一个分时度假交换公司 RCI（Resot Condominiums

① 杨扬．大城市边缘小城镇旅游房地产开发探析［D］．杭州：浙江大学，2005：56.

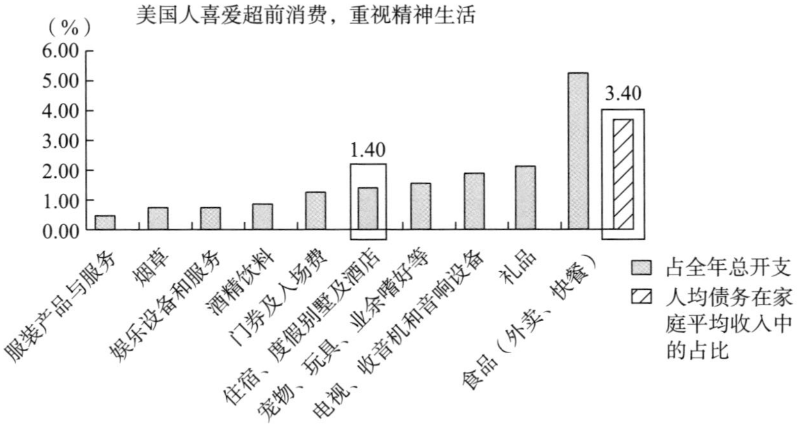

图 1-4　2014 年美国人消费结构统计

资料来源：网易海外置业。

International）在美国成立。20 世纪 70 年代末，美国的度假地产几乎全是由房地产及其他项目改造而成的，改造比例高达 95%。1980 年，分时度假传到英国和西班牙，并向全球市场扩张。20 世纪 80 年代末，大部分投资商、开发商运用分时度假经营手段，此时管理模式和交换方式逐渐成熟，行业法规也相应健全。20 世纪 90 年代末，迪士尼集团推出分时度假点数制。2006 年，世界分时度假网络遍及 124 个国家，分时度假体系包含 6000 多个酒店和度假村，拥有 800 多万名会员，营业额突破 300 亿元①。

2009 年，美国分时度假目的地有 1600 多个，分时度假酒店仅占所有度假目的地酒店数目的 1/2，共 50000 多家，分时度假客房占美国度假目的地客房总数的 18%，约 90000 个②。截至目前，世界上的度假客房与分时度假客房需求相比仍有相当大的差距，表明分时度假业仍存在巨大的发展空间。

---

① 我国产权酒店和分时度假的资产证券化设想 [EB/OL]. http://www.chinavalue.net/Biz/Article/2006-9-4/42718.html, 2006-09-04.

② 全球经济背景下的分时度假发展 [EB/OL]. http://www.sina.com.cn, 2009-05-19.

表 1-3 国外度假地产发展历程

时间	阶段	发展历程	社会背景	开发形式
20 世纪 60 年代至 70 年代	产生形成——雏形阶段	阿尔卑斯山出现分时度假雏形	西方经济开始进入快速发展时期，贵族、富商、要员度假需求旺盛	海滨别墅
		美国引入分时度假。70 年代末，95% 以上的美国度假物业是由房地产等其他项目改造而来	两次石油危机，美国经济衰退，大量房地产积压	分时度假酒店
20 世纪 90 年代	早期发展——专业化阶段	分时度假风靡欧美。1990 年初，世界上有 400 万人分时度假。1999 年，分时度假收入为 6.7 亿元	经济繁荣，立法逐渐完善，分时度假走向正轨，但仍存在一些销售问题	分时度假酒店、度假村
21 世纪	现状及未来——成熟阶段	世界分时度假网络遍及 124 个国家，分时度假体系包含 6000 多个酒店和度假村，拥有 800 多万名会员，营业额突破 300 亿元。截至目前，世界上的度假客房与分时度假客房需求相比仍有相当大的差距，表明分时度假业仍存在巨大的发展空间	分时度假已经走向大众，行业重点转移到以消费者满意为导向，服务专业，价格合理	分时度假酒店、度假村

（二）国内度假地产发展历程

国内度假地产兴起于 1990 年前后。1987 年，珠海南油度假村运用分时度假经营方式销售酒店物业，并加入 RCI，项目最终失败①。20 世纪 90 年代初，海南省出现房产“泡沫”，积压房地产占全国的 10%，“烂尾楼”达 600 栋，积压资金 800 亿元②。海南省部分地产商运用产权酒店（分时度假酒店的萌芽）运营方式，试图处理积压房地产，但市场反应不佳。

1997 年，分时度假重新进入中国，主要分布在上海和北京，但规模较小，市场较弱。分时度假在中国遭遇困境，与中国人的消费观念、行业法规的缺失有必然的联系。中国居民消费观念保守，重“实物”。随着经济

① 卢宏．分时度假的经济学分析［J］．经济问题探索，2008（2）．

② 海南“购房入户”政策的前世今生［EB/OL］．http：//newhouse. hn. fang. com/2012－12－25/9254158_ all. htm，2012－12－25.

的发展、社会的进步，我国居民的消费观念发生改变，开始注重精神消费、追求生活品质，分时度假也逐渐被国内市场接受。1999 年，国内旅游地产大规模空置，酒店经营商和房地产开发商开始重视分时度假，并以旅游房地产这一概念传播开来。

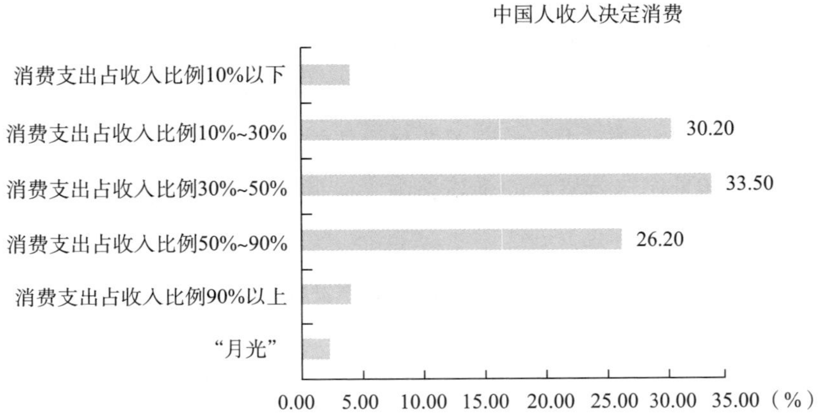

图 1－5　2014 年中国人消费占收入比例

资料来源：2014 年中国消费小康指数调查。

2001 年 7 月，中国首届旅游房地产博览会在海口举办，海外及港台地区投资者与会，分时度假成为备受关注的热门话题。2008 年，中国共有 17 家度假村加盟 RCI，分别位于北京、天津、武汉、广州、海南、桂林等一、二线城市。目前，大量品牌企业云集度假地产领域，度假地产在我国虽有了一定发展，但仍处于起步阶段，行业法规还在逐步健全，配套的产品质量、服务理念也在逐渐成熟。

近年来，我国的投资商结合我国度假市场的需求、中国人的消费观念，吸取国外分时度假、会员制营销等亮点，在度假地产营销、运营模式上走出了一条中国特色的发展之路。2009 年，为迎合国内中产阶层对旅游不动产投资理财和休闲度假高品质生活的叠加需求，旅居财富网独创 O2O2O 模式（线上跨行业整合、线下给予旅行社门店和度假物业管理公司培训及运营指导，建立度假产品与终端消费者的直接通道），将度假置业搬上互联网销售平台。

2012 年，北海易度网络科技有限公司开发易度网，推出产权式酒店交换平台，满足小业主投资理财需求；2013 年，山东蓬达度假网以自营蓬达度假酒店为主、加盟酒店为辅，将酒店间夜权期货化，推出 CPE 度假卡①，并在杭州叁点零易货交易所成功上市。CPE 度假卡具有三大功能：一是满足游客全国乃至全球度假交换；二是能作为金融衍生品进行交易；三是具有易货功能，能换取酒店物资（如酒水、车辆等）。2013—2014 年，重庆美尔地产携手万达、海航、中海等中国房地产龙头企业联合推出分权度假产品②，以 1/10 四、五星级酒店产权，28 天全球度假置换，20 年养老保险的业主分权权益满足中高阶层置业与旅居的复合需求。

随着度假地产运营模式的创新，中国度假地产在摸爬滚打中正不断走向特色和专业。

表 1－4　国内度假地产发展历程

时间	阶段	发展历程	社会背景	开发形式
20 世纪 80 年代至 90 年代初	吸收引进阶段	1987 年，珠海南油度假村运用分时度假经营方式销售酒店物业，并加入 RCI，项目最终失败	改革开放后，深圳特区发展迅速，外来新理念、新思想进入	度假村
		20 世纪 90 年代初，海南省积压房地产占全国的 10%，部分地产商运用产权酒店运营方式，试图处理积压房地产，但市场反应不佳	海南省出现房产“泡沫”，房产积压、资产搁置	海滨房产
20 世纪 90 年代末	探索发展阶段	分时度假重新进入中国，酒店经营商和房产开发商开始重视分时度假，并以旅游房地产这一概念传播开来	国家经济繁荣，出现假日旅游热	度假酒店
2008 年	市场发展阶段——服务化阶段	中国共有 17 家度假村加盟 RCI，分别位于北京、天津、武汉、广州、海南、桂林等一、二线城市	分时度假已经走向大众，度假房产开发商、销售商等开始增强服务意识，提高服务质量。行业法规也逐渐的完善	分时度假酒店、度假村

① 以“资本证券化”手段撬动现代旅游酒店业发展［EB/OL］. http：//pdjt. cn/shownews. asp? id＝651，2013－07－26.

② 美尔地产携手万达推云南旅游地产［EB/OL］. http：//www. sj998. com，2014－06－09.

续表

时间	阶段	发展历程	社会背景	开发形式
2009—2014 年	发展创新阶段——专业化探索阶段	2009 年，旅居财富网独创 O2O2O 度假地产营销模式； 2012 年，易度网推出产权式酒店交换平台； 2013 年，山东蓬达度假网通过酒店间夜权期货化，实现中国酒店物业资本化、期货化； 2013 年，重庆美尔地产推出分权度假产品	国家积极推进旅游业及服务业发展，中产阶层对旅游不动产投资理财和休闲度假高品质生活需求旺盛	产权式酒店、度假房产、分权度假酒店

表 1－5　中西方对比——走中国特色发展之路

发展背景	欧美市场	国内市场
行业法规层面	分时度假行业法规完善	行业法规缺位，结合现有法律，如《物权法》，以产权保障消费者利益
度假系统开发阶段	分时度假交换系统成熟	度假系统开发探索阶段，国内互联网开发商根据中国国情推出分权度假系统、置业交换系统等
消费观念差异	消费者超前消费观念强，强调享受生活，分时度假满足需求	中国人重“实物”消费，分权度假拥有产权保障，能满足置业和度假的双重需求
消费阶层层面	可接受的适中价格，面向中产家庭	分时度假产品多为五星级度假酒店，产品价格太高，限于高收入阶层，限制了产品的推广和发展； 分权度假分割产权，10 万元左右购买的产权式酒店 1/10 产权，满足中高收入阶层度假需求

第二节　兴势而盛——度假地产遍地开花

一、度假地产投资主体多元化

近年来，在房地产保持高压调控背景下，国家、省、市出台政策，在税收、土地、金融等多方面支持旅游服务业的发展，多元化的资本进军旅游度假地产业。

（一）旅游相关企业进军旅游度假地产

1. 旅游交通企业

2011 年，远洋地产试水旅游度假地产，投资 15 亿元开发黄山远洋“桃花岛”项目①，自 2011 年 10 月开盘至今，市场占有率位列当地前茅，遥遥领先黄山市高端产品市场。

2012 年，受欧洲金融危机的影响，世纪游轮寻求多元化的发展道路，进军旅游度假地产，并成立了重庆万盛旅游地产公司。

航空公司，如海航，也凭借其雄厚的实力进军旅游度假地产。

2. 旅行社

龙湖和中青旅在司马台长城脚下打造古北水镇项目，重现乌镇模式。2014 年上半年，古北水镇营业收入约 4.3 亿元，客流量达 309 万人次。2014 年 7 月，中青旅公告增资古北水镇②。

中国国旅、港中旅也在多元化的产业进程中投资旅游地产，分别投资开发宋城、海泉湾等项目。

旅游相关企业中，酒店企业或集体，近年来凭借雄厚的资产也将业务链延伸到了旅游度假地产领域。产权式酒店、分时度假酒店因其短暂的投资回收期而受到酒店开发商的青睐。

（二）大型房企纷纷进军度假地产

度假地产已成为房企投资的热点，万科、恒大、万达、远洋、中坤等 30% 的百强房企试水度假地产领域，如恒大集团已经与内蒙古自治区呼和浩特市政府签署战略合作协议，在四五年（2013—2017 年）内恒大集团将与呼和浩特市合作打造包括东北部特大型旅游综合体项目在内的 6 个项目③。

---

① 远洋首度进军旅游地产 15 亿黄山造岛［EB/OL］. http：//house. focus. cn/news/2012 - 10 - 18/2439830. html，2012 - 10 - 18.

② 龙湖中青旅跨界握手 长城源著树旅游地产投资新标杆［EB/OL］. http：//www. cntins. com/zx/gdyw/201407/t20140725_ 90978. htm，2014 - 07 - 25.

③ 2013 年大型房企进军旅游地产调查分析［EB/OL］. http：//www. chinairn. com，2013 - 04 - 24.

（三）其他行业开发商涉足度假地产

1. 影视企业

华谊集团以迪士尼模式为样板，纵向延伸产业链，进军旅游度假地产行业，在主题公园和文化度假地产项目上大肆跑马圈地①。

2. 酒业集团

茅台集团在国有企业“混改”浪潮之际，开启多元化发展之路，成立建设投资基金公司，进军旅游地产领域。2014 年，茅台集团斥资 22 亿元在海南三亚海棠湾投资度假村项目②。

此外，部分制造业企业也借着旅游环境的利好，投资旅游度假地产。例如，金杯等汽车制造企业，联想等 IT 企业，以及煤炭、钢铁等企业都在分羹度假地产市场。

二、度假地产产品多样化

度假地产产品不断丰富，主题度假村、产权式酒店、特色小镇方兴未艾，主题休闲度假住宅、别墅、酒店遍地开花，度假公寓、分时度假酒店等度假地产项目如火如荼。结合国家对旅游产业的支持政策，面对新常态、新形势，未来度假地产产品的发展将呈现三大趋势。

（一）度假地产产品金融化

2013 年，山东蓬达度假网以自营蓬达度假酒店为主、加盟酒店为辅，将酒店间夜权期货化，推出 CPE 度假卡，并在杭州叁点零易货交易所成功上市。

2014 年，央行、银监会鼓励银行增加贷款投放，途径是发行 MBS③ 和

---

① 魏靖. 华谊兄弟多元化：进军旅游地产 意图复制迪士尼模式［N］. 投资者报，2010－10－24.

② 茅台再次跨界房地产：斥资 22 亿元打造海南度假村［EB/OL］. 澎湃新闻网，2014－08－15.

③ MBS，即 Mortgage－Backed Security，抵押支持债券或者抵押贷款证券化。MBS 是最早的资产证券化品种，20 世纪 60 年代产生于美国。

期限较长的专项金融债券等。证监会确立了监管部门对私募基金不设前置审批、事中事后监管、鼓励市场创新的监管政策①。度假地产产品金融化，就是把度假地产理财化。度假地产开发商推出度假地产理财产品，让中国中高收入阶层购买地产产品，可保值增值，也可租赁赚钱。

（二）度假地产产品综合化

《国务院关于促进旅游业改革发展的若干意见》（国发〔2014〕31号）中提出，要以休闲度假旅游、乡村旅游、文化创意旅游等多元化旅游产品满足个性化、多层次的旅游需求。在度假地产核心产品的构建过程中，一是要注重文化主题提炼，以特色文化、艺术满足游客的个性化需求；二是要强化多产业融合，做好综合化旅游度假产品，如度假地产要与农业结合，推出类似田园度假世界的项目，让幼儿找到童趣、少年玩到农趣、青年感到情趣、老年得到乐趣，全家品到健康。

（三）度假地产产品养生养老化

中国社会老龄化较为严重，国家对养老问题十分关注。2014年，国务院出台《关于加快发展养老服务业的若干意见》，“以房养老”正式上升到国家战略层面。2015年，国家发改委、民政部等部门鼓励社会资本推出适老化文化娱乐、休闲旅游等项目，参与养老社区、养老配套设施及适老化住宅改造，并通过税费优惠、土地优惠等政策引导社会资本为养老服务业发展贡献力量。

目前，国内的纯养老地产几乎为零，绝大多数是复合型养老地产，即集休闲、度假、养生为一体的地产项目。随着国家对养老产业的扶持，部分度假地产开发商会以养老养生为主题，推出适老化居家养老度假地产。

三、度假地产区域不平衡化

受地理环境和经济发展的影响，早期我国度假地产多分布在东部沿海地带，并呈现一、二、三线城市齐头并进态势。近年来，受大环境影响，

① 2015年旅游地产项目四大发展趋势［EB/OL］. http://www.coolod.com/35791.html，2015-02-11.

我国度假地产多位于三、四线城市，投资主体投资度假地产，一是要选择景观资源良好的地区，二是要避免房地产市场的不稳定，三是要避开多为调控重点城市的北京、上海等一、二线城市。我国度假地产，如丽江古镇、芙蓉古镇、乌镇、宋城、黄山桃花岛、万达无锡文化城、万达合肥文化旅游城等，被大型地产商大规模开发，度假地产发展火热。根据中国指数研究院对全国超过 100 万平方米的 300 个旅游地产项目的监测，西南、珠三角及环渤海地区的旅游地产项目数量最多，占全国的比重超过 20%，其中广东、云南、山东三省的项目位居全国前三名，比重分别为 12.5%、10.53%、8.88%。①。

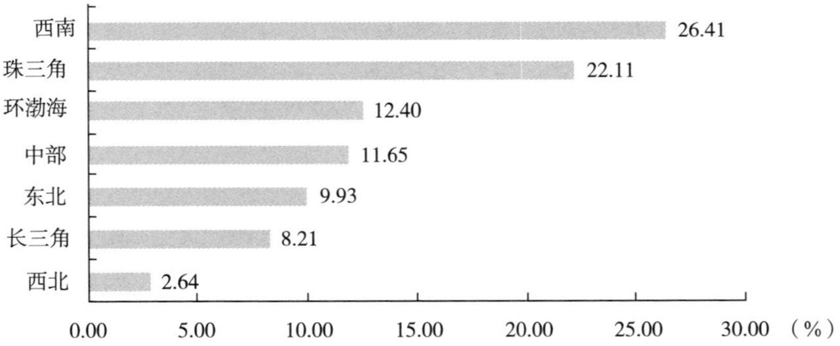

图 1－6 我国超 100 万平方米规模旅游度假地产项目分布情况

资料来源：CREIS 中指数据，中国指数研究院整理分析。

度假地产多以自然、人文为依托，受地理环境的影响，西部地区和秦岭以北地区度假地产发展缓慢。近年来，凭借葡萄酒黄金纬度线（北纬 40°），贺兰山东麓酒庄度假火爆。而万达开发长白山滑雪度假区，提出从蓝到白的跨越，也吸引了不少投资商蜂拥长白山、呼和浩特等北部地区开发度假地产。但相对淮河以南和东部沿海地带，西部和北部的度假地产还有较大的发展空间。

---

① 2014 年中国房地产市场趋势展望［EB/OL］. http://house.cnool.net/shownews.aspx?bigcataid=0－1－39&id=17024&page=2，2013－12－25.

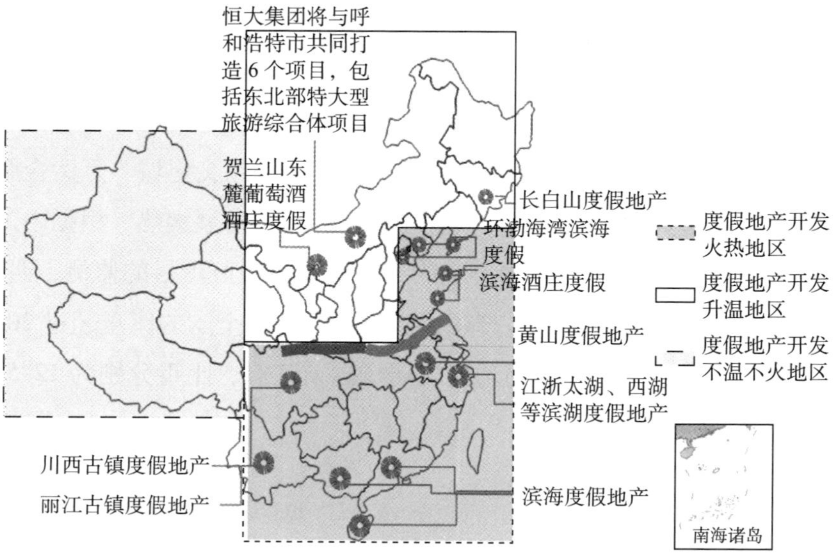

图 1－7　中国度假地产的分布现状

第三节　势高力极——度假地产陷入瓶颈

一、度假地产泡沫较大

旅游度假地产是投资物业的较高升级版。1920 年美国佛罗里达的房地产、1980 年日本的房地产、1990 年中国海南的房地产，都是房地产泡沫的终端版本，成为房地产市场泡沫高峰阶段的敏感指标。美国、日本等国的多数房地产泡沫，都以旅游度假地产收场。20 世纪末，熊取谷稔（日本商人）耗资 8.4 亿美元买下美国圆石滩高尔夫球场以及同一个母公司旗下的“十七英里公路”，仅两年的时间便以 5 亿美元转卖给住友银行和日本太平洋俱乐部，直接损失 3.4 亿美元①。

随着休闲度假时代的来临，旅游收入的持续增长，国家、省、市对旅游业的高度支持等，良好的宏观背景，未来的高收益预期，吸引了大批开

① 叶檀：旅游养老地产投资更大、圈地更多、泡沫更严重［EB/OL］. http：//house.365jilin.com/news/20121010/399061.html，2012－10－10.

发商蜂拥而至，多元化的资金滚动进入旅游度假地产行业。

2012 年全国投资旅游地产项目约 2500 个，2013 年底增长到 5200 多个。2013 年，整个房产市场呈现下滑趋势，给度假地产市场造成很大的负面影响①。2014 年，度假地产项目放量平稳缓慢，上半年仅新增 74 个度假项目。但是，旅游度假地产投资较大，动辄数十亿、数百亿，开发周期长，投资回收期长，未来不确定性大，房产泡沫也更大。预防泡沫、谨慎投资、平稳发展度假地产是非常有必要的。

表 1-6 部分品牌房企度假地产项目及投资金额

项目名称	品牌房企	城市/区域	开盘/开工时间	投资规模
雅居乐海南清水湾	雅居乐	海南陵水县	2009 年开盘	200 亿元
黄山桃花岛	远洋	黄山	2011 年开盘	15 亿元
恒大海上夏威夷	恒大	阳江海陵岛	2013 年开工	100 亿元
大连御龙海湾	世茂	大连	2013 年开工	500 亿元
武汉龙湾	世茂	武汉	2013 年开工	400 亿元
绿地太平湖	绿地	黄山	2014 年建成	100 亿元
合肥万达城	万达	合肥	2013 年开工	350 亿元
无锡万达文化旅游城	万达	无锡	2014 年开工	400 亿元
广州万达文化旅游城	万达	广州	2014 年开工	500 亿元
桂林万达旅游城	万达	桂林	2014 年开工	250 亿元
吉林松花湖旅游项目	万科	吉林	2014 年开工	400 亿元

二、度假地产市场混乱

（一）项庄舞剑②

度假地产项目投资规模大、回收期长，部分由房企转型而来的度假地产公司，或是为了保证盈利，或是出于惯性，在景区周边或古镇地区，借度假地产之名变相开发住宅地产项目。随着养老需求的旺盛，不少地产商以宜居生态、养生、养老为名，变相进行住宅地产开发，养老养生度假地产名不副实。

---

① 胡晓莺：2014 旅游地产发展分析及 2015 旅游地产发展预测 [EB/OL]. http://www.aiweibang.com/yuedu/3007971.html，2014-11-10.

② 项庄舞剑，指开发商借度假地产、养老度假地产之名，变相开发房地产。

（二）跑马圈地

近年来，国家对旅游业及服务产业发展的刺激和拉动政策相继出台，地方性土地、税收、投融资等扶持旅游发展政策也相应出台。度假地产占地规模大，拥有优良生态景观资源的地区或文化古镇往往成为开发商的首选。几百亿甚至上千亿元的度假地产投资项目也会给地方带来人气和财气。部分地方政府为了吸引品牌度假地产开发商，常常暗中与度假地产商合作跑马圈地，甚至将农用地变相用作建设用地，如云南省腾冲县雅居乐原乡项目违规用地事件。在度假地产未来的发展之路上，应完善行业法律法规、加强行业监管，以有效杜绝有损国家利益和农民利益的跑马圈地行为。

三、“鬼城”接二连三

中国的度假地产有火焰、有冰山。火焰是指发展火热的度假地产，如万达斥资在国内多地开发文化旅游城，大规模拿地、大规模造度假城，市场效果良好；冰山是指部分度假地产处于闲置、积压状态，“鬼城”频频出现。

“鬼城”又称空城，其出现有以下三个原因：

（1）城市化进程中，过度开发“新城”或“楼盘”，造就“鬼城”现象。根据沙里宁有机疏散论，城市由许多“细胞”组成，在扩张的过程中，会出现类似“肿瘤”的贫困村镇。由于生命力都取决于单个个体质量的优劣及相互间协调的能力，当城市细胞内的“肿瘤”没有根除时，封闭化、无序化盲目扩建新城就有可能导致“鬼城”的出现。

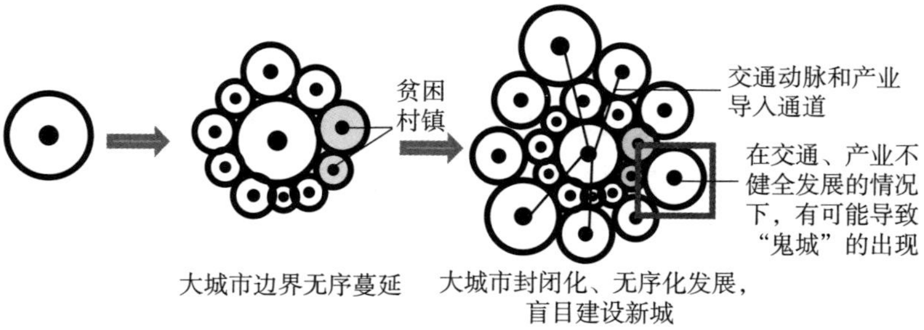

图1-8　过度城镇化引发部分“鬼城”现象

（2）房价不断上涨，居民对地产投资回报预期较高，因而蜂拥购买地产投资理财，无形中提升了地产需求率，从而造成“鬼城”。

（3）度假地产过度开发。开发商忽略周边配套，将度假地产建在离城市较远的山地或海滨，在周边配套设施未跟上（交通不便、业态不全等）的情况下形成空城；部分开发商忽略市场，在三、四线城市盲目开发高端地产，导致度假房产搁置，资金积压。

按照“鬼城”出现的原因，本书将其分为新城“鬼城”和度假地产“鬼城”。标准排名与《投资时报》根据1平方公里建成区容纳1万人口（国家住建部占用地标准）的标准，以全国657个设市城市过去5年的建成区面积数据为样本依据，构建“鬼城指数”＝城区人口/建成区面积≤0. 5[1]。

图1－9 中国“鬼城”地图

注：以“鬼城”指数≤0. 5为评判标准，“鬼城”指数≤0. 4的城市为较为严重的“鬼城”，“鬼城”指数＞0. 5的城市濒临成为“鬼城”。

按照“鬼城”衡量标准“鬼城指数”，一个城市或度假区，建成区面积为100平方公里，这个城市或度假区容纳人口应该为100万人，如果少于或等于50万人，且城市或度假区短时间内外来人口吸引力较弱，就可能

① 2014鬼城指数排行榜：或将出现50个鬼城［EB/OL］．http：//house. ifeng. com/detail/2014_ 10_ 12/50060123_ 0. shtml，2014－10－12.

出现“鬼城”。“中国大陆城市‘鬼城’指数排行榜（2014）”提出，中国50座新城“鬼城”，其中排名在前十位的分别是二连浩特、钦州、拉萨、嘉峪关、井冈山、威海、锡林浩特、嘉兴、石嘴山、三亚。

按照“鬼城指数”进行预估，中国城市过去5年的年均扩城率为5.34%，可能导致近50座新城“鬼城”。而中国旅游度假地产2013年投资金额已超8000亿元，投资项目达5200个①。未来5年内，中国大型旅游项目总投资将达到60000亿元②。度假地产过度投资与度假市场内需不旺之间的矛盾正在激化，高库存度假房产渐渐沦为“鬼城”。以海南、云南、四川等地为例，度假地产经历几番炒作，“虚高”的价格让消费者望而却步，而当前分时度假、分权度假交换系统尚不成熟，海南、云南、四川等地度假地产的空置率惊人，投资者陷入度假地产搁置、资金积压的窘境，一座座度假地产“鬼城”频频出现。

四、90%度假地产陷入发展瓶颈

90%的度假地产因定位（产品定位、主题定位和市场定位）不清晰而陷入发展瓶颈；70%的度假地产因配套服务不完善（交通配套、度假配套等）而濒临“鬼城”边缘；60%的度假地产渠道不对口③，沿袭传统住宅营销模式，以买房子的方式销售度假地产，无疑会面临销售困境。

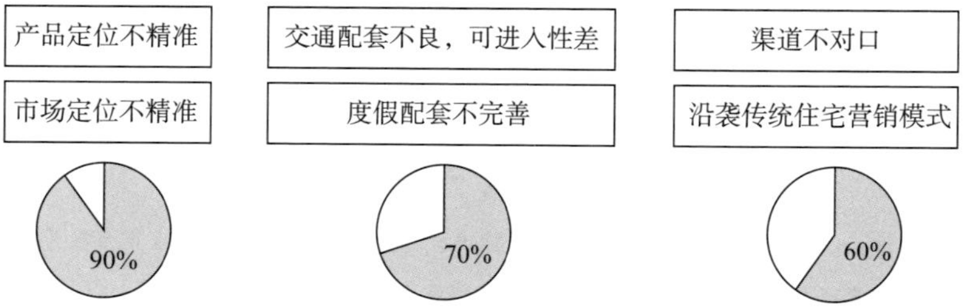

图1-10　大部分度假地产陷入发展瓶颈

---

① 胡晓莺：2014旅游地产发展分析及2015旅游地产发展预测［EB/OL］. http：//www.aiweibang.com/yuedu/3007971.html，2014-11-10.

② 今年国内海景房开始步入分级时代［EB/OL］. http：//www.chinairn.com/print/3633318.html，2014-05-15.

③ 2013第二届国际最佳旅游地产项目评选活动启动［EB/OL］. 中国新闻网，2013-08-08.

第二章 明道——中国度假地产发展趋势分析

第一节 前景辉煌——度假市场潜力巨大

一、中国人均经济收入的增长为度假市场发展奠定基础

（一）中国人均 GDP 稳步上升进一步拉动度假市场

近年来，我国经济环境稳定，人均 GDP 稳步上升，2014 年我国人均 GDP 约为 7485 美元，北京、上海、天津等 7 个省市进入人均 GDP “1 万美元俱乐部”①。2014 年，中国旅游总收入 3.38 万亿元，人均旅游消费近千元。

在旅游消费构成上，休闲度假占国内旅游比重（约 20%）远低于发达国家的这一比重（50%）。在经济平稳发展的前提下，随着国家对旅游度假业的政策扶持和推动，预计到 2020 年，我国人均 GDP 将达到 1.5 万美元，我国城乡居民年人均出游将达到 4.5 次，居民旅游消费总额将达到 5.5 万亿元。到 2030 年，我国人均 GDP 将接近 5 万美元，城乡居民年人均出游将达到 6 次，城市游客的旅游消费将达到 1.8 万亿美元，我国旅游总

① 2014 年我国人均 GDP 约为 7485 美元 已有 7 省市破万［EB/OL］. http://www.guancha.cn/economy/2015_01_20_306931.shtml，2015-01-20.

消费额将超过11万亿元①，休闲度假市场将上升到整个旅游市场的45%～50%，届时我国有望成为全球最大的国内旅游度假市场。

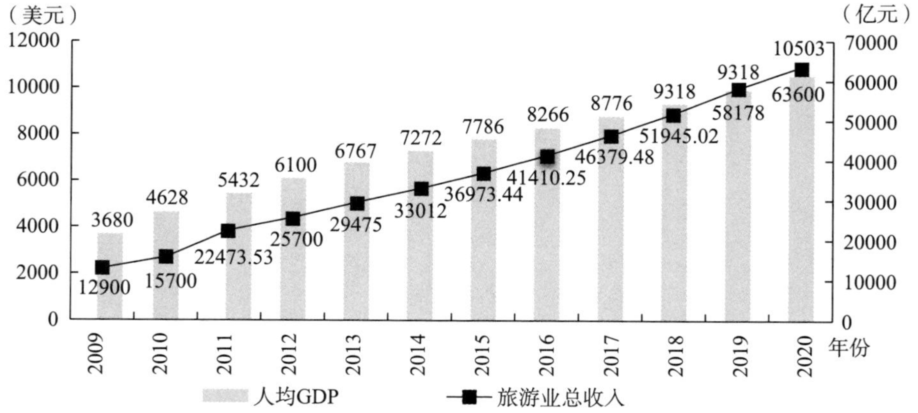

图2-1　人均GDP持续上升刺激旅游度假需求激增

资料来源：国家旅游局。

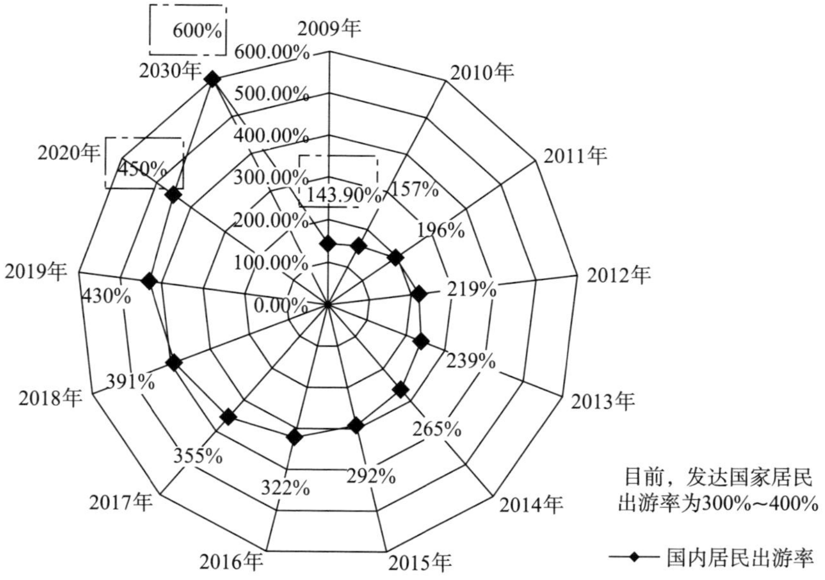

图2-2　居民出游率提升空间广阔

资料来源：国家旅游局。

① BCG：中国游客消费升级的世界机遇［EB/OL］. http：//www. enorth. com. cn，2013-12-08.

（二）中高收入阶层成为度假市场的中坚力量

中国劳动学会副会长苏海南指出，中国中等收入阶层是指年收入为6万~12万元，并有一定的储蓄和其他货币资产，人均住房面积大于30平方米，高于全国平均水平，家庭恩格尔系数为30%~34%的人群①。以此标准界定，2014年我国中等收入人群约占全国的25%。

低收入阶层和高收入阶层的标准分别位于中等收入阶层标准两端。以凯恩斯边际消费倾向递减规律研究中国收入水平与边际消费倾向的关系（消费函数主要设定为教育、医疗、金融、房产等）发现，我国中等收入阶层消费倾向较高（居民边际消费倾向与收入水平之间呈“倒U”型关系②）。将消费函数增加度假消费、奢侈品消费、房产理财消费等因素进行衡量，研究发现，中等收入阶层边际消费倾向最高，其次是低收入阶层，高收入阶层最低。中等收入阶层由于收入稳定，更注重精神消费，整体消费比重（消费额度×中等收入人口比重）较高，边际消费倾向最高；低收入阶层由于其消费额度较低，整体消费比重最低，边际消费倾向居中；而高收入阶层注重对生活品位的追求，购买奢侈品、投资理财额度最高，整体消费比重较高，但边际消费倾向最低。

2014年《BCG中国中高收入群体消费报告》显示，中高收入者消费倾向整体呈乐观态势，78%的中高收入阶层更加注重生活质量的消费，教育成为消费的首要对象，其次是汽车、住房、生鲜食品、旅游、家居装修和家具等③。胡润研究院发布的《2014中国高净值人群心灵投资白皮书》显示，健康、旅游和教育成为高净值人群④心灵投资的三大领域，其中旅游度假投资占到79%。综上所述，中高收入阶层构成了度假市场消费的中

---

① 苏海南．我国中等收入群体调查［N］．北京日报，2013-04-15.

② 杨天宇，朱诗娥．我国居民收入水平与边际消费倾向之间“倒U”型关系研究［J］．中国人民大学学报，2007（3）．

③ 中国整体消费形势特点：BCG中国中高收入群体消费报告［EB/OL］．http：//www.topbiz360.com/web/html/newscenter/transparent/158372.html，2014-09-29.

④ 胡润研究院指出，“高净值人群”指个人资产在600万元以上的人群；“亿万资产以上的高净值人群”指个人资产在1亿元以上的人群；“最富有人群”指在高净值人群中占比10%且资产排名靠前的人群。

坚力量。

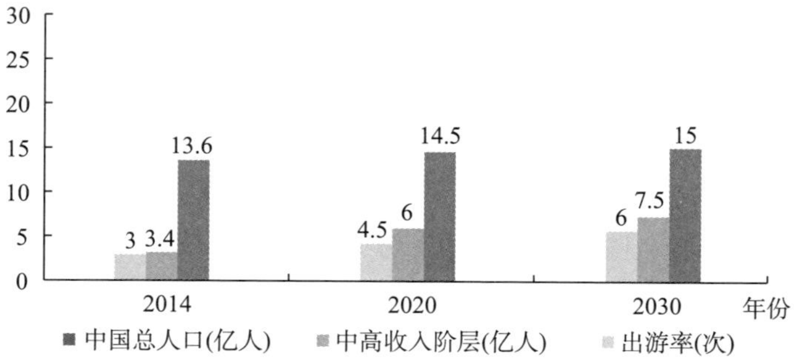

图 2－3　中高收入人群占比与出游率统计

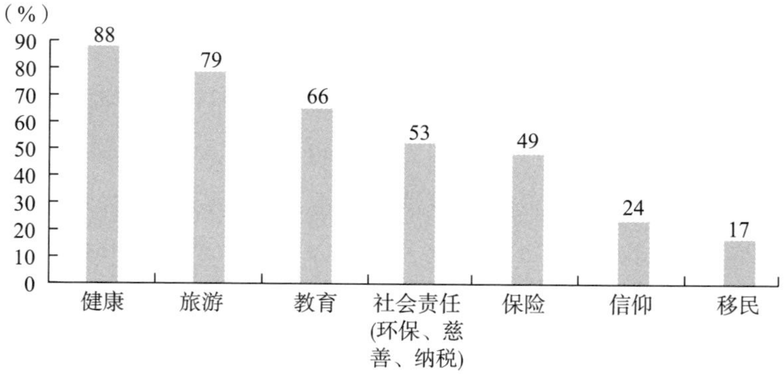

图 2－4　高净值人群心灵投资领域

资料来源：兴业银行—胡润研究院《2014 中国高净值人群心灵投资白皮书》。

二、六大市场加快度假市场发展

（一）老年养生度假市场前景不可估量

国家统计局统计数据显示，2014 年底我国拥有 21242 万 60 周岁及以上人口，占总人口的 15.5%；13755 万 65 周岁及以上人口，占总人口的 10.1%①。我国老龄化水平达到 14.8%。2014 年，我国老龄化率超过全国平均值的省市有上海（27.1%）、北京（21.5%）、天津（20.01%）、江苏

① 国家统计局：中国 65 岁以上人口占比首超 10% [EB/OL]. 中国经济网，2015－02－26.

(19.65%)、重庆(19.38%)、浙江(18.13%)、辽宁(18.5%)、山东(17%)、四川(18.8%)、湖南(16.13%)等。

养老市场潜力巨大。近年来,每年前往三亚避寒的老人多达40万①。在中国老年阶层入住方式调查中我们发现,购买房屋产权的老年人占总调查人数的51%,购买产权式酒店的占16%,租赁房屋使用权的占24%。

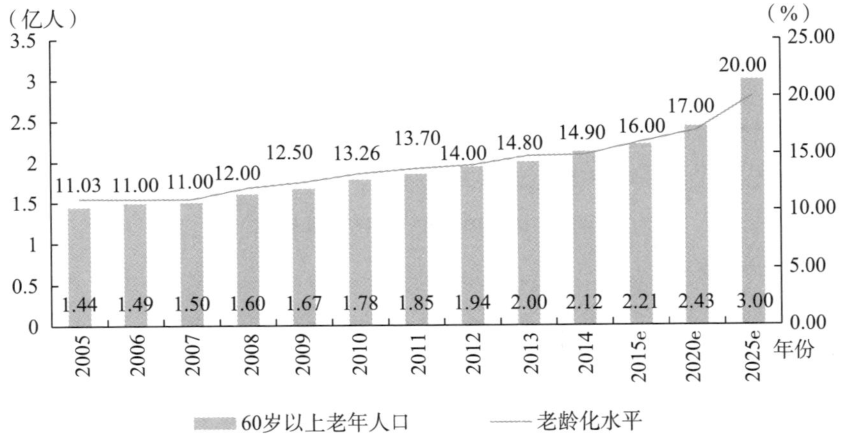

图2-5 中国老龄化水平

资料来源:国家统计局。

2020年,我国老年人口将达到2.43亿②,以每位老人年消费2万元计算,预计2020年中国养老产业产值将达到5万亿元,到2030年养老产业产值将达到13万亿元。由此可见,养老度假产业前景不可估量。

(二)康体保健度假市场潜力巨大

当一个国家的人均GDP为1000~1500美元时,国际上一致认为,健康养生产业将进入高潮发展期③。2014年底,我国人均GDP约为7485美

---

① 李盛,李睦."候鸟式"异地养老 喜中有忧[J].工会博览,2014(15):33-35.

② 国务院:2025年我国60周岁以上老年人将突破3亿[EB/OL].人民网,2013-09-13.

③ 养生行业市场研究[EB/OL].中国产业规划网,http://www.chanyeguihua.com/1287.html.

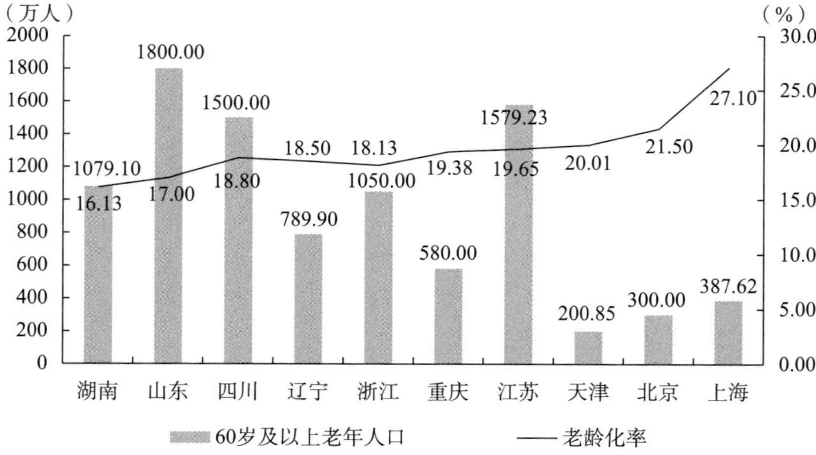

图2－6　中国部分省市老龄化率

资源来源：国家统计局。

元，7省市（包含北京、上海、天津等）人均GDP破万，表明我国进入了养生度假产业发展期。2013年，我国人均养生保健消费399.47美元，全国养生保健总费用达5193.05亿美元①；2014年我国人均养生保健消费达到455.95美元。

（三）带薪度假市场逐步扩张

1994年，我国第一次进行假日改革；2008年我国开始实施带薪休假制度；2014年，李克强在北京主持召开国务院常务会议时再次提出落实带薪休假制度。2014年，《国务院关于促进旅游业改革发展的若干意见》（国发〔2014〕31号）提出，加快落实机关、企事业单位职工带薪年休假制度，鼓励职工灵活安排带薪年休假。

带薪休假市场正在逐步扩张。携程网《2014年旅游者意愿调查报告》显示，80%的游客愿意选择带薪休假出游②。随着带薪休假政策的进一步落实，国内大部分机关、企事业单位开始实施带薪休假制度。

---

① 2013年我国卫生和计划生育事业发展统计公报［G］．中华人民共和国国家卫生和计划生育委员会，2014－05－30.

② 传统旅游业正面临新形势的挑战［EB/OL］．新华网，2014－02－26.

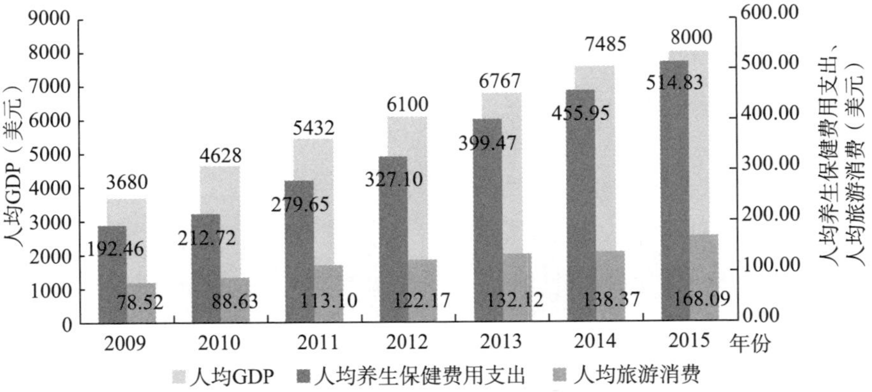

图 2-7　2009—2015 年人均养生保健与人均旅游消费支出

资料来源：2014 年中国卫生和计划生育统计年鉴。

2014 年，我国就业人数达 77253 万人，考虑农民工多为临时工种，带薪休假的可能性较小，排除农民工带薪休假的可能性，按公务员及企事业职工总数的 20% 预估，带薪休假人员可能达到 9000 万人。根据每年就业人数的增长率进行预估，2020 年全国就业人数将达到 8 亿人①，农民工数量将增长到 3 亿人左右。国务院要求 2020 年基本落实职工带薪年休假制度，按照公务员及企事业职工总数的 60% 预估，带薪休假人数将达到 3 亿人。

（四）商务市场稳定增长，推动度假市场发展

中国的商务旅游市场包括企业差旅和商务会奖。2013 年，中国商务会奖旅游规模约 1200 亿元②。“八项规定、六项禁令”让商务旅游市场客源结构重新洗牌，外资企业、国有企业、民营企业成为其主要客户群；同时，商务旅游市场的消费结构也发生了变化，高端定制商务度假旅游（酒店会所、商务别墅等）严重受影响，取而代之的是提供长期、个性化服务

① 中国就业年龄总人口 2020 年将达 8.3 亿人峰值［EB/OL］. 中国新闻网，2013-06-17.

② 2013 中国差旅管理服务市场研究报告［EB/OL］. 劲旅网，cnn.com，2014-01-26.

的酒店式公寓。2014年，中国经济增长减缓、企业合规成本增加，全国商务差旅支出低于预期。但是，美国运通商务旅游部发布的《2014中国商务旅行调查报告》显示，中国商务旅游将继续稳定增长，34%的企业2015年将增加商务差旅费①。

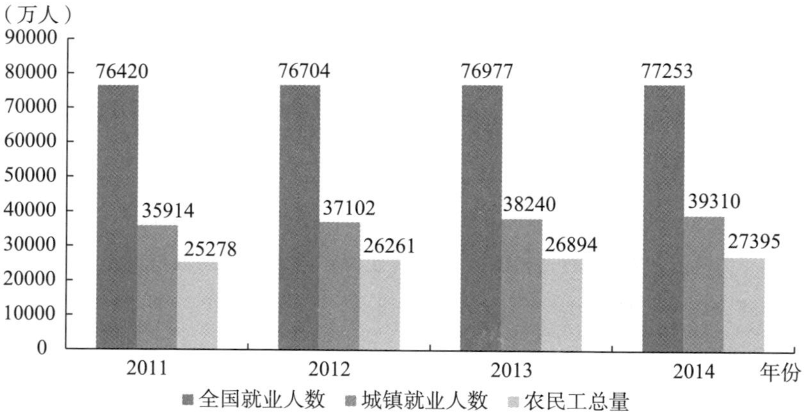

图2－8　2011—2014年就业人员数量统计

资料来源：国家统计局。

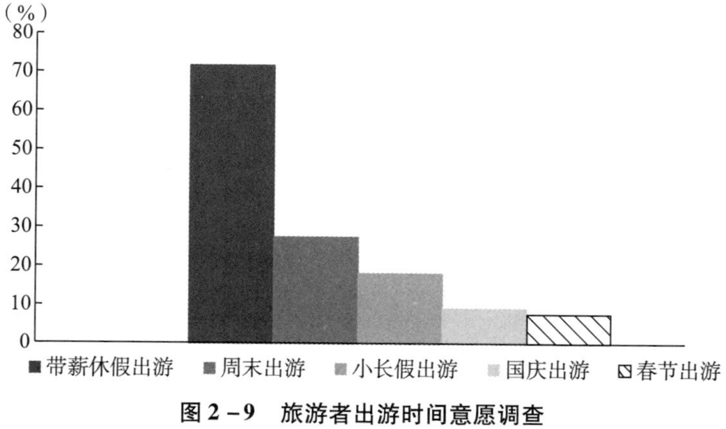

图2－9　旅游者出游时间意愿调查

资料来源：携程网《2014年旅游者意愿调查报告》。

① 2014中国商务旅行调查报告［EB/OL］. http：//cs. travelsky. com/cms/wwwroot/cs/zx/xyxw/slmice/255893. shtml，2014－12－02.

表 2－1 部分带薪休假政策

<table>
<tr><th>时间</th><th colspan="2">政策</th><th>基本内容</th></tr>
<tr><td>2008 年
1 月 1 日</td><td colspan="2">国务院《职工带薪年休假条例》</td><td>职工在机关、团体、企业、事业单位、民办非企业单位、有雇工的个体工商户等单位，连续工作 1 年以上，享受带薪年休假。同时，在年休假期间享受正常工资收入。
职工累计工作 1～10 年的，带薪休假为 5 天/年；10～20 年的，带薪休假为 10 天/年；超过 20 年的，带薪休假为 15 天/年</td></tr>
<tr><td>2013 年初</td><td colspan="2">国务院办公厅正式颁布《国民旅游休闲纲要（2013—2020 年）》</td><td>到 2020 年要基本落实带薪休假制度</td></tr>
<tr><td>2013 年
4 月</td><td rowspan="5">各地纷纷出台带薪休假政策</td><td>《重庆市人民政府关于贯彻落实〈国民旅游休闲纲要（2013—2020 年）〉的意见》</td><td>重庆带薪休假 2017 年将基本落实</td></tr>
<tr><td>2013 年
5 月</td><td>山西省政府出台《关于进一步落实企业职工带薪年休假制度的通知》</td><td>经职工同意，无带薪休假或少带薪休假，单位按照其日工资收入（除加班费外的全部工资性收入）的 300% 支付工资报酬</td></tr>
<tr><td>2013 年
11 月</td><td>西安《关于进一步落实职工带薪年休假制度的实施意见》</td><td>职工在机关、团体、企业、事业单位、民办非企业单位、有雇工的个体工商户等单位，连续工作 1 年以上，享受带薪年休假</td></tr>
<tr><td rowspan="2">2013—
2014 年</td><td>山东省《关于进一步落实企业职工带薪年休假制度的通知》（鲁人社办发〔2013〕54 号）</td><td>鼓励职工合理带薪休假，实行弹性休假安排</td></tr>
<tr><td>山东省政府出台《关于贯彻落实国发〔2014〕31 号文件 促进旅游业改革发展的实施意见》</td><td>2017 年基本落实全省职工带薪休假制度</td></tr>
<tr><td>2014 年
8 月 21 日</td><td colspan="2">《国务院关于促进旅游业改革发展的若干意见》（国发〔2014〕31 号）</td><td>加快落实机关、企事业单位职工带薪年休假制度，鼓励职工灵活安排带薪年休假</td></tr>
</table>

世界旅游组织 2014 年发布的《亚太地区旅游大趋势》报告认为，中国商务旅游市场增长将超过休闲旅游市场①。自 2008 年北京奥运会以来，

① 商旅公寓击破差旅原生市场［EB/OL］. http://mp.weixin.qq.com/s?__biz=MzA5MzA1OTQzNA==&mid=200240675&idx=3&sn=fd4d42ce2e7b0229f1e3bc，2014－03－29.

商务旅游市场需求进一步扩展，客源涵盖公司客户、商务旅行者、商务合作伙伴。在相关政策的推动下，酒店式公寓成为商务旅游市场热点，国际知名酒店集团借奥运会的东风进军中国，国外商务旅游客群逐步扩大。中国度假旅游市场也借奥运会之机，伴随商务旅游市场的稳定发展进一步扩展。

（五）大学生群体是度假市场不容小觑的力量

2014 年，中国共有 2468.1 万在校大学生，庞大的大学生消费市场孕育着巨大的度假潜力。

大学生闲暇时间多（法定假日 + 寒暑假，约 172 天），旅游度假需求旺盛。2013 年《大学生旅游意向调查报告》显示，47.91% 的大学生年出游率为 2，年出游率为 3 及以上的大学生占 12.66%。大学生休闲度假地主要集中在"户外运动的度假山地"（度假比例占 52.62%）。旅游度假费用占生活费 10% ~20% 的大学生有 36.42%，占生活费用 20% ~30% 的大学生有 31.3%①。大学生群体已经成为度假市场不容小觑的力量。

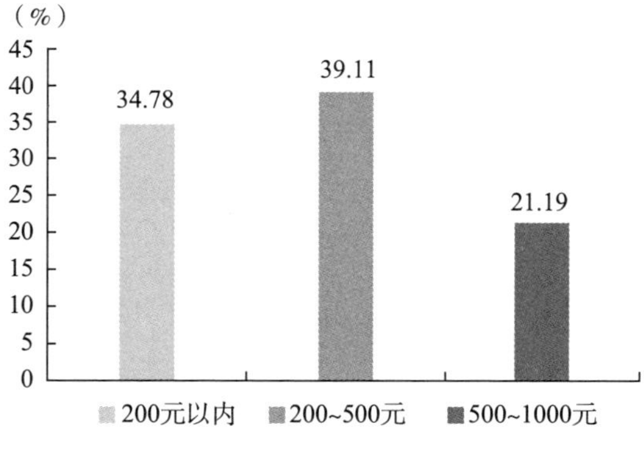

图 2-10　大学生旅游度假消费额度

资料来源：2013 年《大学生旅游意向调查报告》。

（六）家庭亲子游升温助推度假市场发展

2014 年端午节期间，亲子游客数量暴涨，超过市场预期 30%。面对日

① 2013 年全国大学生旅游意向调查报告发布 [N]. 中国青年报，2014-01-24.

益火爆的亲子度假市场，旅行社争先推出多样化亲子游产品，如出国修学亲子游（美国、英国、澳大利亚等成为出国修学热点）、娱乐体验亲子游（日本东京迪士尼、美国奥兰多迪士尼等主题娱乐热点）等。

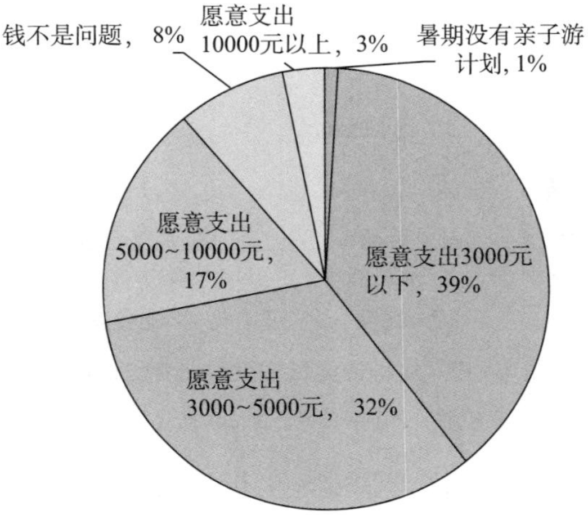

图 2-11　暑期亲子游家庭消费预算

资料来源：去哪儿网《2014 年亲子游调查报告》。

在去哪儿网《2014 年亲子游调查报告》中，17% 的家庭愿意支出 5000 ~ 10000 元用于暑期亲子游，32% 的家庭愿意支出 3000 ~ 5000 元用于暑期亲子游；64% 的家庭愿意用 5 ~ 7 天的时间带孩子去远的地方休闲度假，7% 左右的家庭选择 10 天以上长线游①。亲子度假游产品丰富多样，以亲子度假村、度假酒店、休闲农庄等产品为主。家庭亲子游快速升温，已经占据我国旅游度假市场的一定份额。

三、旅游消费结构的变化推动度假市场快速发展

随着我国经济发展水平的提高，人均可支配收入和闲暇时间的增多，我国居民的旅游观念从最初的“到达型旅游”，提升为追求舒适、自由、康体、养生的“旅游休闲度假”，旅游消费升级的同时，旅游消费结构也

① 去哪儿网发布亲子游调研报告 暑期游 6 月订最划算［N］. 北京商报，2014-06-19.

在发生显著变化。

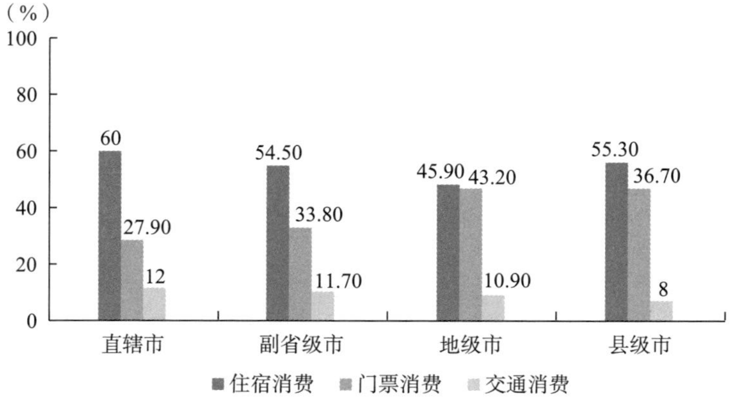

图 2-12　中国四类城市旅游消费结构对比

资料来源：2014 年 6 月《中国旅游消费价格指数（TPI）报告》。

旅游消费结构反映旅游者消费旅游度假产品的数量、质量及比例关系，是衡量旅游业发展水平的重要指标。根据旅游消费的内容，将旅游消费分为核心度假消费、基础旅游消费和其他旅游消费。核心度假消费主要指度假住宿、休闲娱乐等；基本旅游消费主要指旅游基础配套消费，包括交通、餐饮、门票等；其他旅游消费主要指弹性较大的消费，包括购物、美容、养生保健、通信等。1999 年，我国游客消费结构中，核心度假消费中休闲娱乐和度假体验仅占 15.1%，基础旅游消费中吃、行、观方面比例最大占 54%。2005 年，我国城镇居民旅游消费中，基础消费观光游览占比达 44.9%，核心消费中度假体验的比例提升为 24.2%①，这表明我国旅游消费结构正在逐步转型升级。

随着休闲旅游观念的深入人心，周末选择城郊度假、小长假选择旅游城市度假的市民越来越多，度假住宿逐步成为游客出游刚需。2014 年 6 月的《中国旅游消费价格指数（TPI）报告》显示，在国内直辖市、副省级市、地级市、县级市旅游消费结构中，核心度假消费中度假住宿消费占比

① 沙绍举．中国国内旅游消费结构及潜力分析［J］．中国集体经济，2008（2）：114-115.

较大，其中直辖市住宿消费达60%，县级市住宿消费也占到36.7%[①]；基础旅游消费中，交通和门票消费与往年相比呈减少趋势。以内蒙古为例，2014年内蒙古游客消费结构中，核心度假消费中住宿消费达20.78%，与往年相比呈现大幅提升；基础旅游消费中，交通比重明显下降，仅占17.31%[②]。旅游消费结构的变化正推动着度假市场进一步扩大。

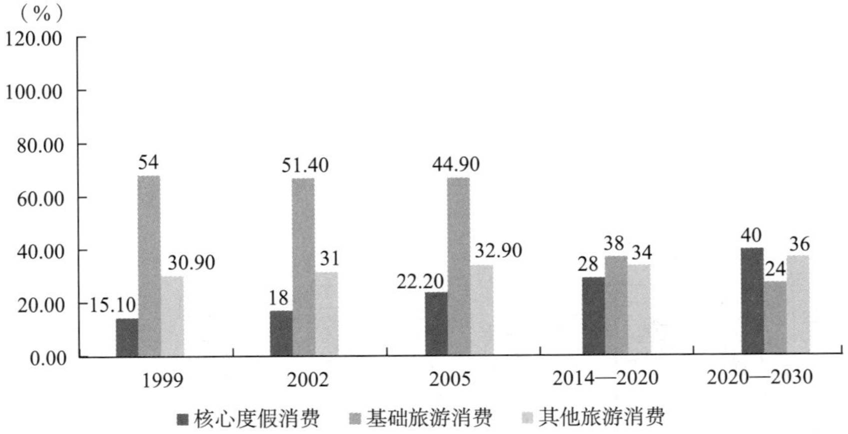

核心度假消费——度假住宿、休闲娱乐等；基础旅游消费——交通、门票、餐饮等；
其他旅游消费——购物、美容等

图2-13 旅游消费结构变化趋势[③]

四、多元化的旅游消费趋向推动度假市场进一步扩大

度假时代，旅游度假消费呈现生态化、多样化、异地化的发展趋势。

---

① 中国社会科学院旅游研究中心课题组. 2014年上半年中国旅游消费价格指数（TPI）报告［EB/OL］. 中国社会科学网，2014-08-08.

② 2014年内蒙古旅游态势良好 游客消费结构合理化［G］. 国家旅游局. http://www.cnta.gov.cn/html/2015-2/2015-2-3-16-9-35999.html，2015-02-03.

③ 随着休闲度假业的发展，在线旅游全面火热，基础旅游消费中的交通消费、门票消费在未来发展中将会进一步被压缩，餐饮消费将会进一步支撑基础旅游消费的增长。核心度假消费中的度假住宿和休闲体验消费将成为未来消费增长点，在2020—2030年有望达到40%~45%。

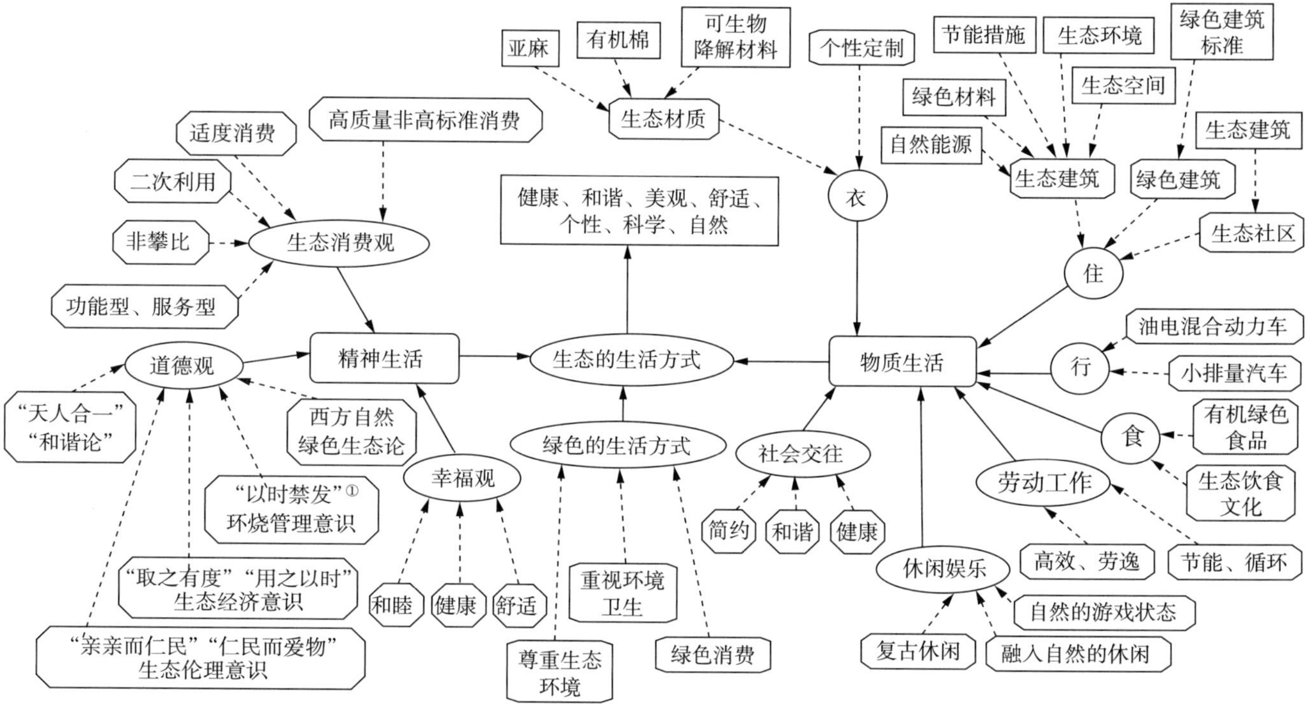

图2–14　生态化旅游消费趋势

① "以时禁发"是指根据不同节令对捕杀某种生物进行的封禁和开放所做的明确规定。《左传》《国语》对"以时禁发"生态意识有大量丰富的论述。"以时禁发"的生态意识强调的是人与自然的和谐相处，"天人合一"的发展法则。

（一）生态化旅游度假消费趋势

度假时代，人们更追求“天人合一”、人与自然和谐相处的生活方式。随着消费水平的水涨船高，居民对旅游度假区的生态环境更加重视，这也促使度假地产开发商加大对度假目的地生态环境的建设。

（二）多样化旅游度假消费趋势

度假时代，“精神消费”占据主流，休闲度假、养老养生、运动休闲、文化熏陶、主题游乐等多样化旅游度假消费成为趋势。在多样化旅游消费的驱动下诞生的度假综合体或综合型度假地产（以休闲度假为目的，以满足游客养老养生、运动休闲、文化熏陶、金融理财等多元化旅游度假需求为核心，以景区、文化古镇、主题演艺等为吸引核，配套食、住、行、游、购、娱等基础设施的旅游度假目的地）成为开发热点。

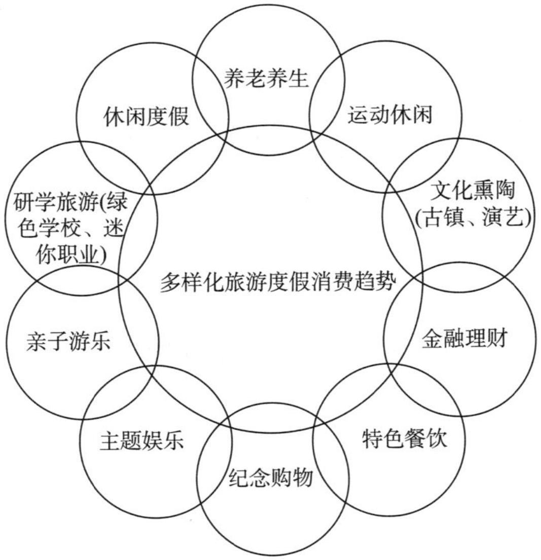

图 2－15　多样化旅游消费趋势

（三）异地化旅游度假消费趋势

异地化旅游度假消费主要表现在避暑旅游消费、避寒旅游消费，以及购买第二、第三居所度假及理财复合消费。

1. 避暑旅游度假市场

依据《2014 年中国城市避暑旅游发展报告》，中国已初步形成避暑旅游市场。避暑旅游市场的三大客群主要是师生群体、老年群体、武汉等“火炉城市”居民，潜在市场规模约 3 亿人。2013 年，避暑旅游市场需求为 5000 亿 ~6000 亿元①。

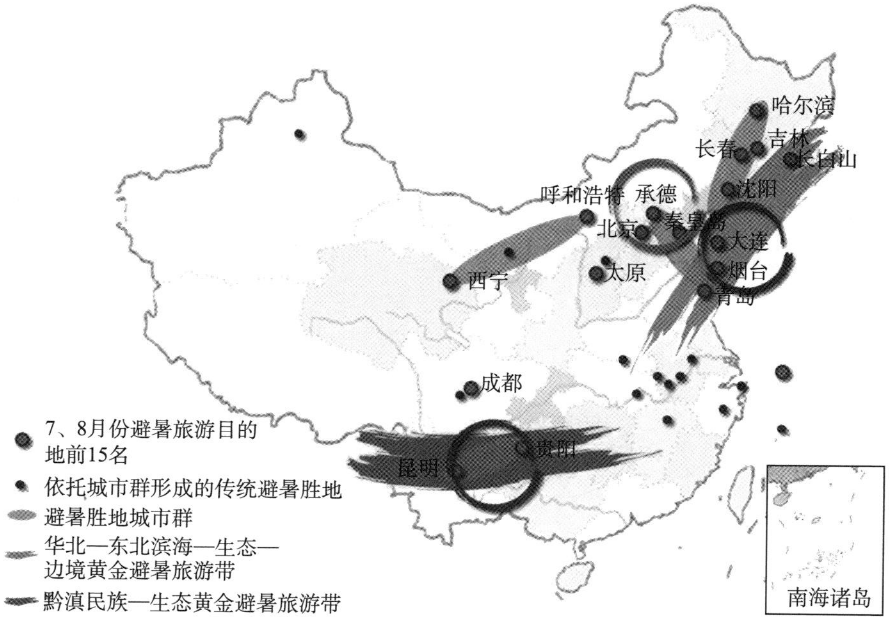

图 2－16　中国城市避暑旅游目的地

资料来源：中国旅游研究院。

传统避暑旅游胜地依托城市群形成，多集中在长江流域，避暑人群多为“火炉城市”居民。随着社会经济的发展、居民休闲度假需求的增加，国内避暑目的地多趋于海滨度假地，如秦皇岛、承德、青岛、烟台等华北海滨避暑旅游目的地，以及生态度假地，如贵阳、昆明等西南生态避暑目的地。避暑旅游是个潜力巨大的产业，在避暑旅游发展规划中，中国旅游研究院提出在进一步优化承德、秦皇岛等避暑旅游胜地的同时，跨区域规

① 2013 年中国城市避暑旅游发展报告［EB/OL］. http://travel.cntv.cn/2013/06/19/ARTI1371612449659975.shtml，2013－06－19.

划避暑旅游度假带，重点打造“黔滇民族—生态黄金避暑旅游带”（以昆明、贵阳为核心）和依托青岛、烟台、大连、长白山打造的“华北—东北滨海—生态—边境黄金避暑旅游带”（以渤海沿岸、东北边境生态走廊为轴线）①。在避暑旅游产品开发上，以多元化为主，多产业联动开发，将避暑与养老养生、疗养保健、家庭度假等有机融合，打造避暑度假综合体。

2. 避寒旅游度假市场

避寒度假资源与避暑度假资源相比相对稀缺，多集中在我国云南、广东、海南等亚热带气候区，老年和家庭为主要客群，旅游目的以养老养生、休闲度假、婚庆度假为主。2014 年，前往三亚避寒度假的老人超过 40 万人②，避寒旅游度假市场不可小觑。2014 年中国避寒旅游城市榜显示，西

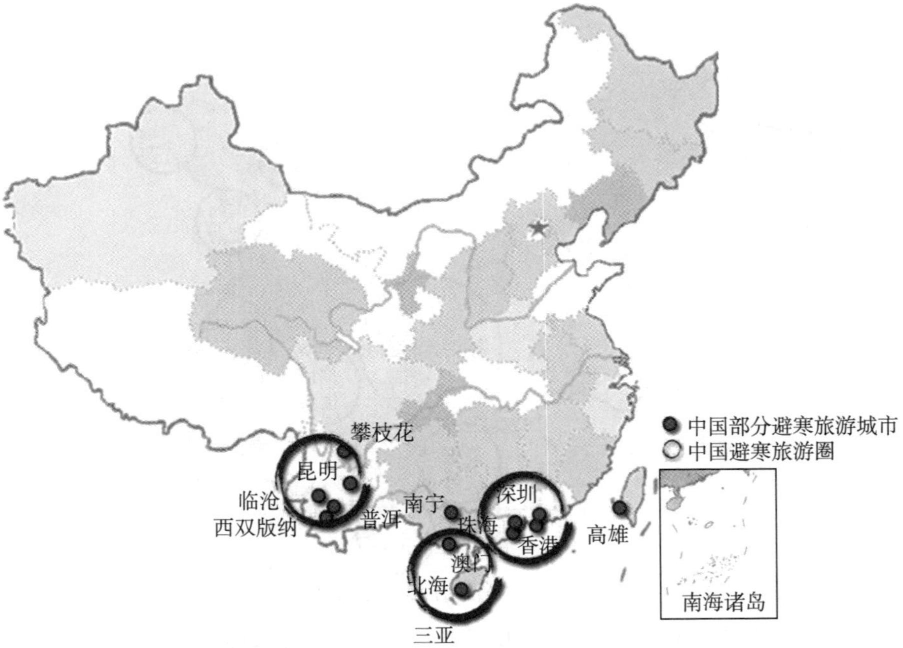

图 2－17 中国城市部分避寒旅游目的地

资料来源：2014 年中国避寒旅游城市榜。

① 2014 年中国城市避暑旅游发展报告［EB/OL］. http://travel.sohu.com/20140627/n401474663.shtml，2014－06－27.

② 海南三亚候鸟式养老 海南三亚老年公寓排名［EB/OL］. http://www.gzyeah.com/，2014－11－24.

双版纳、三亚、临沧、珠海、昆明、高雄、深圳、香港、北海、澳门是最受欢迎的避暑旅游目的地。

3. 购买第二、第三居所度假理财市场

目前，中国约有15%的人拥有第二居所，这个比例还在迅速增长。2014年《财富报告》调查发现，中国有31%的高资产净值人士有意愿投资第二居所①。中高收入阶层是购买第二、第三居所的主要群体，其年龄多为35～75岁，购买目的以子女教育、养老养生、休闲度假、投资理财为主。

以度假为目的购买的第二、第三居所主要分布在城市与郊区之间，以及旅游度假地（滨海、滨水、温泉、山地为主），呈现异地化趋势。

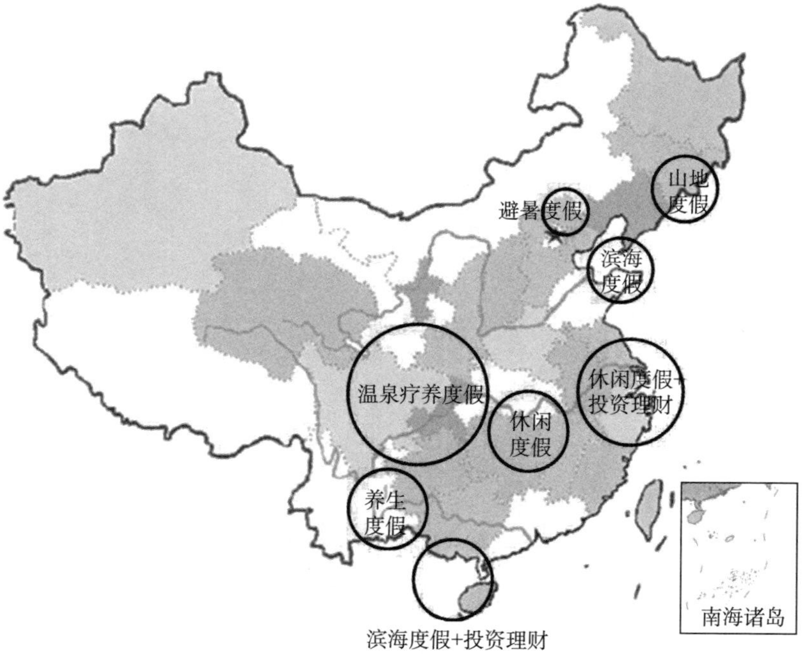

图2－18　以度假为目的购买的第二、第三居所的主要分布

此外，城市化进程也是推动度假市场发展的主要因素之一。城市化的加剧带来拥堵的交通、恶化的环境、高昂的房价，而社会的进步和经济的发展

① 预计未来十年中国超高资产净值人士数目增80%［EB/OL］. http://news.dichan.sina.com.cn，2014－03－11.

也让大部分中高层收入人群的消费观念逐渐转变，开始追求精神消费和生活品位。近年来，周末城郊度假、小长假旅游城市度假的游客越来越多。

第二节 商机无限——投资大鳄引领潮流

度假市场前景辉煌，国家政策近年来也加大了对旅游业和服务产业的支持和扶持力度。不少投资商投消费者所好，抢占商机，走多元化产业发展道路。

一、综合型旅游度假地产遍布

在发展过程中，度假地产吸引了多元化资本进入，如旅游业 + 度假地产、商业地产 + 度假地产、文化产业 + 度假地产、创意产业 + 度假地产等，多元产业融合开发的综合型旅游度假地产遍布各地。我们以万达集团和今典集团综合型旅游度假地产开发模式为代表，来分析近年来中国综合型旅游度假地产的发展模式。

（一）万达——未来中国旅游度假地产“巨无霸”

万达以商业地产为核心，在全国乃至世界版图上，用 26 年的时间造就了一个“商业帝国”。近年来，万达又将目光投向旅游度假产业、文化产业，从商业地产到旅游度假地产、文化旅游地产的“连级跳”让人目不暇接。未来 10 年至 20 年，旅游度假地产、文化旅游地产将成为万达主要战略方向，万达要再创奇迹，打造中国乃至世界文化产业和旅游地产“巨无霸”。

2014 年，万达长白山度假区与途家网建立深度合作。途家以携程的 6000 万庞大会员为基础，为万达提供客源保障①。途家依靠途家物业——途家斯维登度假酒店托管经营万达长白山业主不动产，帮助业主管理和经营不动产，并为业主提供途家全球旅游目的地度假公寓居住权。万达与途家的深度合作，是通过途家模式造势度假市场、增值地产、扩充客源。

① 万达联手途家网 打造国内旅游度假产业新标杆［EB/OL］. http：//house. ifeng. com/detail/2014_ 04_ 28/46063491_ 0. shtml，2014 - 04 - 28.

2014 年 5 月，万达牵手美尔地产，以分权度假、全球旅居模式推动云南西双版纳国际旅游度假区运营发展，引爆云南度假市场①。

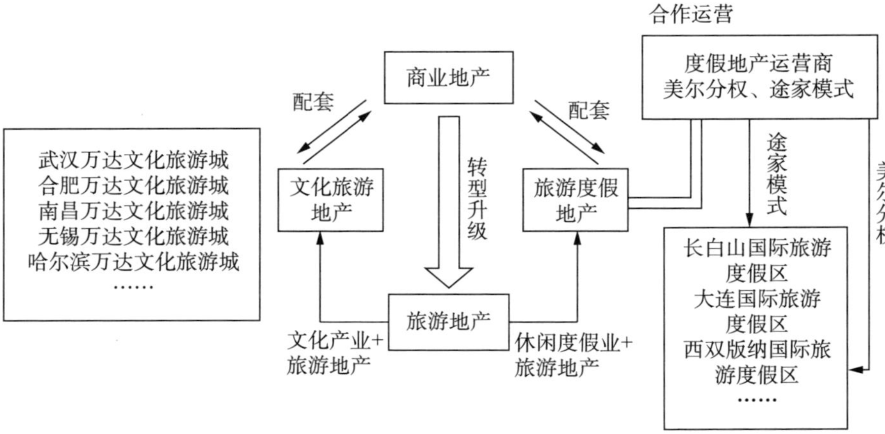

图 2－19　万达集团旅游地产战略发展模式

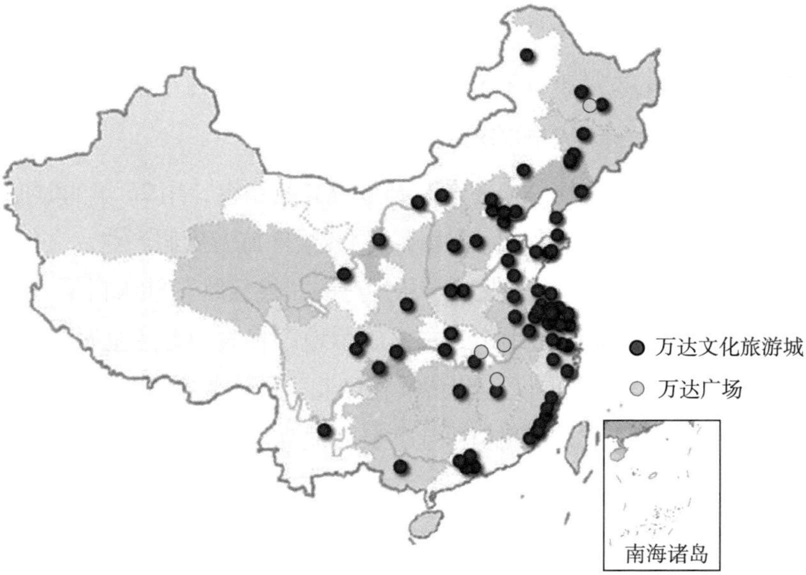

图 2－20　万达广场及部分万达文化旅游城分布

资料来源：万达官网。

① 美尔再签万达 分权度假扩张西双版纳度假区［EB/OL］. http：//cq. house. qq. com/a/20131021/011503. htm，2013－10－21.

万达文化旅游地产，是以文化产业融合旅游地产业开发的综合型旅游地产，产品包括剧院、影视中心、文化主题公园、商业广场、酒店等，项目选址多靠近二、三线城市中心或城市未来商业中心规划区，投资方式以万达自投为主。目前，已投资开发的万达文化旅游城主要分布在哈尔滨、武汉、南昌、合肥、无锡等城市。万达文化旅游城是万达广场的升级版本。

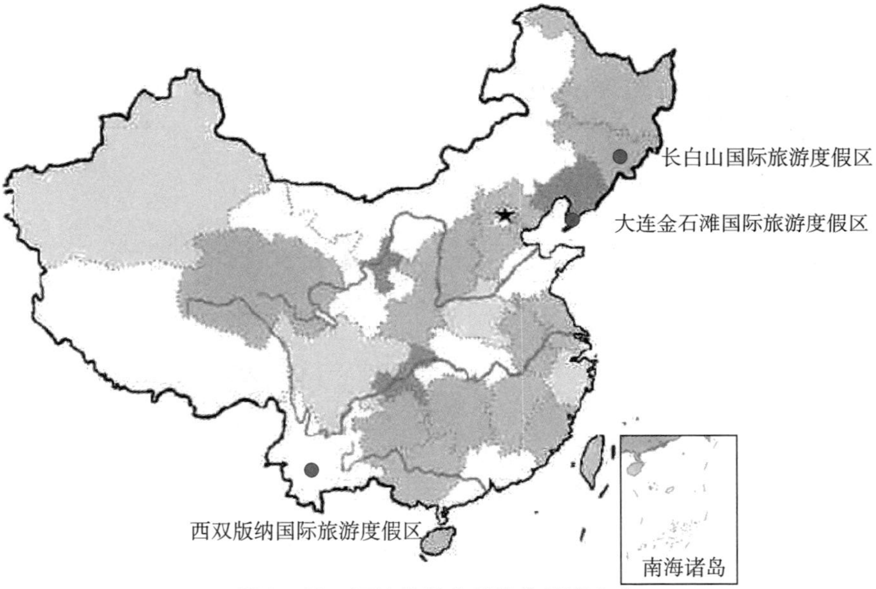

图 2－21　万达旅游度假地产投资分布

万达旅游度假地产，是将休闲度假业与旅游地产业相融合而开发的综合型旅游度假地产，主要以休闲度假为主，项目多选址在长白山、西双版纳等国家级自然风景名胜区。度假地产产品包括高级酒店群、旅游小镇、商业购物广场、剧院、博览馆、度假别墅、度假休闲项目（滑雪场、健身馆等），以及医院、学校、会议中心等配套。在投资方式上，以融资为主。整体盈利模式以一级土地开发、二级地产开发盈利为主。目前，万达集团与中国泛海、一方集团、亿利集体、联想控股等企业联手，在长白山、西双版纳、大连金石滩等地投资千亿元，打造国际顶级旅游度假目的地①。

① 万达长白山国际度假区［EB/OL］. http://wenku.baidu.com/link?url=8SiCDhqWZo_2x8kp6qCjO_mow-ZhCI5nNycl6J2r-jBSwbasGPbJNpYeGcjXImjrDdGmsajINP2GxvEyVXUnZZXQHJ-osrMJN5xDBwEaSb_，2012-11-20.

我们以长白山国际旅游度假区为例，分析万达综合型旅游度假地产开发模式。

长白山国际旅游度假区共分为北区和南区两个区块。北区共 5 平方公里，以旅游新城为主，主要用于安置拆迁村民，配套商业、学校、医院等设施；南区共 13 平方公里，以度假区开发为主，主要针对外来客源，配套度假酒店群、滑雪场、狩猎场等度假休闲项目。

北区：旅游新城(5平方公里)
抚松县行政中心及会议中心
文化中心
购物中心
学校、医院、住宅区等生活配套

南区：国际度假区(13平方公里)
高档度假酒店群
国际会议中心
大型滑雪场
小型运动场
森林度假别墅
国际狩猎场、漂流项目

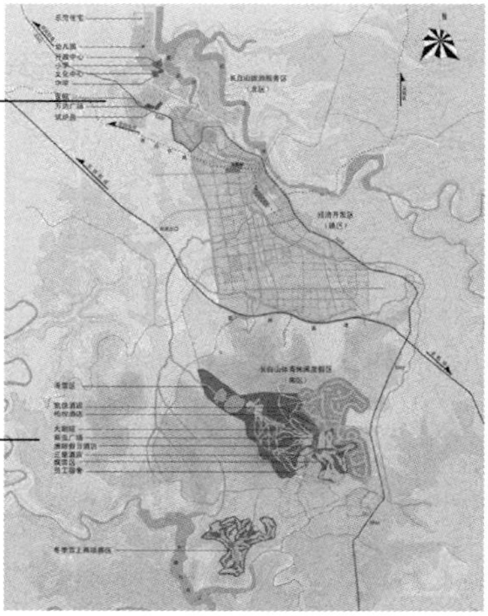

图 2－22　长白山国际旅游度假区规划图

图 2－23　长白山国际旅游度假区建设情况

资料来源：赢商网。

长白山国际度假区的投资方式以融资为主，主要融资方式为抵押贷款、信托、债券、土地经营。

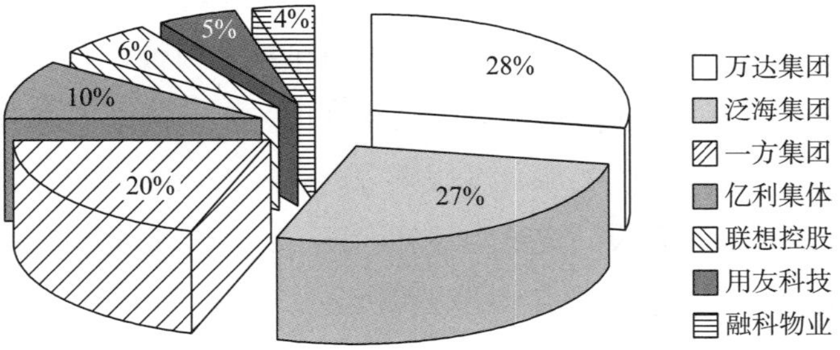

图 2-24 长白山国际度假区投资主体

资料来源：搜狐财经。

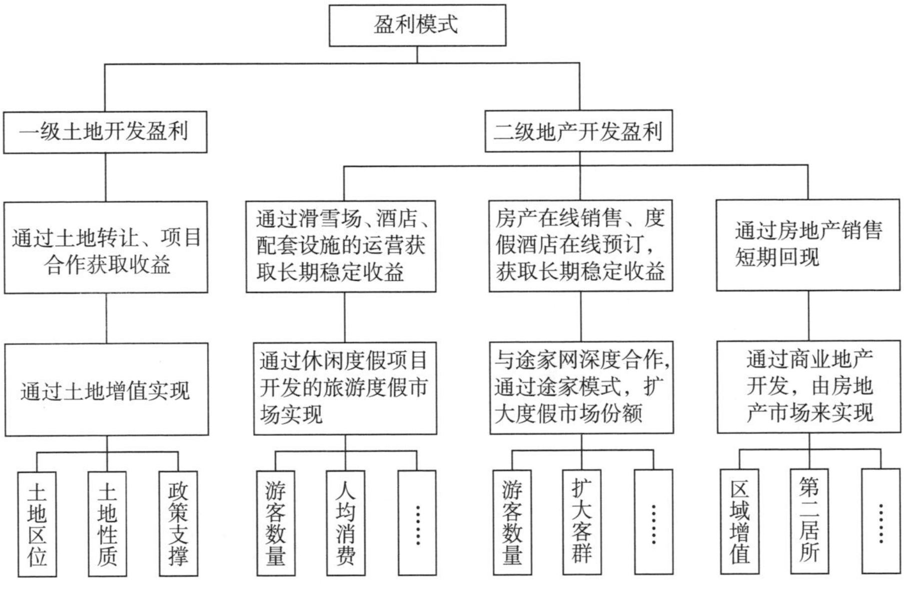

图 2-25 长白山国际度假区盈利模式

长白山国际度假区，一、二级联动开发盈利是项目前期重要盈利模式，一级土地运营成为重要回现手段。二级地产开发中旅游度假地产（滑雪场、度假小镇、度假酒店等）都设置国际顶尖配套，以通过休闲度假项目的运营获得长期稳定收益。房地产开发（小高层花园洋房、度假别墅）借助度假地产势头区域增值，通过第二、第三居所等房产市场开发短期回现。同时与途家网深度合作，借助途家模式，造势度假市场，增值地产，扩充客源。万达预计，2015 年起一年收益 30 亿元左右，净利润为 8000 万到 1 亿元①。

长白山国际度假区将为长白山创造两万个就业岗位，有效解决了当地的就业问题。长白山国际度假区凭借其知名度，以及高品质度假生活的营造，将为吉林省带来巨大的旅游度假客源；并以旅游引导的方式，通过解决就业、推进城镇化建设、提升当地知名度、带动产业提升、吸引知名企业进驻等手段，有效带动白山市经济和社会发展。

（二）今典红树林——创新中国旅游度假地产运营模式

2012 年，今典集团抓住"'十二五'旅游发展黄金期"机遇，由"住宅开发"向"度假地产"转型。今典集团结合时势与中国市场潜力，推出

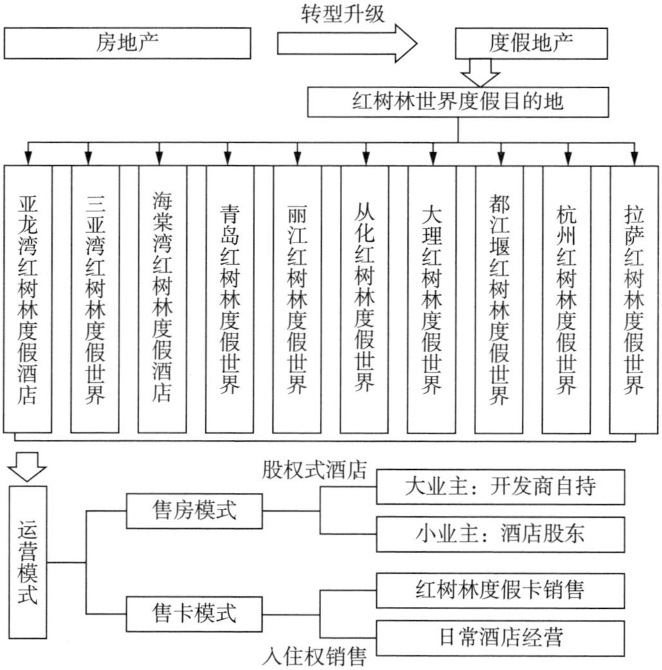

图 2－26 今典红树林综合型度假地产发展模式

① 万达长白山国际度假区［EB/OL］. http：//wenku. baidu. com/link?url＝8SiCDhqWZo_ 2x8kp6qCjO_ mow－ZhCI5nNycl6J2r－jBSwbasGPbJNpYeGcjXImjrDdGmsajINP2GxvEyVXUnZZXQHJ－osrMJN5xDBwEaSb_ , 2012－11－20.

融休闲度假、娱乐、商业、会议会展、文化、艺术及时尚体验于一体的综合型度假地产——红树林度假酒店综合体，并在全国旅游城市复制标准化的度假酒店综合体产品模式。未来2~3年时间里，包括三亚湾红树林度假酒店在内的10家红树林度假目的地酒店将建成开业。未来10~20年，今典集团的战略方向就是运营遍布全国的度假资源和会展资源——红树林度假目的地酒店①。

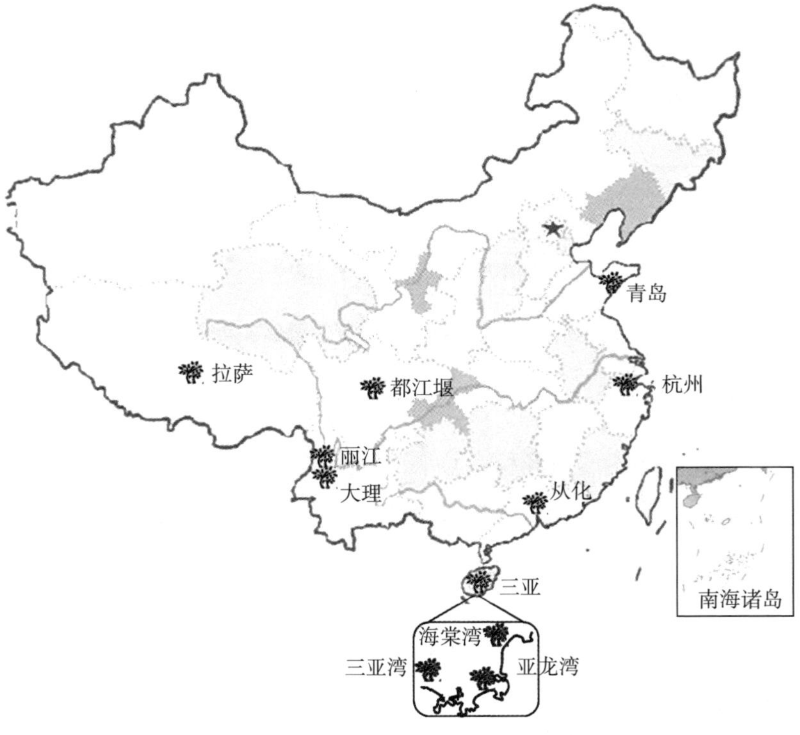

图2-27 今典红树林世界度假目的地分布

今典集团率先将“度假目的地”酒店模式引入中国，开创中国文化旅游度假新纪元。红树林世界度假目的地共有九大核心业态。

① 深度解读红树林：一个创新的旅游度假地产标杆案例［EB/OL］. 新浪房产. http：//sanya. house. sina. com. cn/news/2014-10-21/17554538142_2. shtml，2014-10-21.

1. 大型五至七星级酒店群

红树林度假酒店规模大、类型多、布局广，是中国大型度假目的地酒店。例如，三亚湾红树林度假世界拥有五大类型酒店、4000 余套客房，相当于 1 家澳门威尼斯人酒店、8 家五星级酒店。

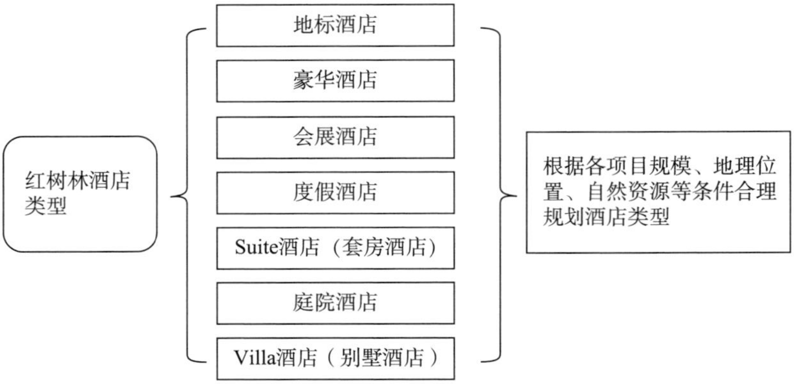

图 2－28　今典红树林度假酒店类型

2. 国际会议会展中心

近年来，商务会展市场稳定增长，推动度假市场进一步发展。会展经济运营成功的关键是构建完善的休闲度假产业支撑，以完美的度假体验为特色的“红树林”将引领国际高端会议会展发展。

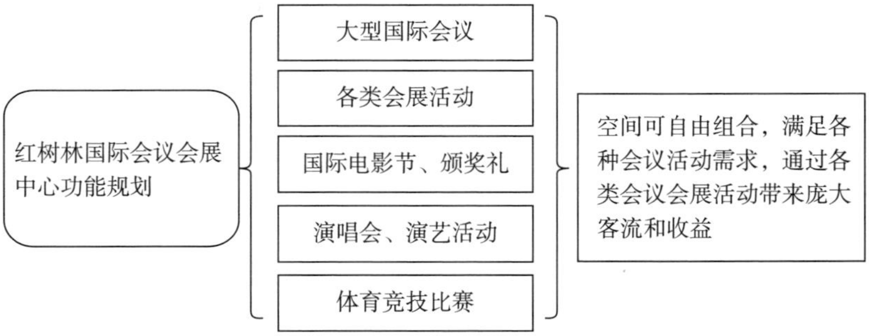

图 2－29　今典红树林国际会议会展中心功能

资料来源：今典集团。

3. 今日艺术汇

红树林度假酒店将画廊开到酒店的每间客房，供住店客人选择购买；同时，在红树林度假世界打造艺术双年展基地，进行艺术品的展示、拍卖和交易。

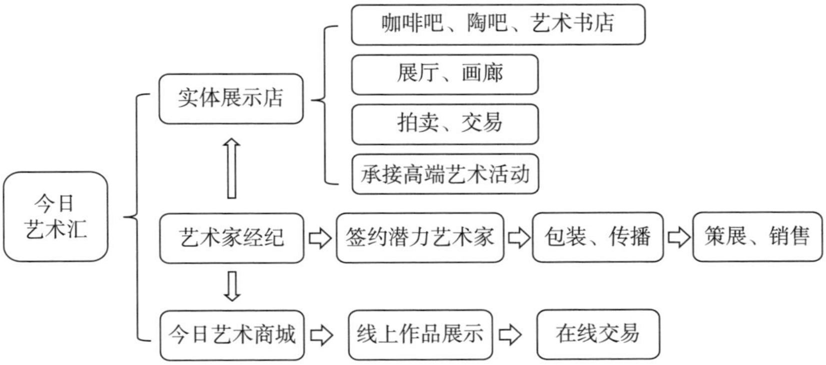

图 2-30 今典红树林今日艺术汇运营模式

资料来源：今典集团。

4. CASINO BAR（博彩体验吧）

国内第一家 CASINO BAR（博彩体验吧）建在三亚湾红树林度假世界，一期约 3000 平方米，二期为 30000 平方米。CASINO BAR 以全真博彩娱乐体验为特色，赢彩游客凭借筹码可直接兑换奖品或抽奖获得酒店积分。CASINO BAR 以门票经营收益为主。

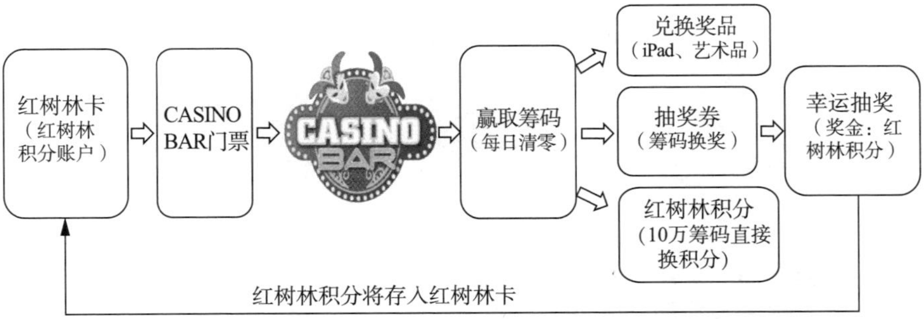

图 2-31 今典红树林博彩体验吧运营模式

资料来源：今典集团。

5. 特色风情商街

各地区红树林度假世界根据地域特色设置各类特色风情高端商业街（夏威夷风情、中东风情、东南亚风情运河商街等），这些商业街整体构成商业休闲流动线，同时也因其建筑特色成为摄影爱好者的外景摄影基地。每条商街商业类型丰富，荟萃奢侈品定制店、酒吧、咖啡厅、主题餐厅等，满足游客餐饮、购物等消费需求。例如，三亚湾红树林度假世界打造了7万多平方米的多国风情运河商街，汇聚世界名品、高端餐饮、休闲娱乐等业态。

6. 1 + X 时尚影城/电影工坊

充分发挥今典集团旗下电影产业优势，打造红树林度假世界 1 + X 时尚影城或电影工坊。根据各地红树林度假世界的规模，分别设置巨幕、中型厅、VIP 点播厅等影厅，打造全新电影生活方式。各地红树林度假世界 1 + X 时尚影城都配备满足国际电影节颁奖要求的颁奖影厅（带升降舞台）。

中国规模最大的“电影梦工坊”在三亚湾红树林度假世界成功打造。电影场景街区在酒店中规划，街区主题会不定期更换。在这里，度假游客能拍摄微电影或 MV，专业影视制作团队也能拍摄电影或 MV 等。这里还配套影视制作工作室，能对电影胶片随时进行量身剪辑。电影工坊、主题餐厅、酒吧，加上剧场等，共同构成以电影为特色的休闲体验，打造出一种全新的电影式休闲生活方式。

图 2 - 32　今典红树林 1 + X 时尚影城

7. 360°全景 3D 穹幕秀

以实景山水为演出舞台、以特色文化和民俗为演出内容打造的实景演出（印象系列），以及借助户外机械打造的大型演出（“仙鹤芭蕾”）已成为城市夜间娱乐的新地标。

各个红树林度假世界根据其规模及当地度假需求，也配备 3D 立体动感全景“天幕”秀。全景“天幕”秀在天幕（圆顶形综合剧院）上演，以震撼的视觉效果和独特的艺术风格让游客沉醉。

图 2－33　今典红树林 360°全景 3D 穹幕秀

8. 红树林华大基因健康中心

目前，我国已经进入养生度假产业发展期，2013 年我国人均养生保健消费 2435.5 元，康养保健度假市场潜力巨大。红树林抓住市场机遇，联合华大基因（世界上规模最大的基因组学研究中心），成立红树林华大基因健康中心，为红树林客户提供全新的健康养生服务和专业咨询。华大基因检测位居世界第一，红树林华大基因健康中心充分利用华大基因的技术优势，将基因组领域的科研成果与技术突破应用于医学健康实践，从基因研究、代谢菌群、干细胞等角度为客人提供健康养生服务和专业咨询，打造全新的健康产业。

9. 多元主题公园

家庭亲子游升温推动我国度假市场快速发展，现今亲子游已经成为我国度假市场的重要组成部分。各个红树林度假世界结合其自身市场环境及资源条件，打造特色主题公园。例如，结合农业科技，培育出千斤南瓜、

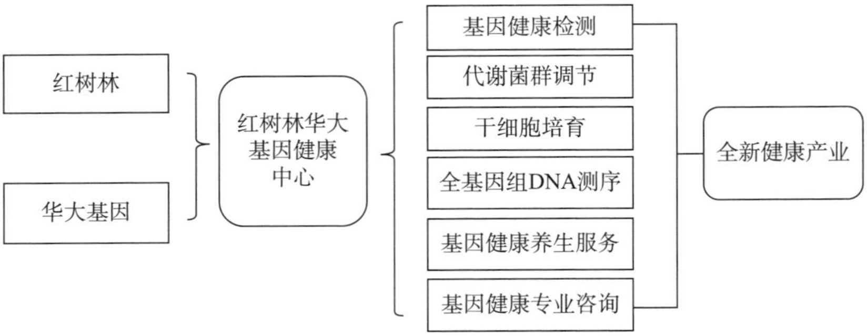

图 2-34　今典红树林华大基因健康中心

资料来源：今典集团。

无土西红柿、沙培木瓜等世界领先农业科技成果，打造集生态环境保护、现代农业科技、科普教育、互动体验于一体的中国最具特色植物迪士尼。三亚湾红树林结合海洋资源，建成了中国最大的多元主题全景巅峰水上乐园。

图 2-35　今典红树林植物迪士尼

红树林度假世界采用售房和售卡相结合的运营模式。其中，售房模式引入“股权式酒店”的概念，每间客房有独立产权证，一套房等于一支股，购买一间客房就相当于成为酒店股东，投资酒店“原始股”。酒店运营后，委托红树林国际酒店管理公司经营和管理，业主享受分红、免费入住等股东权益。售房模式只在各地红树林度假酒店运营的初期进行，后期只采用售卡模式。

售卡模式，即红树林度假世界推出红树林度假卡。红树林度假卡是一款度假消费使用的创新产品，是红树林酒店客房入住权的载体。购卡即成为红树林会员，享受会员权益。度假卡在有效期内可更名、馈赠、转让。随着度假卡的持续增值，可实现度假与资产保值、增值的完美融合。

1. 售房模式运作流程

售房模式中，今典集团销售度假房产，收回部分投资额；同时持有一定量的物业，成为业主；度假房产购买者成为小业主。小业主将度假房产空闲时间交予红树林酒店经营公司托管，享受经营利润的分红，也享受度假房产固定资产保值、增值权益。

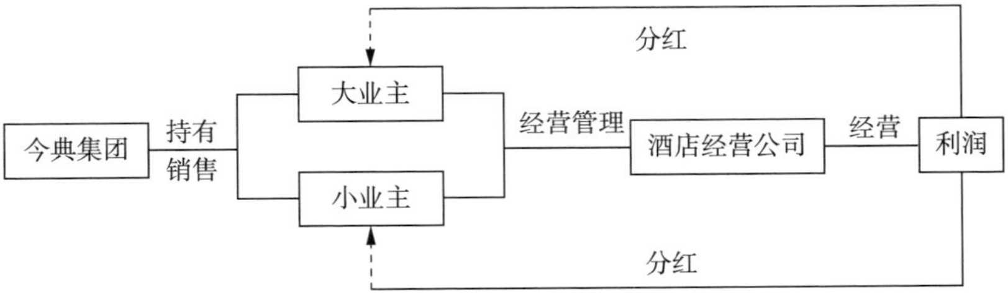

图 2－36 今典红树林售房模式运作流程

资料来源：今典集团。

购买度假房产产权的业主享有独立产权，均有独立产权证，可抵押或转让。他们每年拥有一定天数的免费居住权，可以通过红树林指数换算，既可以入住标准间，也可以换住总统套房，还可以换住国内其他红树林度假酒店。业主还享有全国红树林系列连锁酒店的订房优惠权，团体订房还可获得5%的代订房奖金。

2. 售卡模式运作流程

红树林度假卡承载着酒店客房分时度假使用权，酒店50%的客房入住权将提前售出。红树林度假卡的发售，在一定程度上提高了酒店入住率，摊薄了酒店单方运营成本。

红树林度假卡可自由转让、更名、馈赠。购卡会员享有订房优惠权，以及每年7天免费入住全国任意一家红树林度假酒店的权利，可根据指数

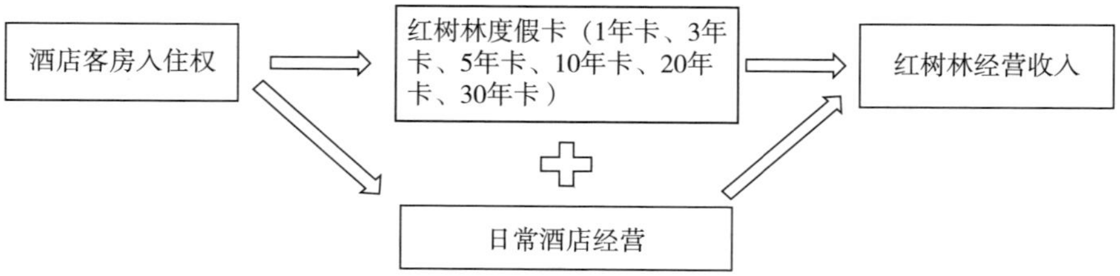

图 2－37　今典红树林售卡模式运作流程

资料来源：今典集团。

兑换，选择入住五星、七星标准间或总统套房。

二、分权度假渐成趋势

休闲度假市场前景辉煌，旅游度假地产锋芒渐露，抢占市场先机的开发商从国外重新引入“分时度假”“分权度假”地产运营模式，在国内实践和探索。分时度假一度风靡国内，但由于中国人“重实物”的消费理念、运营链条上涉及的各方主体（开发商、投资商、度假房产管理公司、金融机构等）发展不平衡、行业法规不健全等多种原因，分时度假败走中国。目前，国内不到 20 家分时度假销售商，专业运作点数制交换系统的销售商更是寥寥无几。

分权度假模式源于国外的会员制度假，与分时度假最大的区别在于消费者拥有产权保障，这更符合中国人的消费传统。分权度假是购买者以低于 10 万元的价格购买度假房产的 1/10 产权，产权可以转让、交易、继承。由于全国度假物业使用率平均约为 19 天（约每年 3 个星期），购房者在全年享有固定时段（每年 28 天/21 天，根据分权产品而定）度假居住权。部分可出租的度假物业，购房者也可以将分权度假物业其他时段出租给开发商的物业管理公司进行运营管理，每年还能获得租金收益。对开发商来说，此举也有多重收益。一是房产溢价收益。分 10 份出售产权，每份接近 10 万元，无形中提升了度假房产的单价，单方价格约为 1 万元/平方米[①]。

① 旅游地产发展渐露锋芒 分权度假模式已成未来趋势［EB/OL］. http：//www.winshang.com，2015－02－25.

二是度假房产经营收益。在购房者入住度假物业时间之外，开发商还拥有管理运作权，日常经营度假房产的收益也是开发商的重要盈利部分。三是土地溢价和房产增值收益。项目运营良好，土地增值，房产增值，也是开发商的盈利部分。分权度假既保证了购买者的权益，也让开发商获得多重收益，打造了一种双赢的模式。

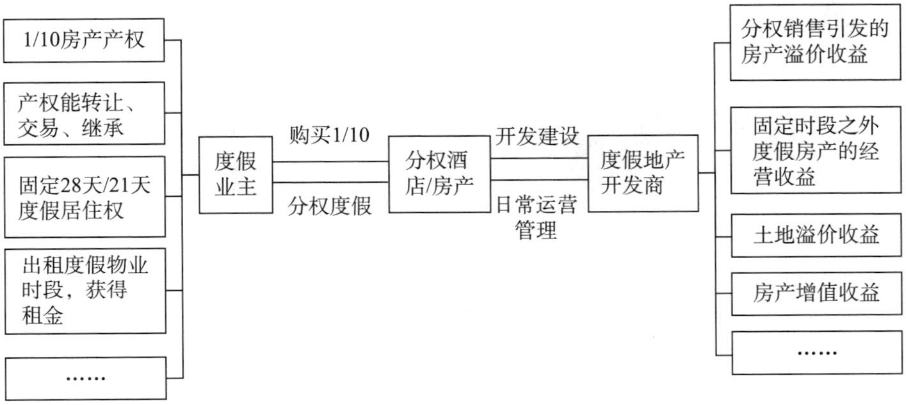

图 2－38　分权度假双赢模式

从投资层面看，分权度假属于双赢产品。从法律层面看，根据《物权法》的规定，分权度假属于“按份共有”的投资行为，受法律明确保护；分权度假物业拥有产权保障，只要开发商证件齐全，就能保障业主的合法权益。

2014 年，分权度假风靡全国，遍布国内多个旅游城市，包括海南、青岛、昆明、西双版纳、腾冲等热门旅游城市，以及中西部三、四线城市的热门旅游地产项目。分权度假产品丰富，涵盖产权式酒店、别墅、高档复合社区、休闲度假村等。

美尔（MRE）分权度假是重庆美尔投资有限公司推出的一种度假模式，通过分割度假酒店产权来实现全球度假养生的度假酒店式公寓体验。下面，我们以美尔分权度假产品为例，进一步分析分权度假发展模式。

重庆美尔投资有限公司构建了完善的分权度假运作系统，与大型地产开发商联手推出分权度假产品。分权度假地产项目多选址在自然风景区，1/10 产权价格多在 7.98 万～11.98 万元，产权大都为 40 年。

（1）快捷的 MRE 网络操作系统。MRE 分权度假酒店产权购买系统、

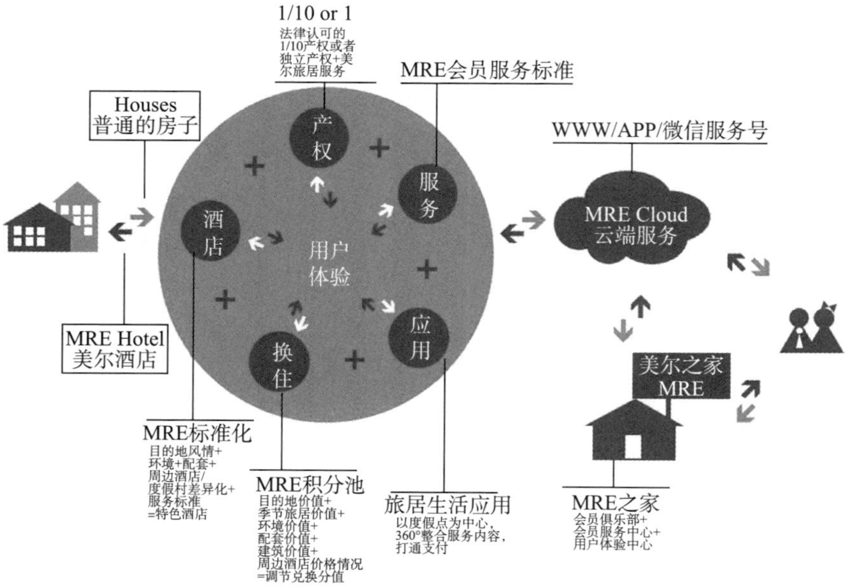

图 2－39　MRE 分权度假

资料来源：美尔地产分权度假官网。

度假酒店置换系统和度假酒店预订系统，操作都非常简单、方便，各种信息直观、完整。美尔地产搭建了 MRE 云端服务平台（MRE Cloud），通过 APP、微信服务等为业主提供简单快捷的服务。

（2）可靠的分权度假产品供应系统。美尔地产与万达、海航、中海等中国房地产的龙头企业建立战略合作，分权度假产品多选址在自然风景区，并以养生养心、生态健康、休闲度假为开发标准，建筑风格独特（简欧、美式、东南亚等）。五星级的产权式度假公寓与完善的休闲度假配套设施相结合，可以满足业主的度假需求。

（3）创新的酒店积分交换系统。提出“积分制”，根据酒店产权换算成积分，业主根据度假需求在 MRE 全球换住系统中进行积分兑换，选择换住酒店。

（4）安全的银行支付系统。美尔地产与中国工商银行合作开发全球养生旅居卡，既可以用作 28 天旅居的积分加减使用，也可以在 MRE 交换系统中享受信用卡的权利。

表 2－2　MRE 度假地产部分产品

项目名称	产品价格	产品面积	产品类型	产权年限	产品风格	产品定位	度假配套	开发商
重庆金佛山画家村	11.98 万元	42～90m²	产权式公寓酒店	40 年	江南民族风情	避暑型产品、专业功能型产品	超市、字画拍卖市场，金佛山睡佛景观台、景观步行长廊、徒步登山道等	重庆瑞茂置业
云南腾冲美尔翡翠皇冠假日酒店	7.98 万元	57～47 m² 58～29 m²	五星级产权式酒店	40 年	现代简约	四季型产品	翡翠娱乐会所，高尔夫球场，腾冲最大公园“砚湖公园”、文星古楼、商业步行街	腾冲盛跃旅游房地产开发有限公司
云南西双版纳美尔万达国际度假区	7.98 万元	40 m²	产权式公寓酒店	40 年	简傣风格	四季型产品	雨林高尔夫、人工湖、傣秀剧院、商业中心	万达集团
海南海阔天空子爵公馆	11.98 万元	74.47 m²	五星级产权式酒店	40 年	简欧风格	四季型产品	高尔夫、人工河、植物园、商业街等	海南万宁大康乐开发投资有限公司
重庆中海黎香湖度假村	7.98 万元	35 m²	产权式酒店	40 年	瑞士风情	专业功能型产品	水上高尔夫、田园骑马、射箭、露营等	中国海外集团中海地产
重庆戴斯大卫营三期	7.98 万元	31 m²	度假公寓与别墅	70 年	美式乡村度假风情	避暑型产品	原生态山地公园、动步公园、特色美食街、欧洲风情小镇、主题广场等	重庆远大置业有限公司

资料来源：美尔地产分权度假官网。

表 2－3　MRE 度假地产积分交换模式

度假产品	房价	换住积分	
		1～5 年（前 5 年每年 14 天换住）	6～10 年（第 6 年开始每年 28 天换住）
重庆中海黎香湖度假村	318 元/天	318 元/天×每年 14 天＝4452 元	318 元/天×每年 28 天＝8904 元
海南海阔天空子爵公馆	398 元/天	398 元/天×14 天＝5572 元	398 元/天×28 天＝11144 元
积分换住	中海黎香湖——→海南子爵公馆　　4452/398≈12 天 前 1～5 年，业主要在购买度假物业中入住 14 天，剩余的时间以积分兑换的方式到其他物业入住。业主持有的 4452 积分，可以到海南子爵公馆入住 12 天		

资料来源：美尔地产分权度假官网。

MRE 分权度假模式既保障了业主权益（1/10 产权保障），也消除了传统旅游地产度假模式一次性投入高、房产物业空置时间长、居住地点固定、异地装修麻烦、后期维修保养难等诸多弊端。

截至目前，MRE 分权度假产品在国内已经卖出 1 万多份，业主多为中产阶层，置业目的多为第二、第三度假居所。国内庞大的度假市场，以及前景辉煌的分权市场，吸引了不少投资大鳄进军分权度假市场。国内除 MRE 分权度假酒店运营较为成功外，易度网、华润国际长城（乳山）酒店管理有限公司①也都推出了类似分权度假的产品，在国内形成了一定规模。与美尔地产不同的是，易度网仅仅是度假地产第三方营销平台，针对小业主投资，推出了产权式度假酒店交换平台。而华润国际长城酒店连锁体系不仅是份权度假地产运营商，也是份权度假地产开发商，拥有有自主知识产权的度假酒店管理品牌“Excellent Hospitality”，涵盖旅游度假地产开发、酒店经营管理及中老年国际生活区经营服务等。目前，华润国际长城酒店正凭借自己强大的经济实力和良好的口碑在国内开拓分权度假版图。

表 2－4　国内部分度假地产运营模式比较

企业	类型	度假系统平台	运营模式	业务	客户群体	业务范围
重庆美尔投资有限公司	度假地产运营商	MRE 分权度假平台	分权度假积分换住模式	度假地产分权销售、运营、托管、度假交换	购买第二、第三居所的中产阶层	重庆、云南、广东、广西等地
华润国际长城（乳山）酒店管理有限公司	度假地产开发商、运营商	E－HOS 份权度假体系	精装酒店份权销售，在运营酒店交换体系内，业主互换度假	度假地产份权销售、度假酒店连锁经营、度假交换	购买第二、第三居所的中产阶层	三亚、大理、西双版纳、成都、哈尔滨、厦门、沈阳、丹东、南京、曲阜等 30 多个旅游城市中的旅游胜地酒店及度假村
北海易度网络科技有限公司	度假地产第三方经销商	易度网	整合资源，度假地产（产权酒店、度假村等）020 模式度假交换	物业托管、度假交换	投资小业主、度假地产开发商、中产阶层购房度假客户群	黄山、杭州、北海等地

① 仅有华润国际长城（乳山）酒店管理有限公司使用“份权度假”，其他企业均使用“分权度假”。

续表

企业	类型	度假系统平台	运营模式	业务	客户群体	业务范围
上海嘉佑财富旅游信息科技有限公司	度假地产第三方经销商	旅居财富网	O2O2O模式整合资源帮助业主寻找物业托管公司，开发度假交换系统，实现跨时间、跨物业类型度假交换	置业交易、度假置业交易、度假产品销售、度假交换服务等	投资小业主、度假地产开发商、中产阶层购房度假客户群	国内外100多座城市
山东蓬达集团	度假地产运营商	山东蓬达CPE度假网	酒店客房资本化、期货化、证券化模式	酒店换住、时权交换、度假理财	投资业主、度假地产开发商	全国

资料来源：度假地产营销模式对比研究—绿维创景。

三、养老地产独占鳌头，养老养生度假地产潜力巨大

2014年中国约有4万亿元的养老商业机会，2030年可能增加到13万亿元①。面对巨大商机，大型房地产开发商及投资商未雨绸缪，正成为养老地产的潜在投资商。

2010年，万科在北京开发首个养老地产——万科幸福汇，恒大、保利、绿地、首创等地产大鳄也开始进军养老地产。金融类企业包括泰康人寿、中国人寿、太平洋保险等也都斥巨资开发养老地产，未来10年国内养老地产将会出现井喷式增长。

表2-5 国内部分养老地产开发模式

开发商	养老地产	开发模式	发展方向
万科集团	北京万科幸福汇养老社区	社区养老模式	在普通社区中植入社区养老（单独用一栋楼开发社区养老）；将养老地产与旅游地产有机融合，打造养老度假地产
	上海万科智汇坊	嵌入式社区养老模式	
	长春健康养老住宅社区	社区养老模式	
	杭州、青岛养老度假地产	养生养老度假模式	

① 王春敏．上海出台养老配套新政［J］．中国房地产，2014（5）：7.

续表

开发商	养老地产	开发模式	发展方向
保利集团	北京西山林语“和熹会”专业养老机构	专业介护养老	“居家服务标准，社区配套标准，机构专业标准”的“三位一体”养老模式；建立“一地入会多地养老”模式，打造养老度假地产模式；未来10年和熹会养老机构将在全国范围内布局50个
	上海西塘越养老公寓	一地入会多地养老	
	广州琶洲保利“和熹会”养老公寓	将养老项目纳入保利天悦高端社区，推出“社区＋专业机构”养老产品	
	成都保利“和熹会”养老公寓	社区型养老模式	
恒大集团	恒大海上威尼斯	养老度假地产模式	休闲度假＋养老地产的养老度假模式；养生社区＋医疗机构的养老模式
	阿城恒大城	医疗养老模式	
绿城集团	杭州蓝庭项目	学院式养老模式	养老大学＋养老社区开发模式
首创集团	青岛养老地产	社区嵌入式养老模式	“传统住宅＋养老公寓＋养老配套”开发模式
	北京养老综合体		
泰康人寿	上海松江新城养老项目	以险养老模式	医养结合，以险养老； 以养老社区模式在全国布局
	北京、广州开发养老项目		
	深圳养老项目		

从万科、保利、恒大等养老地产的发展方向中可以看出，“休闲度假＋养老养生＋地产开发”即养生养老度假地产逐渐成为养老地产开发方向。

国际上养生养老度假地产发展较早。美国太阳城就是一座名副其实的养老度假地产。太阳城坐落于佛罗里达西海岸，这里纯粹的自然环境（密布棕榈树及各种沙漠植物）、温度适宜的气候吸引大批老年人来度假疗养。

泰国 Chiva-som 以优越的滨海度假环境、传统泰式中医理疗成为希拉里等世界级名流的养生度假之地，也是国际著名的养生养老目的地。

国内养生养老度假地产在探索中稳步发展，未来市场潜力巨大。借鉴国外发展经验，目前国内已开发的养老养生度假地产主要有三种类型，即康疗型养老养生地产、乡村休闲型养老养生地产和度假型养老养生地产。

国内养老养生度假地产运营模式较为常见的有会员制俱乐部模式、度假基地连锁模式、分时度假模式、“候鸟式”养老模式。

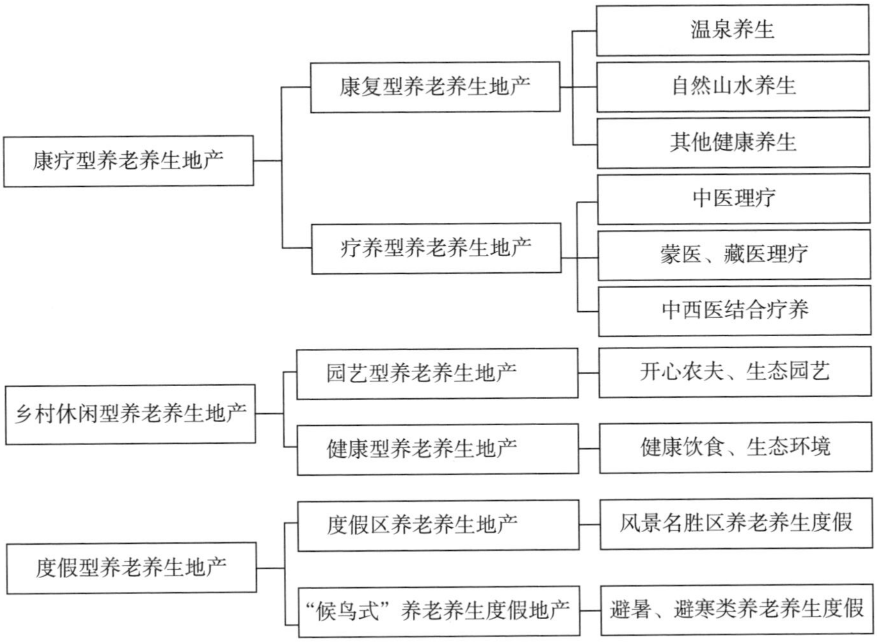

图 2-40 国内养老养生度假地产类型

表 2-6 国内部分养老地产运营模式

主要运营模式	特色案例	主要特征	模式分析
会员制俱乐部	北京太申祥和山庄	具备养老、养生、康体、医疗、餐饮、住宿功能的养生养老机构，建筑风格以古典园林为主	将传统中医文化、山水园林文化融合养生养老文化，打造中医药山水养生新模式
养老基地连锁	北京金港家苑 江苏生态养老连锁基地	以养老度假为特色，将养老度假基地以连锁模式布局全国	以基地连锁形式扩展，以高性价比养老度假服务吸引客户
分时度假模式	云南卧云仙居 浙江城仙居	分时度假与养老相结合，连锁发展	融合多元产业，构建房产+酒店+旅游+养老的养老地产运营模式
"候鸟式"养老模式	大连互动式异地养老服务中心	交换式度假养老	以高端养老为特色，推出避寒、避暑等高端养老养生度假模式

资料来源：养老养生地产模式经典研究。

养老养生度假地产在养老配套、地产开发等方面投资额较高，成本较高，属于“微利型”项目。单纯靠出售物业获得一次性收入，企业很难收回成本，而且后期运营中养老地产还要投入大量的人力和物力（专业护理、医疗配套等）。部分养老度假地产开发商通过出售与租赁相结合的方式维持企业利润：初期通过一次性出售部分物业短期回现；中期通过对外租赁、分权销售的方式满足部分养老业主的休闲度假、养老养生需求，实现长期收益。

第三章　谋径——度假地产再造传奇

休闲时代背景下，度假地产前景辉煌，然而 90% 的度假地产陷入发展瓶颈，度假地产“鬼城”现象接二连三，这使得不少度假地产开发商投资信心不足。结合旅游度假消费趋势、度假地产发展趋势，我们提出度假地产创新之道，希望能为度假地产创新发展提供参考。

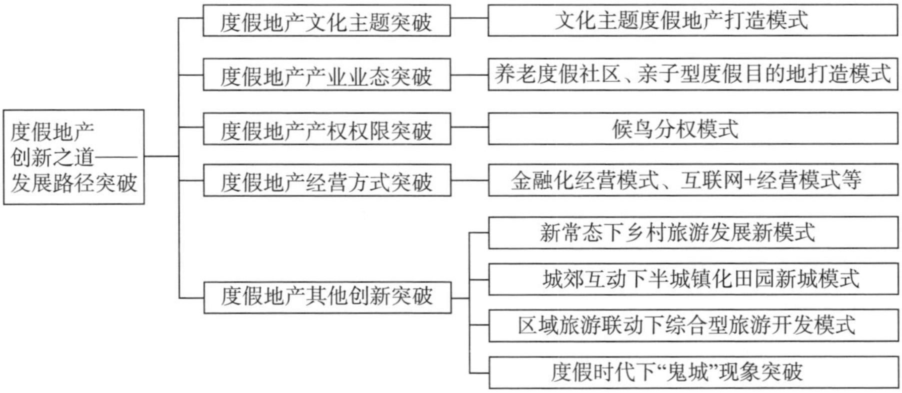

图 3－1　度假地产创新之道

第一节　度假地产文化主题突破

一、度假地产文化主题突破概述

度假地产文化主题突破，是指深入挖掘度假地产的特色文化资源和自然资源，并结合周边市场需求，通过本地文化主题包装或外来文化主题导入，实现度假地产的升级发展。

以规模取胜的度假地产市场吸引力在逐步下降，同质化和过度供应的度假综合体让消费者的忠诚度越来越低。打造主题型“一站式”消费空间，突显不同的文化主题特性，已经成为文化型度假地产未来重要的发展方向。结合度假需求旺盛的六大市场（养老、康体、带薪、亲子、学生、商务），以及生态化、多样化、异地化的度假消费趋势，我们对度假地产进行文化主题突破，构建文化主题度假地产打造模式，提升文化型度假地产核心吸引力。

二、文化主题度假地产打造模式

目前，国内外存在的文化主题度假地产一般以综合型度假地产模式为主，具有五大特点：

（1）文化底蕴深厚，度假环境优良。文化主题度假地产多选址在文化底蕴深厚、自然环境良好的风景名胜区，注重当地历史文化氛围营造和文脉挖掘。

（2）规划主题明确，配套设施完善。以概念主题入手，强调主题环境的规划设计，注重度假配套设施的建设。

（3）产业链条多元，产品功能复合。通过文化与度假产业的融合发展，梳理文化主题度假地产的核心产业链，进行产业链横向、纵向延伸，推出复合型主题度假产品，既能满足家庭度假需求，又能满足亲子游乐需求。如华侨城横向延伸产业链，迪士尼纵向延伸产业链，产品都呈现复合功能。

（4）运营模式一体化，营销战略阶段化。采用度假地产开发和文化主题体验开发相结合的互动发展模式，文化主题体验项目投资额较大，投资回报率较低，但能吸纳人气、引爆市场，带动度假地产项目发展，实现短期回收 + 长线收益的盈利模式。在营销策略上，前期一般采用渠道营销和节庆拉动；中期通过渠道、网络等进行宣传营销，待市场稳定后再逐渐进入品牌延伸营销阶段。

（5）投资方式灵活，收入模式多元。由于度假地产投资规模较大，一般采用多样融资（银行信贷、私募资本、租赁融资、产权融资等）、分期开发方式进行灵活投资。收入模式包括文化体验类项目门票收入、体验收入，以及度假地产类项目产权收入、日常经营收入和租赁收入。

从国内外实践看，文化主题度假地产具有三大开发模式：一是先文化旅游后度假地产，如奥兰多迪士尼；二是同步开发文化旅游与度假地产，如芙蓉古城；三是传统民俗村落改造型开发①。

结合国内外成功开发经验，我们提出文化主题度假地产开发六大策略，即文化主题特色化、产业链条整合化、产品功能复合化、投资方式灵活化、运营模式一体化、收入方式多元化，构建文化主题度假地产打造模式。

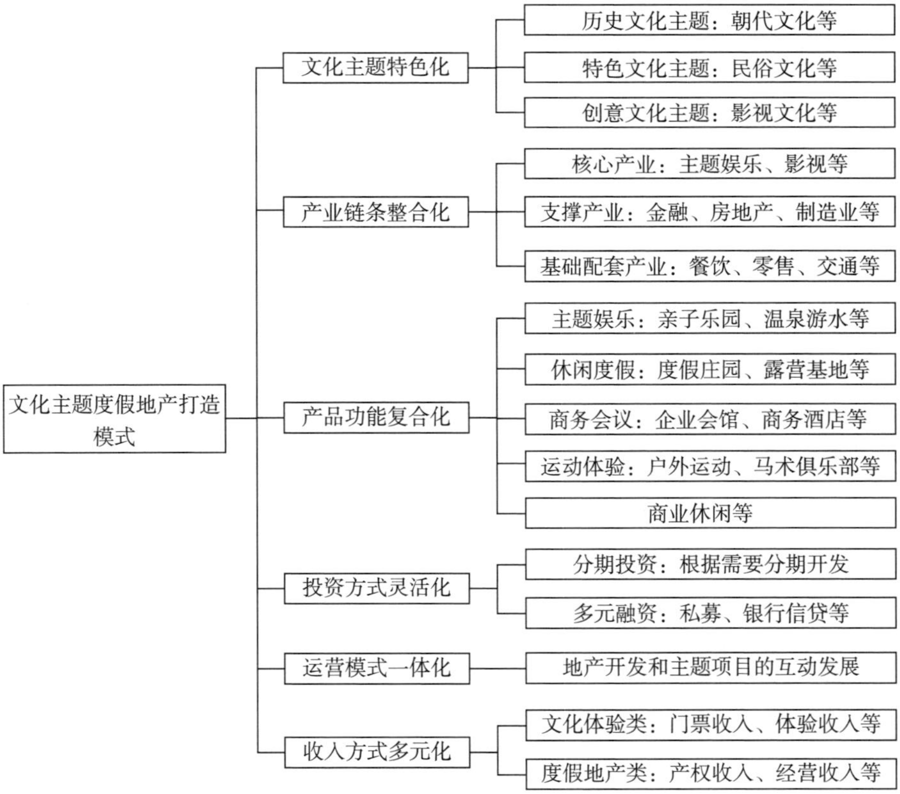

图 3-2 文化主题度假地产打造模式

① 旅游文化主题地产［R］. 上海易居房地产研究院，2010-11-05.

文化主题度假地产打造过程中，挖掘核心竞争力是先决条件，产业系统的整合与构建是关键手段。在规划核心产品时，还要考虑业态的配比、运营模式等。

（一）定位特色化文化主题

文化主题度假地产定位于文化特色化主题，主要结合度假地产当地特色，从历史、特色文化等方面挖掘核心竞争力，也可以以现代创意文化为特色增强吸引力。

历史文化方面，主要从已消失的古代文明，如楼兰文化、西夏文化、玛雅文化中提炼亮点文化元素，将其融入度假地产主题产品开发中，如武汉玛雅海滩水公园，融合玛雅文化与现代水游乐体验、水上休闲度假，推出玛雅水上乐园、玛雅神庙造型的主题餐厅、玛雅海滩酒店等特色主题产品，成为周边市民亲子游乐、避暑消夏的休闲之地。

特色文化方面，主要考虑民俗文化和特有的资源产业，如酒文化产业。贺兰山东麓凭借其优越的先天条件——葡萄种植黄金纬度带，打造葡萄酒度假酒庄集群；泸州老窖依托其原有的酿酒产业，以及华夏千年的酿酒文明，打造世界级白酒度假酒庄，一期“花田酒地”已建成运营。

创意文化方面，主要结合国际流行元素对项目地进行重新包装，如引入瑞士农庄的麦秸艺术，在休闲农庄内开发以麦秸为特色的农家乐园（麦秸艺术园、麦秸蹦蹦床、麦秸卡丁车道、麦秸跷跷板等），不仅使秸秆得到循环利用，也在一定程度上减轻了燃烧秸秆破坏环境的行为。日本的大地艺术，用花田、麦田、稻田或菜园等种植出艺术效果，能形成媒体宣传和广告宣传，获得广告收益，同时惟妙惟肖的大地艺术也是特色景点，能创造更多的旅游价值。

在影视传媒方面，以实景山水为舞台、以特色文化和民俗为演出内容打造的实景演出（印象系列）和借助户外机械打造的大型演出（“仙鹤芭蕾”）已成为度假休闲、夜间娱乐的“新地标”。

表 3-1 大型实景演出投资与收益分析

名称	投资商	演出情况	投资规模	收效
印象刘三姐	广西维尼纶集团有限公司（演出现被索芙特收购）	至2013年6月，演出场数超过4000场、观众超过1000万人次	1亿元	门票198元/人，2013年上半年净利2626.00万元；2012年净利9593.87万元
印象丽江	玉龙雪山景区投资管理有限公司	至2014年8月演出2000多场	2.5亿元	2013年游客接待量为208.11万人次，实现净利润9999.96万元
仙鹤芭蕾	Entertainment Design Corporation	每晚固定时间表演	数亿元	人气旺，已成为新加坡夜间娱乐“新地标”
上海4D灯光秀	—	2012年、2013年、2014年春节演出覆盖投影面积超过9000平方米	—	覆盖全球超过30亿观众的国际知名媒体转播
大型舞蹈3D灯光秀“上海的故事”	上海衡山集团和申江集团两大国企联合投资	演出为期40天	上千万元	人气旺

节庆活动更是拉动度假地产发展的有力手段。无论是国际节庆（情人节、圣诞节等），还是地方节庆（泼水节、冰雪节等），都成为树立度假目的地形象、拉动区域经济发展的重要工具。在旅游节庆打造上，主要有五种模式：国际节庆（如情人节）引用、民俗节庆（如泼水节）宣传推广、民间节庆（如美食节、龙舟节）重新开发、结合市场开发节庆（如摄影节）、结合资源推出节庆（如冰雪节、牡丹节）。

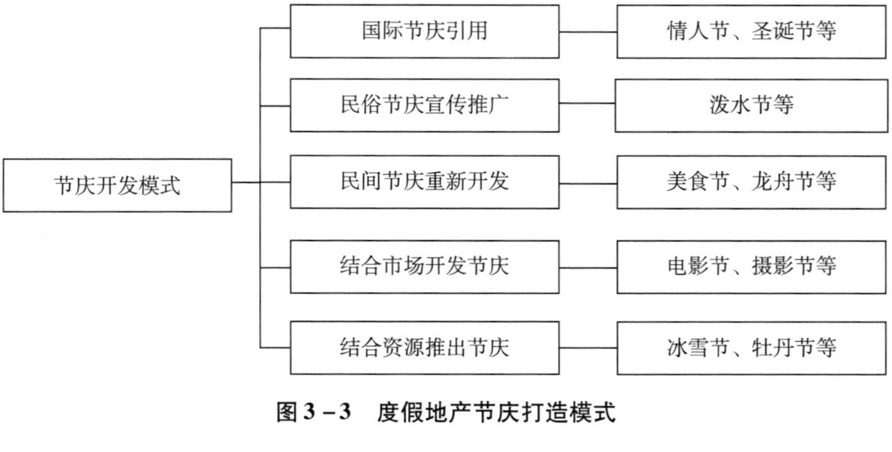

图 3-3 度假地产节庆打造模式

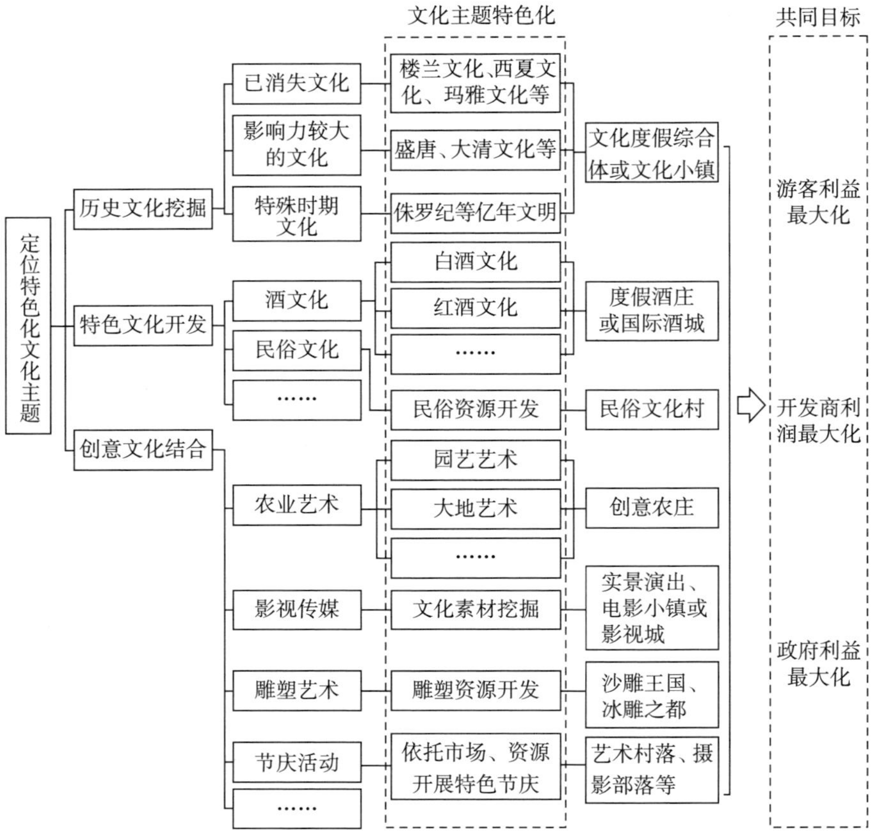

图 3－4　文化主题度假地产文化主题特色化

（二）延伸整合产业链条

文化主题度假地产产业系统构建，以休闲度假为主导，依托特色化文化主题定位，着眼于区域整体开发，融合主题娱乐、影视、金融、房地产、餐饮、交通等产业，形成多元产业链，通过梳理文化主题度假地产核心产业链，横向或纵向整合延伸产业链，实现产业价值最大化。

（三）推出功能复合化产品

文化主题度假地产依托特色化主题定位，融合休闲度假、运动体验、商务会议、主题娱乐等多种功能，寻求综合收益最大化。在产品功能配置上，力求功能复合化，形成互动发展、连带消费的发展模式。

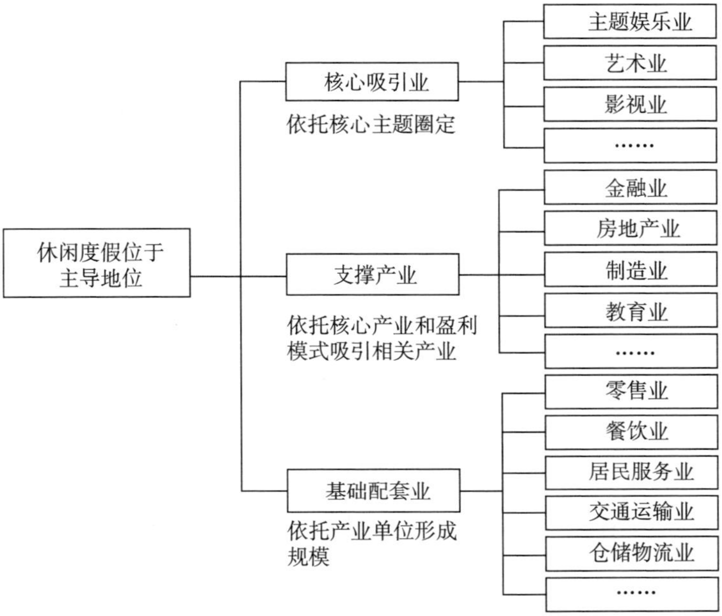

图3-5　文化主题度假地产产业系统整合化

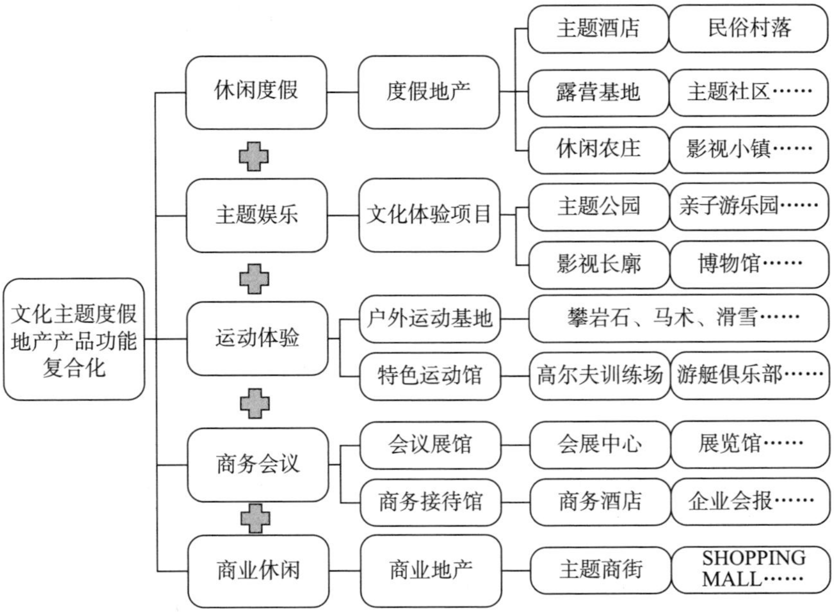

图3-6　文化主题度假地产产品功能复合化

（四）采用灵活的投资方式

1. 分期投资

在文化主题度假地产投资分期规划时，依据产品功能进行投资组合。如奥兰多迪士尼，先开发主题公园，通过迪士尼公园的带动开发露营基地、度假酒店等休闲度假地产，实现综合收益最大化。

2. 多元融资

融资渠道多元化，土地一级开发过程中，一般采用银行信贷（抵押土地使用权或开发商以自有资本抵押借贷）、政策支持性的信贷融资（专业性的政策支持，如文物保护、古村落保护性开发等）、私募资本融资（通过成立股份有限公司向社会增资扩股）。

在二级地产开发过程中，依托土地使用权、项目收益前景分析等进行租赁融资（通过商铺租赁、土地租赁等手段融资）、产权融资（产权酒店、商铺产权等发售融资）等。

（五）实施一体化运营模式和多元化收入方式

在文化度假地产运营模式上，采用度假地产开发和文化主题体验开发相结合的互动发展模式。文化主题类度假地产的运营模式按照其项目类别，可分为自营、产权销售 + 自营等。文化体验类项目一般以自营为主，度假地产类项目多以产权出售与日常经营双重运营为主。收入模式包括文化体验类项目门票收益、体验收益，以及度假地产类项目产权收益、日常经营收益、租赁收益和物业管理收益等。

1. 文化体验类项目运营模式和收入方式

文化体验类项目在设施建设、场景布置、互动体验等方面都涉及较大投资，项目一般采用开发商自营模式，主要以游乐门票、演出门票、体验参与消费等长线收益为主。文化体验类项目属于旅游核心吸引物，以此来带动休闲度假、地产销售、商业经营等项目运作。

2. 度假地产类项目运营模式和收入方式

度假地产类项目以文化体验类项目带动，通过部分房地产的直接销售短期回现。

度假酒店以产权出售与日常经营双重运营为主，收入方式主要有产权出售收益、日常经营收益。

商业区的旺铺通过销售和自持，获得短期回现和长期收益，收入方式包括产权出售收益、日常经营收益和物业管理收益。

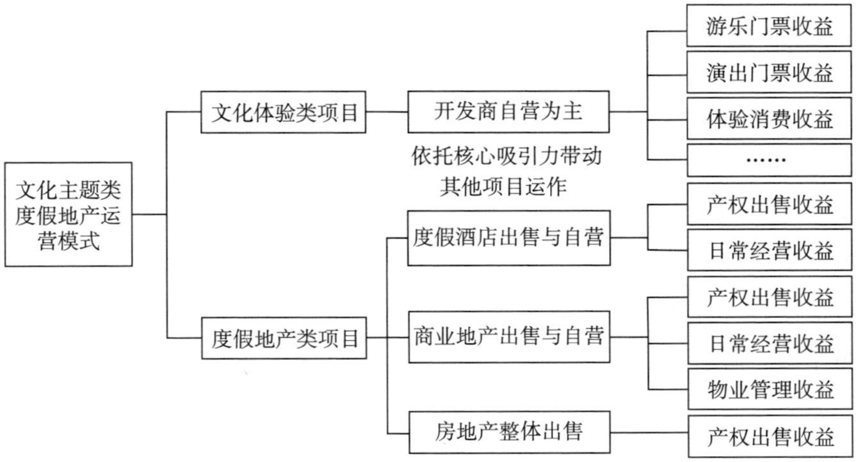

图 3－7　文化主题类度假地产运营模式和收入方式

第二节　度假地产产业业态突破

度假地产是旅游地产的再升级，度假地产产业业态突破是指通过延伸产业链条，融合养老养生、文化娱乐等产业，在产业上实现多元产业复合；在产业业态上实现多样化；在核心产品打造上推出养老度假、家庭亲子游乐等多样产品，满足多层次人群需求；在地产运营方式上实现从单纯的销售房子到销售生活方式的转型。

用经济学供给—需求理论分析度假地产产业业态突破，通过增加养老、亲子等度假产品，虽然度假消费价格短期内有所提升，但是特色的度假产品会进一步扩大度假客群，从而推动度假地产开发商利润的整体提升。

度假地产通过延伸产业链，能从多种产业业态中寻求突破：休闲度假＋养老养生产业打造养老型度假综合体、养老度假社区等；休闲度假＋文化娱乐产业打造文化型度假综合体、亲子游乐型度假目的地等；休闲度

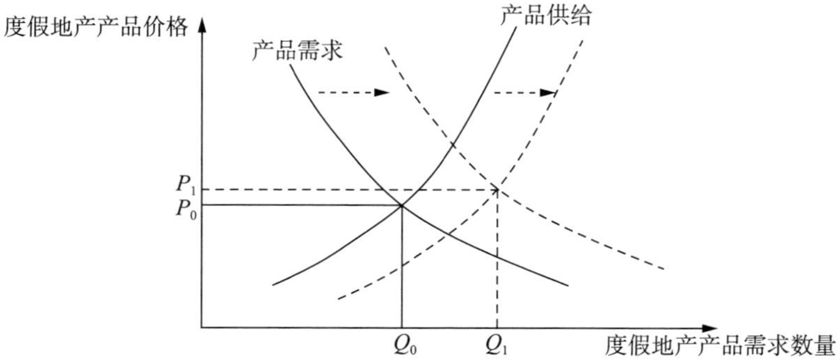

图 3－8　经济学供给—需求理论分析度假地产产业业态突破

假＋农业打造乡村型度假综合体等；休闲度假＋多元复合产业（养生养老＋文化娱乐＋……），构建复合型度假综合体。本书仅从养老度假社区打造模式（休闲度假业＋养老产业业态突破）、文化型度假综合体和亲子游乐型度假目的地打造模式（休闲度假业＋文化娱乐产业业态突破）等方面概述度假地产产业业态突破。

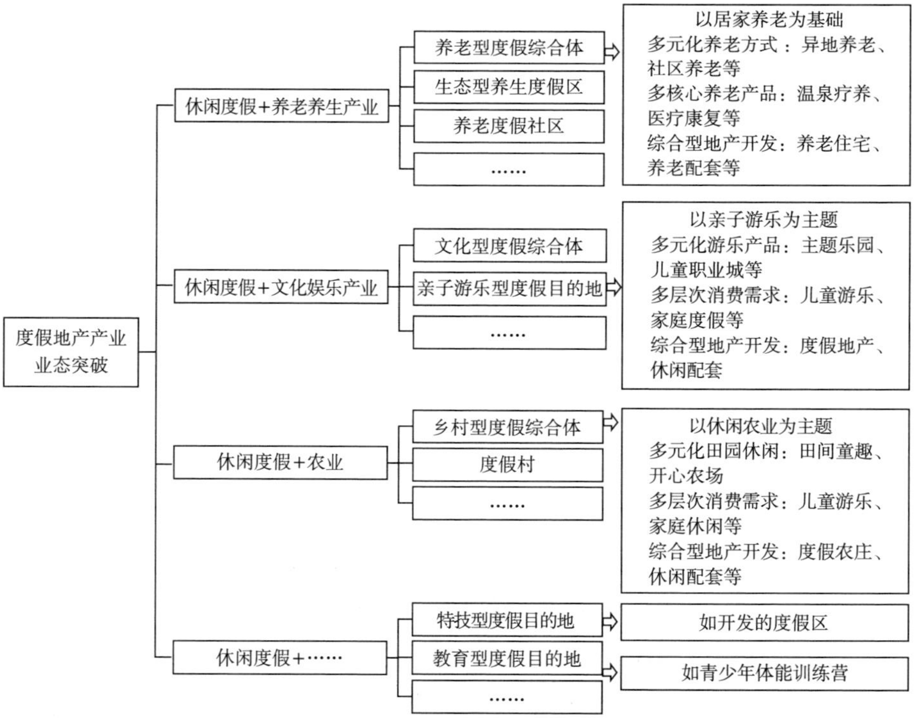

图 3－9　度假地产产业业态突破

一、养老度假社区打造模式

养老度假项目在打造过程中，在主题上要突出养老（健康养老、环境养老、医疗养老等）、养生（养胃、养脾、养颜、养情等）、养心（茶道养心、禅修养心、艺术养心等）；在配套上要打造三大配套，适老化专项配套（健康管理中心、老年阅览室、老年活动中心等）、休闲度假配套（商业购物中心、度假会所、养生理疗馆、主题娱乐园等）、科普教育配套（生态课堂，幼儿园、小学等教育配套，文化博物馆等）；在度假地产上要打造适老化住宅、度假住宅、休闲商街、养生会所、度假酒店五大地产项目。此外，养老度假项目还需要智能化养老技术（智慧养老社区）、环保专项技术（太阳能、风能等可再生能源构筑环保住宅）、金融化理财服务、养老介护服务等项目植入。

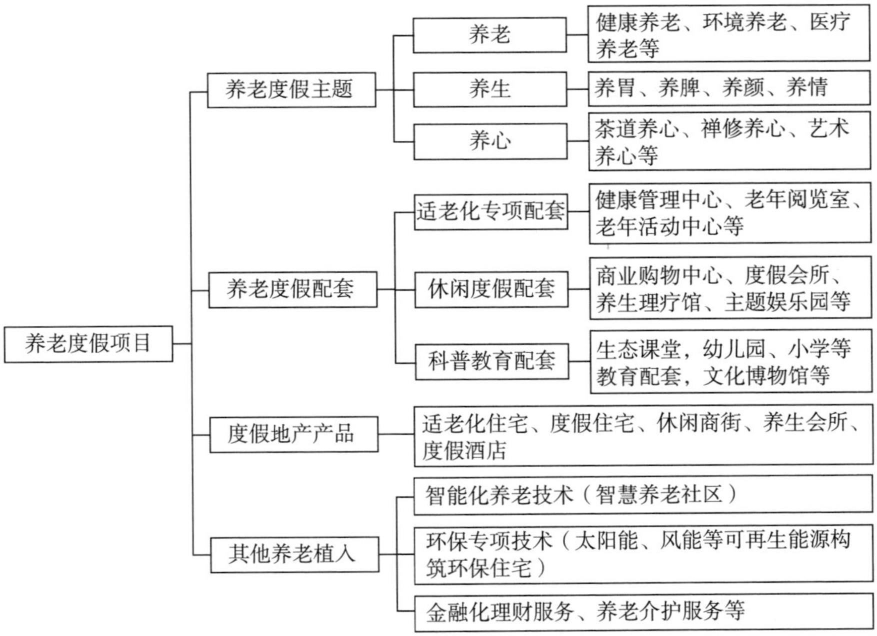

图 3－10　养老度假项目打造模式

具体落实到养老度假社区规划上，以旅游度假目的地（一般以山水度假型、温泉养生型等生态环境优良的度假目的地为主）中的度假社区为例，在度假社区内，生态环境良好的地块，取 1～2 栋楼改造成养老公寓、养老住宅或养老别墅。在通行能力上，花园洋房（多层）、高层楼房附带电梯功能，设置无障碍通道。公共活动空间，要注重地面防滑处理，保障老人安全。打通楼内阳台，方便老年人的邻里交流和公共交往。养老建筑临街道路以生活道路为主，与机动车道分离，保障安全的同时，营造市井邻里氛围。

在适老设施布局上，应缩减楼内外地面高差，楼梯台阶要变矮变宽，台阶棱角以弧形为主。电梯按钮、房间门按钮、灯具按钮位置下调，卫生间坐便器调高，缩小厨房面积（护理老年人不设厨房，留足小部分空间放置碗碟及豆浆机、微锅炉即可），扩大阳台面积。依据老年人的活动圈，在与养老建筑交通距离不超过 500 米处增设老年活动中心、棋牌室、公共餐厅、健康中心等设施。

度假社区内的健康管理中心设有简单医务护理室和生态农产品供应中心。医务护理室仅有日常健康管理、咨询、配药等功能，周边的三甲医院（或者度假目的地合作医院）会定期派医生到度假社区为老人免费体检，开设医疗讲堂。生态农产品供应中心与周边乡村农园合作，为社区居民定期供应绿色农产品。

在基础配套设施上，完善社区内临街商铺，配套幼儿园等教育设施，增设运动休闲广场等设施。在周边配套上，20 ~ 45 分钟交通圈内应有三甲医院、生态公园、文化中心等设施。

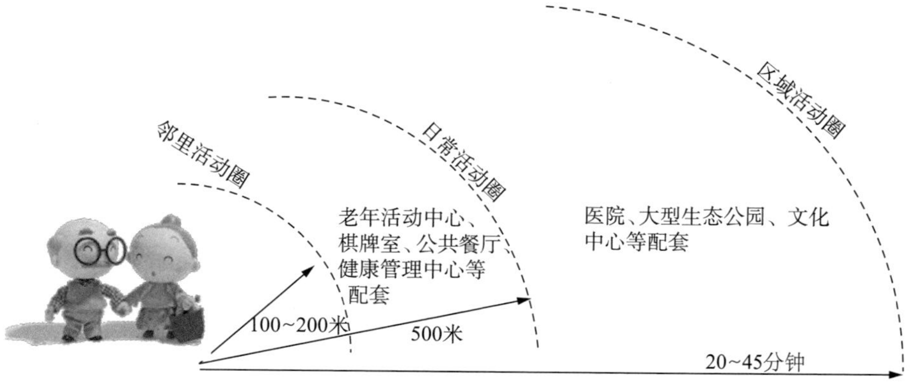

图 3 – 11　老年人的活动圈

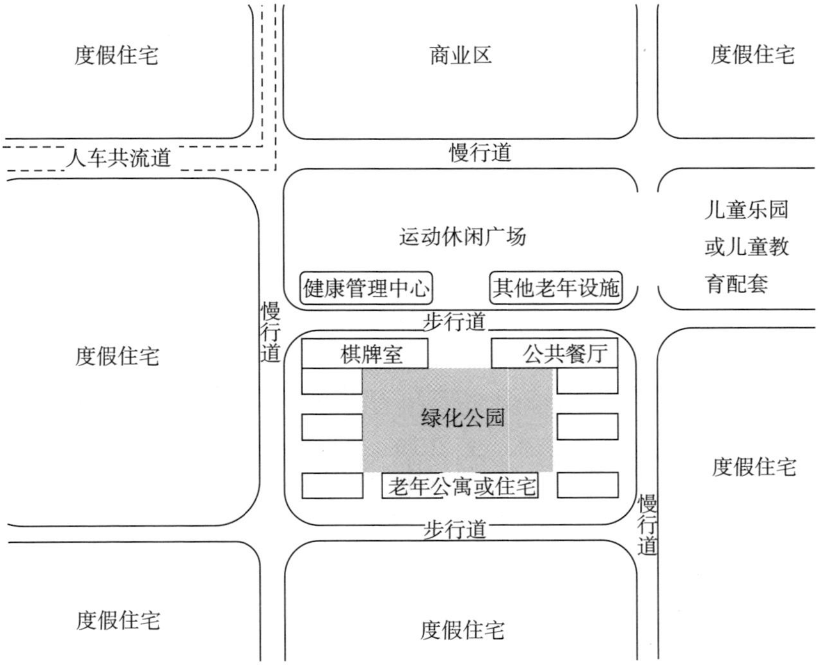

图 3-12　养老社区打造示意图

在周边环境改造上，应保持清幽的度假环境，营造舒适清净的养老氛围。

在交通道改造上，度假社区内应尽量实行人车分流。步行道与慢行道环绕整个小区，养老建筑周边道路以步行道为主。机动车道与步行道以绿植相隔，机动车道直接通往小区停车场和地下停车场。小区外围车道为人车共流车道。

在度假社区内配建养老住宅或养老公寓，属于“邻里型”度假社区，又称“全龄社区”，让老人与子女或亲属保持亲和（“一碗汤”）距离，减少老人尤其是独居老人的孤独感。

在运营模式上，结合老年人的消费习惯（50%以上的老人希望购买房屋产权，20%老人喜欢租赁房屋使用权①），开发商可以选择 50% 销售、

① 李延文．我国城市养老社区投资研究——以北京市为例［D］．天津：天津大学，2010.

50%阶段性持有的模式（以出租模式经营）。将度假社区改造成“全龄社区”，能在一定程度上扩大社区客源范围，提高度假地产的购买率和入住率。老年住宅、公寓或别墅通过出售与租赁相结合的方式维持企业利润，初期通过一次性出售部分物业短期回现，中期通过对外租赁方式实现长期收益。养老度假社区打造模式适用于北京、天津、重庆、山东等老龄化严重的省市。

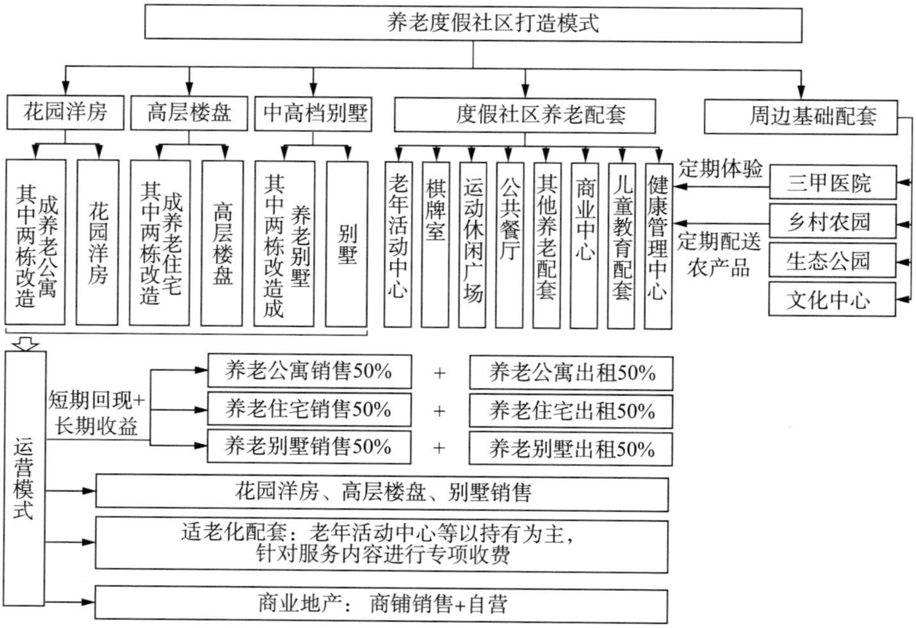

图3－13　养老度假社区打造模式

二、亲子游乐型度假目的地打造模式

亲子游乐型度假目的地是以家庭为主要客群，针对父母和子女（未成年子女居多）打造的集科普教育、休闲游乐、亲情互动、认知体验等于一体的度假目的地。目前，国内外存在的亲子游乐型度假目的地共有五种类型，即主题度假乐园、亲子度假农场、亲子度假营地、亲子度假村、亲子度假酒店。

表 3 – 2　亲子游乐型度假目的地类型及盈利模式

类型	案例	主要产品	盈利模式	发展模式
主题度假乐园	奥兰多迪士尼	4 座主题乐园（未来世界、动物王国、好莱坞影城、魔法王国）、2 座水上乐园、30 多家度假饭店、近 800 个露营地	门票收入只占两到三成，绝大多数收入来自于迪士尼酒店、纪念品、主题餐厅及其他衍生产品	先开发主题公园，后开发度假地产
亲子度假农场	北京奥肯尼克农场	mini 农场、蔬果采摘、水上乐园、木屋和别墅	门票 + 餐饮 + 采摘 + 租赁 + 农业体验 + 农庄住宿	在农业基础上延伸休闲度假产业链
	澳大利亚 Mowbray park 农场	休闲运动体验、亲子牧场、娱乐表演、动物幼儿园		
亲子度假营地	北京成长营地	亲子旅行、主题营、童军营等	通过举办不同亲子户外活动收取费用，如猎人部落亲子露营活动（2 大 1 小）总费用为 960 元	在冬令营、夏令营基础上发展起来的亲子度假项目
	美国优胜美地国家公园露营	露营木屋、帐篷露营地等	出租营地营位 + 出租空闲场地 + 开发旅游地产 + 车辆的出租及出售 + 收费性的休闲、游乐项目	
亲子度假村	江苏苏州太湖牛仔风情度假村	游乐设施、拓展设施、住宿设施、会议设施	游乐门票 + 住宿 + 设施场地费用	在度假地产基础上，延长产业链，增加儿童游乐项目
	印度尼西亚 Club Med 民丹岛度假村	高尔夫球会、儿童俱乐部、大象公园、民俗景点	“一价全包”式（含所有游乐门票 + 豪华酒店住宿 + 各种儿童休闲活动）	
亲子度假酒店	湖畔童话酒店	四、五星级度假配套 + 婴儿或儿童看护	亲子家庭房，468 元，含 2 份早餐；豪华亲子套房，658 元，含 3 份早餐。儿童看护项目另外收费	在度假酒店基础上增加儿童项目，扩大度假客群
	奥地利亲子酒店	滑雪、魔术课堂、婴儿 SPA、“家庭”影院、家庭农庄，儿童看护服务、儿童监听系统	专项收费	

从国内外较为成熟的亲子游乐型度假目的地产品类型可以看出，目前亲子游乐型度假目的地的产品多以休闲体验、主题游乐为主，科普教育类产品较少。科普教育类儿童产品国内外并不缺乏，如儿童职业城、儿童大学、儿童冰场（溜冰培训）等，但是这类产品多布置在商业地产中。在亲子游乐型度假目的地未来发展中，建议多增加科普教育、线上3D体验等项目，以增加其吸引力。我们借鉴国内外典型案例，对各类型亲子游乐型度假目的地产品进行模式化重构，并分别对其运营模式进行分析。

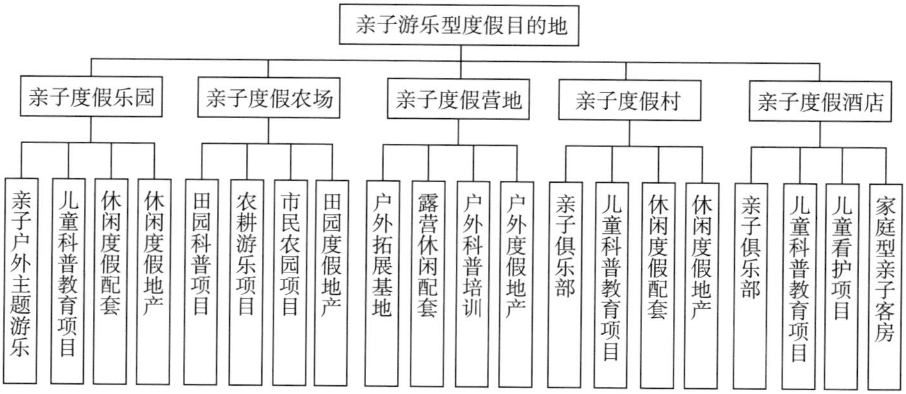

图 3－14　亲子游乐型度假目的地产品模式化重构

（一）主题度假乐园

1. 主题度假乐园产品模式化重构

表 3－3　主题度假乐园产品模式化重构

模式化重构	特色吸引力	发展趋势
亲子户外主题游乐	各类主题游乐设施，如激流勇进、过山车、碰碰车、摩天轮等；大型主题演艺活动；文化节庆	主题公园与影视传媒相结合，推出科幻题材游乐

续表

<table>
<tr><th>模式化重构</th><th colspan="2">特色吸引力</th><th>发展趋势</th></tr>
<tr><td rowspan="5">儿童科普教育项目</td><td>文化型主题景观</td><td>异国或异地名胜微缩型主题景观</td><td rowspan="5">未来儿童科普教育将更加多元化，从单纯的辨识认知到创造力培养、综合素质提升等</td></tr>
<tr><td>风俗型主题体验</td><td>特色民俗体验；民俗演绎；文化节庆</td></tr>
<tr><td>主题型动物乐园</td><td>动物参观、互动表演</td></tr>
<tr><td>情景型体验乐园</td><td>社会各类职业体验</td></tr>
<tr><td>儿童教育乐园</td><td>儿童创造力大学</td></tr>
<tr><td>休闲度假配套</td><td colspan="2">亲子休闲商业中心、亲子休闲运动中心、父母休闲娱乐配套（保龄球馆、高尔夫体验馆、养生体验馆等）</td><td>以家庭客群为主，推出度假配套产品</td></tr>
<tr><td>休闲度假地产</td><td colspan="2">儿童主题酒店、度假酒店、儿童度假营地，以及其他相关度假地产</td><td>度假地产更加多元化</td></tr>
</table>

2. 主题度假乐园运营模式分析

表 3－4　主题度假乐园运营模式

<table>
<tr><th>产品</th><th>营销模式</th><th colspan="3">运营模式</th></tr>
<tr><td>亲子户外主题游乐</td><td rowspan="6">线上 3D 体验
线下身临其境</td><td colspan="2">全周期持有，专项门票收费</td><td rowspan="8">倡导“一价全包”式（含所有游乐门票＋豪华酒店住宿＋各种儿童休闲活动）</td></tr>
<tr><td rowspan="5">儿童科普教育项目</td><td>文化型主题景观</td><td rowspan="3">全周期持有，专项门票收费</td></tr>
<tr><td>风俗型主题体验</td></tr>
<tr><td>主题型动物乐园</td></tr>
<tr><td>情景型体验乐园</td><td rowspan="2">全周期持有，专业物业服务，专项收取费用</td></tr>
<tr><td>儿童教育乐园</td></tr>
<tr><td>休闲度假配套</td><td rowspan="2">线上 360°全景体验，线下度假体验；线上预订折扣优惠</td><td colspan="2">阶段性持有，以租赁模式为主，物业管理费用按建筑面积收取</td></tr>
<tr><td>休闲度假地产</td><td colspan="2">销售＋自营</td></tr>
</table>

（二）亲子度假农场

1. 亲子度假农场产品模式化重构

表3-5 亲子度假农场产品模式化重构

<table>
<tr><th>模式化重构</th><th colspan="2">特色吸引力</th><th>发展趋势</th></tr>
<tr><td rowspan="4">田园科普项目</td><td>农耕科普课堂</td><td>农作物认知课堂、耕种课堂、管理课堂、收获课堂</td><td rowspan="4">与学校、教育机构等合作，成为学生第二课堂</td></tr>
<tr><td>农事体验</td><td>播种、收割、狩猎、喂养小动物（羊、牛、兔子、鸡、鸭、鱼）、踩水车、耕地、打水井、果园采摘等</td></tr>
<tr><td>手工业体验</td><td>磨豆腐、手工编织、推石碾、养蚕、刺绣、织布、包粽子、扎稻草、炒瓜子等</td></tr>
<tr><td>自助饮食体验</td><td>DIY 厨师体验</td></tr>
<tr><td rowspan="3">农耕游乐项目</td><td>乡土乐园</td><td>各类乡村娱乐设施以及乡村嘉年华活动</td><td rowspan="3">与互联网相结合，线上互动体验，线下亲身经历</td></tr>
<tr><td>开心农场</td><td>以网络游戏为蓝本进行设置</td></tr>
<tr><td>亲子牧场</td><td>认养动物：马、家禽类等</td></tr>
<tr><td>市民农园项目</td><td colspan="2">田地租种、农事体验</td><td>多元化发展趋势</td></tr>
<tr><td>田园度假地产</td><td colspan="2">休闲农庄、乡村酒店等</td><td>城市居民第二居所</td></tr>
</table>

2. 亲子度假农场运营模式分析

表3-6 亲子度假农场运营模式

<table>
<tr><th colspan="2">产品</th><th>营销模式</th><th colspan="2">运营模式分析</th></tr>
<tr><td rowspan="4">田园科普项目</td><td>农耕科普课堂</td><td rowspan="4">线上科普教育
线下田园体验</td><td rowspan="4">全周期持有，专项收费：门票+各类体验项目收费</td><td rowspan="9">倡导“一价折扣”式（含所有农耕体验项目+休闲农庄住宿+各种儿童农耕游乐项目）</td></tr>
<tr><td>农事体验</td></tr>
<tr><td>手工业体验</td></tr>
<tr><td>自助饮食体验</td></tr>
<tr><td rowspan="3">农耕游乐项目</td><td>乡土乐园</td><td rowspan="3">线上游戏互动
线下身临体验</td><td rowspan="3">全周期持有，专项收费：门票+各类体验项目收费</td></tr>
<tr><td>开心农场</td></tr>
<tr><td>亲子牧场</td></tr>
<tr><td colspan="2">市民农园项目</td><td>线上果蔬配送
线下采摘体验</td><td>全周期持有，专项收费：门票+餐饮+采摘+租赁</td></tr>
<tr><td colspan="2">田园度假地产</td><td>线上全景体验
线下休闲度假</td><td>销售+自营</td></tr>
</table>

（三）亲子度假营地

1. 亲子度假营地产品模式化重构

表 3－7　亲子度假营地产品模式化重构

<table>
<tr><th>模式化重构</th><th>特色吸引力</th><th>发展趋势</th></tr>
<tr><td>户外拓展基地</td><td>团队合作培训、生存能力训练、积极进取训练、潜力自我发现</td><td rowspan="4">学生和成人的态度教育、残障青少年的心理修复、行为偏差问题少年帮教、社区伦理家庭生活引导</td></tr>
<tr><td>露营休闲配套</td><td>亲子游乐场、露天影院、健身路径、综合广场、球类活动场</td></tr>
<tr><td>户外科普培训</td><td>地方文化普及、生态知识普及、公众安全普及、思想道德教育</td></tr>
<tr><td>户外度假地产</td><td>帐篷式度假酒店、度假营地等</td></tr>
</table>

2. 亲子度假营地运营模式分析

表 3－8　亲子度假营地运营模式

<table>
<tr><th>产品</th><th>运营模式</th></tr>
<tr><td>户外拓展基地</td><td rowspan="3">举办青少年活动，按活动特色进行收费，以每人每天的活动项目进行计算</td></tr>
<tr><td>露营休闲配套</td></tr>
<tr><td>户外科普培训</td></tr>
<tr><td>户外度假地产</td><td>出租营地营位＋出租空闲场地＋度假酒店住宿＋车辆的出租及出售＋收费性的休闲、游乐项目</td></tr>
</table>

（四）亲子度假村

1. 亲子度假村产品模式化重构

表 3－9　亲子度假村产品模式化重构

<table>
<tr><th>模式化重构</th><th colspan="3">特色吸引力</th><th>发展趋势</th></tr>
<tr><td rowspan="3">亲子俱乐部</td><td>迷你俱乐部</td><td>父母课堂，设置婴幼儿游戏室、24 小时婴幼儿照护室、宝贝餐厅</td><td>0～3 岁婴幼儿及其家长</td><td rowspan="3">青少年素质提升教育</td></tr>
<tr><td>小小俱乐部</td><td>亲子游戏室、户外乐园、宝贝健身房、睡衣俱乐部、24 小时照护设备</td><td>4～7 岁儿童及其家长</td></tr>
<tr><td>少年俱乐部</td><td>少年交友中心、亲子手工制作中心、亲子运动场、魔术学校</td><td>8～13 岁少年及其家长</td></tr>
</table>

续表

模式化重构	特色吸引力			发展趋势
亲子俱乐部	青年俱乐部	人生规划课堂、青年交友中心、亲子运动场、家庭风采交友会	14～18岁少年及其家长	青少年素质提升教育
儿童科普教育项目	情景型体验乐园	社会各类职业体验	4～10岁儿童	更加多元化，更注重创造力培养、综合素质提升等
	儿童教育乐园	儿童创造力大学		
休闲度假配套	亲子健身中心	亲子私人订制健身计划	各年龄段孩子及其家长	以家庭客群为主，推出多元化度假产品
	特色休闲运动中心	亲子温泉、亲子沙滩、亲子高尔夫、亲子跑马场、亲子雪上乐园、亲子卡丁车、冲浪、潜水	成年人、亲子家庭	
	商业中心	亲子主题商店、亲子主题餐厅、亲子摄影中心、酒吧	成年人、亲子家庭	
休闲度假地产	亲子酒店	特色亲子套房、室内游乐室、亲子家庭影院、亲子KTV等娱乐设施	各类休闲度假人群	
	家庭度假别墅		各类休闲度假人群	
	家庭度假木屋			

2. 亲子度假村运营模式分析

表3－10　亲子度假村运营模式

产品		营销模式	运营模式	发展趋势
亲子俱乐部	迷你俱乐部	打造特色官网，线上3D体验，线下身临其境	全周期持有，专项服务内容收费，以会员制为主	O2O线上、线下互动营销，线上3D互动，线下亲身体验；“一价全包”式运营（含一种亲子俱乐部＋儿童科普教育＋亲子酒店住宿＋各种儿童休闲活动）
	小小俱乐部			
	少年俱乐部			
	青年俱乐部			
儿童科普教育项目	情景型体验乐园		全周期持有，专业物业服务内容，专项收取	
	儿童教育乐园			

续表

<table>
<tr><th colspan="2">产品</th><th>营销模式</th><th>运营模式</th><th>发展趋势</th></tr>
<tr><td rowspan="3">休闲度假配套</td><td>亲子健身中心</td><td rowspan="6">线上 360°全景体验，线下度假体验；线上预订折扣优惠</td><td rowspan="3">阶段性持有，以租赁模式为主，物业管理费用按建筑面积收取</td><td rowspan="6">O2O 线上、线下互动营销，线上 3D 互动，线下亲身体验；
“一价全包”式运营（含一种亲子俱乐部 + 儿童科普教育 + 亲子酒店住宿 + 各种儿童休闲活动）</td></tr>
<tr><td>特色休闲运动中心</td></tr>
<tr><td>商业中心</td></tr>
<tr><td rowspan="3">休闲度假地产</td><td>亲子酒店</td><td rowspan="3">销售 + 自营</td></tr>
<tr><td>家庭度假别墅</td></tr>
<tr><td>家庭度假木屋</td></tr>
</table>

（五）亲子度假酒店

1. 亲子度假酒店产品模式化重构

表 3-11　亲子度假酒店产品模式化重构

<table>
<tr><th>模式化重构</th><th colspan="2">特色吸引力</th><th>发展趋势</th></tr>
<tr><td rowspan="4">亲子室内主题游乐</td><td colspan="2">童漫电玩城</td><td rowspan="6">更加多元化，更注重创造力培养、综合素质提升等</td></tr>
<tr><td colspan="2">益智手工坊</td></tr>
<tr><td colspan="2">水上主题游乐</td></tr>
<tr><td colspan="2">其他主题游乐（儿童影院、儿童 KTV 等）</td></tr>
<tr><td rowspan="2">儿童科普教育项目</td><td>情景型体验乐园</td><td>社会各类职业体验</td></tr>
<tr><td>儿童教育乐园</td><td>儿童创造力大学</td></tr>
<tr><td rowspan="4">儿童看护项目</td><td colspan="2">婴幼儿游戏室</td><td rowspan="4">以亲子互动为主</td></tr>
<tr><td colspan="2">24 小时婴幼儿照护室</td></tr>
<tr><td colspan="2">宝贝餐厅</td></tr>
<tr><td colspan="2">其他项目</td></tr>
<tr><td>家庭型亲子客房</td><td colspan="2">亲子客房、亲子套房、亲子豪华套房等</td><td>以家庭客群为主，推出多元化度假产品</td></tr>
</table>

2. 亲子度假酒店运营模式

表 3－12　亲子度假酒店运营模式

<table>
<tr><th>产品</th><th colspan="2">营销模式</th><th>运营模式</th></tr>
<tr><td rowspan="4">亲子室内主题游乐</td><td colspan="2">童漫电玩城</td><td rowspan="10">阶段性持有，以租赁模式为主，物业管理费用按建筑面积收取</td></tr>
<tr><td colspan="2">益智手工坊</td></tr>
<tr><td colspan="2">水上主题游乐</td></tr>
<tr><td colspan="2">其他主题游乐（儿童影院、儿童 KTV 等）</td></tr>
<tr><td rowspan="2">儿童科普教育项目</td><td>情景型体验乐园</td><td>社会各类职业体验</td></tr>
<tr><td>儿童教育乐园</td><td>儿童创造力大学</td></tr>
<tr><td rowspan="4">儿童看护项目</td><td colspan="2">婴幼儿游戏室</td></tr>
<tr><td colspan="2">24 小时婴幼儿照护室</td></tr>
<tr><td colspan="2">宝贝餐厅</td></tr>
<tr><td colspan="2">其他项目</td></tr>
<tr><td>家庭型亲子客房</td><td colspan="2">亲子客房、亲子套房、亲子豪华套房等</td><td>以自营为主，客房单项收费（一般与主题游乐项目混搭销售）</td></tr>
</table>

第三节　度假地产产权权限突破

度假地产产权权限突破最常见的是度假地产产权分割，即将度假酒店的一间客房或一套度假公寓分成多份产权（目前市场上的度假产权分割一般为 1/3、1/5、1/8、1/10）卖给多位业主，业主拥有可售卖、可转赠、可继承的房屋产权，以及一定时间内的固定时段居住权，同时部分度假地产运营商为吸引客群，还附加有全球换住、赠送养老保险等额外产品。在度假地产产权权限突破中，基于市场细分，提出候鸟分权模式，针对四大类候鸟度假客群喜好的度假产品，构建候鸟分权度假的开发路径，以及候鸟分权计划。候鸟分权模式只是度假地产产权权限突破的一种方式，除此之外，还有众筹模式等。

我们在“都市候鸟计划”[①] 基础上提出候鸟分权模式，即度假地产开发商通过细分度假客群，根据每类客群的消费需求，将度假物业（酒店、农庄、度假社区、度假公寓等）的产权或时权进行出售。时权以度假卡的形式进行出售；产权根据度假产品划定，按照1/10、1/5、1/3或其他比例销售。开发商对每类购买时权或产权的客群给予一定的度假服务优惠。

候鸟分权模式能满足部分度假客群的度假需求和投资理财等多重需求，也能让部分度假地产扩大客源，提高入住率，从而使开发商获得收益。开发商在度假地产运营过程中，还能通过延伸产业链，与营养机构、中医机构、保险公司、老年大学等建立合作，开发养老养生地产、避暑度假山庄、康复疗养度假区等物业类型，来满足部分高收入阶层以房养老、置业投资等多元化消费需求。

开发商通过候鸟分权模式能实现短期回现和长期收益，同时候鸟分权模式也能满足部分度假客群的多元化消费需求，这样就创造了一种双赢的模式。

一、度假客群细分

本书将六大度假市场中的客户群体（老年人群、康体保健人群、带薪休假人群、商务人群、大学生人群、亲子旅游人群）细分成四类：雨燕、白鹭、天鹅、鸿雁。

雨燕：数量繁多、分布广泛，喜欢在高纬度生存、低纬度过冬。结合雨燕的习性，本书将20～35岁的大学生、白领人群、中青年公务员，即大学生人群和带薪休假人群归为雨燕类。该类客群的需求集中于旅游度假，强调自由灵活的度假时间安排和舒适周到的服务。他们兴趣广泛，喜欢性价比高、内容较丰富的度假体验，暂时没有购买度假居所的强烈意愿，却是度假地产重要且大量的潜在客户。

白鹭：喜好群居，常与其他种类水鸟集群营巢。部分白鹭生活在北京等中高纬度地区，冬季到低纬度地区过冬。结合白鹭的特点，本书将30～45岁

① 都市候鸟计划是利海中国结合健康养生、旅游度假、投资、居住等功能开发的综合项目。

商务人群（白领、金领）、中年政府官员、中小型企业主、自由职业者归为白鹭类（以商务人群、带薪休假人群和亲子旅游人群为主）。该类客群属于中高收入阶层，需求集中于较为长期的深度度假体验。他们收入稳定，兴趣较为专注，关注生活品质和度假品质，大部分已经购置第一居所。

天鹅：长相高贵，是优雅、高贵的象征。它们喜好栖息于风景优美的湖泊地区，群居生活，喜好小群行动（尤以成双成对为主）。它们主要生活在我国北部和西部，在东南方和南方过冬。结合天鹅的特点，本书将40～55岁以上大中型企业主、自由职业者、中小型企业主、投资型置业者归为天鹅类（以商务人群为主）。该类客群的文化素质较高，理财意识强，其收入和社会地位较高，不仅关注生活品质，也关注投资回报和资金利用情况。

鸿雁：群居生活，群体迁徙，雁群以家庭为主，在西伯利亚生存和繁殖，每年固定时间到南方过冬。结合鸿雁的特点，我们将60～75岁金领、老年政府官员、大中型企业主、收入较高的离退休人群，即康体保健人群和老年人群归为鸿雁类。该类客群的收入和社会地位较高，年龄较大，关注生活方式的健康程度和度假体验对身心的促进作用，价格敏感度低。

该类客群的收入和社会地位较高，年龄阶段较高，关注生活方式的健康程度和度假体验对身心的促进作用，价格敏感度低

老年人群和康体保健人群：60~75岁金领、老年政府官员、大中型企业主、收入较高的离退休人群

该类客群的文化素质较高，理财意识强，其收入和社会地位较高。不仅关注生活品质，也关注资金的利用率和投资回报情况

商务人群：40~55岁以上大中型企业主、自由职业者、中小型企业主、投资型置业者

该类客群的需求集中于较为长期的深度度假体验。其收入稳定，兴趣较为专注，关注生活品质和度假品质。大部分已经购置第一居所

商务人群、带薪休假人群和亲子旅游人群:30~45岁商务人群、中年政府官员、中小型企业主、自由职业者

该类客群的需求集中于旅游度假，强调自由灵活的度假时间安排和舒适周到的服务。他们兴趣广泛，喜欢性价比高、多样化的度假体验

大学生人群和带薪休假人群:20 ~35岁大学生、白领人群、中青年公务员

图 3－15　度假需求旺盛的四类客群

资料来源：唐浩．都市候鸟计划［EB/OL］．利海集团．http：//www. lsea. com. cn/，2012.

二、四类度假客群度假产品需求分析

（一）雨燕类客群度假产品需求分析

雨燕类客群工作压力较大，但度假时间充足，度假需求较高。由于度假资金较少，只占年收入的6%①，他们购买理财产品少，多存银行定期。

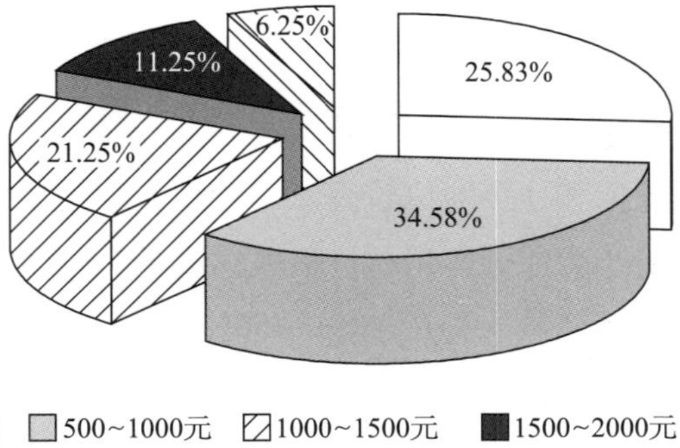

图3－16　雨燕类人群度假平均每人每次花费

雨燕类客群的度假产品需求：一是性价比较高的经济型酒店；二是特色文化古镇、自然风景区、温泉度假区等；三是完善的基础服务配套（吃、住、行、游、购、娱）等。雨燕类客群收入较低，但度假需求旺盛，有潜在的投资理财需求，是度假地产的潜在客户群。雨燕类客群的消费以分时度假产品为主，即购买度假地产度假卡（可自由转让、更名、馈赠）、享有订房优惠权、度假时权的交换、度假网络内的相关服务优惠。

（二）白鹭类客群度假产品需求分析

白鹭类客群收入稳定，兴趣较为专注，关注生活品质和度假品质。他们大部分已经购置第一居所。度假和投资资金一般占他们年收入的8%～10%②，他们一般会选择定投基金。

白鹭类客群的度假产品需求以置业为主，尤其是以度假地产置业为基

① 不同年龄人群如何攒“旅游基金”［N］．淮海晚报，2010－07－05.

② 不同年龄人群如何攒“旅游基金”［N］．淮海晚报，2010－07－05.

础的服务产品。他们多选择四、五星级度假酒店，度假目的地和配套设施同雨燕类客群类似。白鹭类客群的消费以分权度假产品为主，即购买度假地产（酒店、农庄、度假社区、度假公寓）部分产权（1/10、1/5、1/3等，根据度假产品划定），享有独立产权（产权可以转让、交易、继承），享有雨燕类客群的所有产品和服务。

白鹭类客群在度假时段之外的度假物业使用权，可以委托度假地产管理公司经营、管理，还能获得一定的租金。

（三）鸿雁类客群度假产品需求分析

鸿雁类客群的收入和社会地位较高、年龄较大，关注生活方式的健康程度和度假体验对身心的促进作用，价格敏感度低。度假和投资资金占该类客群年收入（包括投资收入）的40% ~50%[①]。在度假置业基础上，该类客群的消费更偏重于健康管理和绿色生活方面的服务产品。在度假产品需求上，以分权度假+健康管理为主。该类客群享有白鹭类客群的所有产品和服务，以及专属健康顾问服务、专属养生度假管家服务、专属绿色有机农产品配送服务，优惠的以房养老、以险养老计划。

（四）天鹅类客群度假产品需求分析

天鹅类客群文化素质较高、理财意识强，其收入和社会地位较高。度假资金占该类客群稳健型理财产品的40%。假设一个中高收入家庭（天鹅类客群）的可支配收入为50万元，稳健型理财产品占50%，一年的投资收益约1.2万元，按40%计算度假资金，约5000元/年[②]。

在度假产品需求上，除拥有鸿雁类客群度假产品需求之外，天鹅类客群更偏重健康管理和投资理财。天鹅类客群的消费以分权度假+健康管理+投资产品为主。他们享有鸿雁类客群的所有产品和服务，以及专属不动产理财服务。

我们针对这四类客群的度假产品需求，构建候鸟分权度假产品的开发路径。

---

① 不同年龄人群如何攒“旅游基金”[N]. 淮海晚报，2010-07-05.

② 不同年龄人群如何攒“旅游基金”[N]. 淮海晚报，2010-07-05.

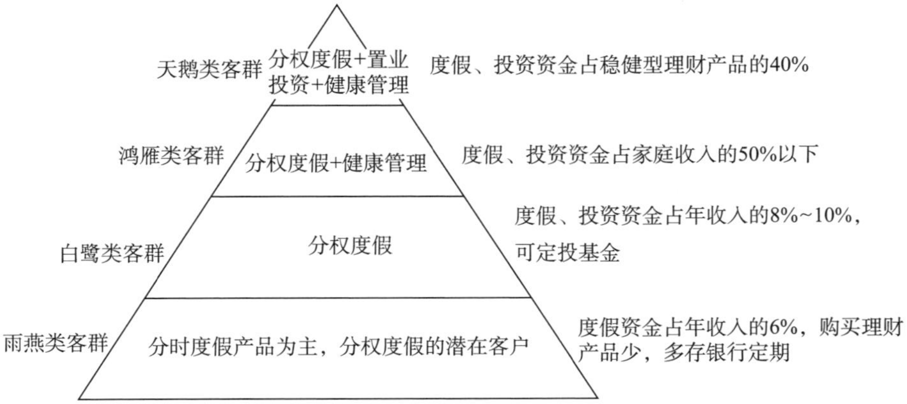

图 3－17　四类客群度假产品需求分析

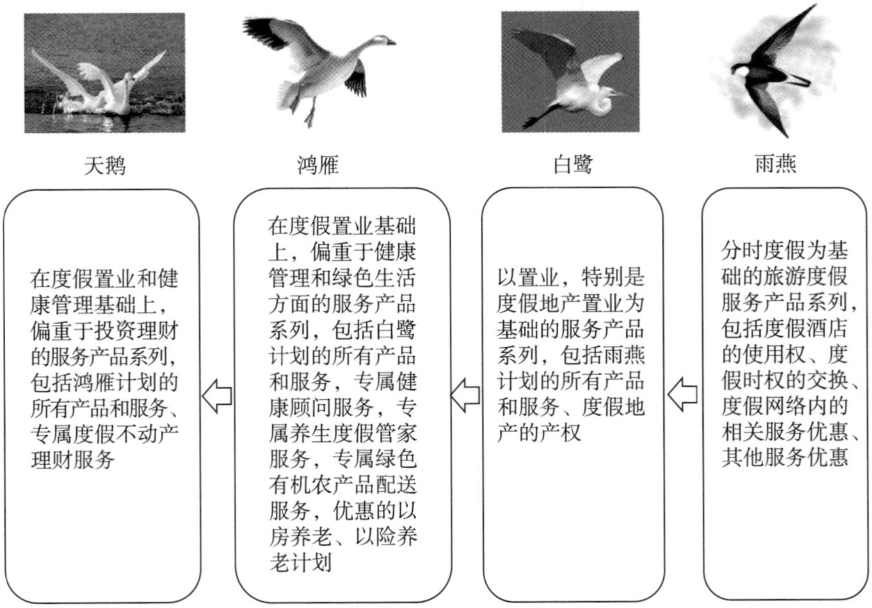

图 3－18　四类客群度假产品描述

资料来源：唐浩．都市候鸟计划［EB/OL］．利海集团．http：//www. lsea. com. cn/，2012.

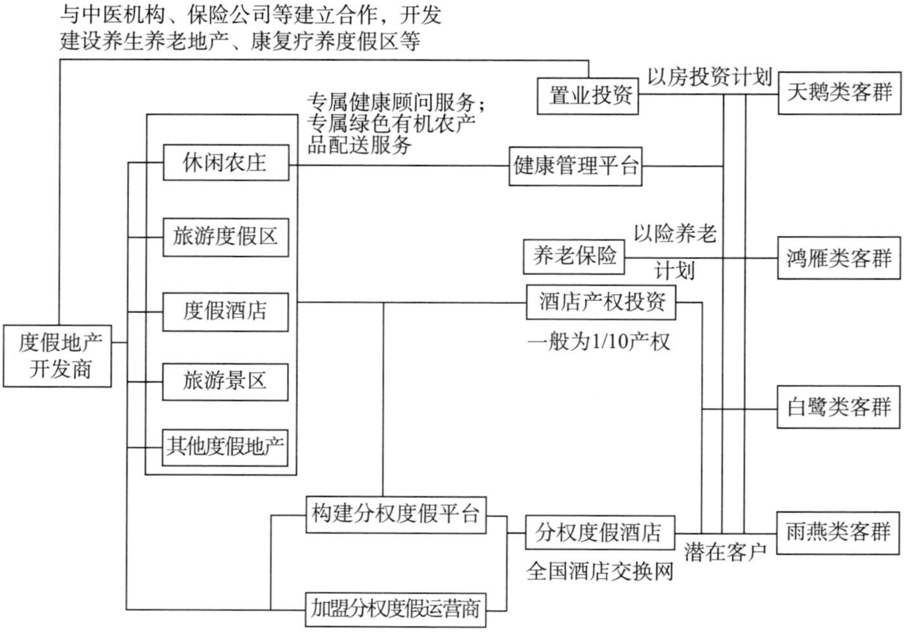

图 3－19　候鸟分权度假产品开发路径的构建

三、构建候鸟分权模式

（一）雨燕计划

雨燕类客群大都面临工作和家庭的双重压力，既要照顾父母，又要为生计奔波，度假需求较高，投资理财意愿较强。针对雨燕类客群的特点，我们倡导 7R 生活方式。

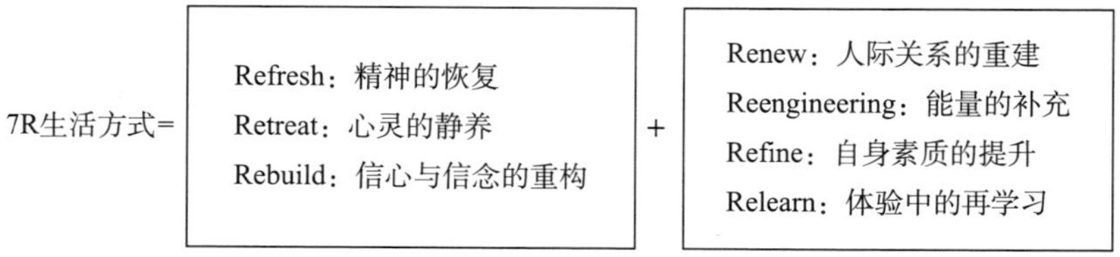

图 3－20　7R 生活方式

以 7R 生活方式为基础，雨燕类客群的旅游度假目的地多选择乡村休闲农庄、自然风景区、旅游度假区、文化古镇等，大都位于城郊或三、四线城市。雨燕类客群是分权度假的潜在客群，度假地产开发商针对雨燕类客群的消费习性和度假产品需求，制订雨燕计划，通过时权交换产品，让雨燕类客群感受度假生活的附加服务，满足雨燕类客群的度假需求，并通过推荐专属度假产品，引导雨燕类客群购买分权度假产品，在享有度假服务的同时，满足其投资理财需求。

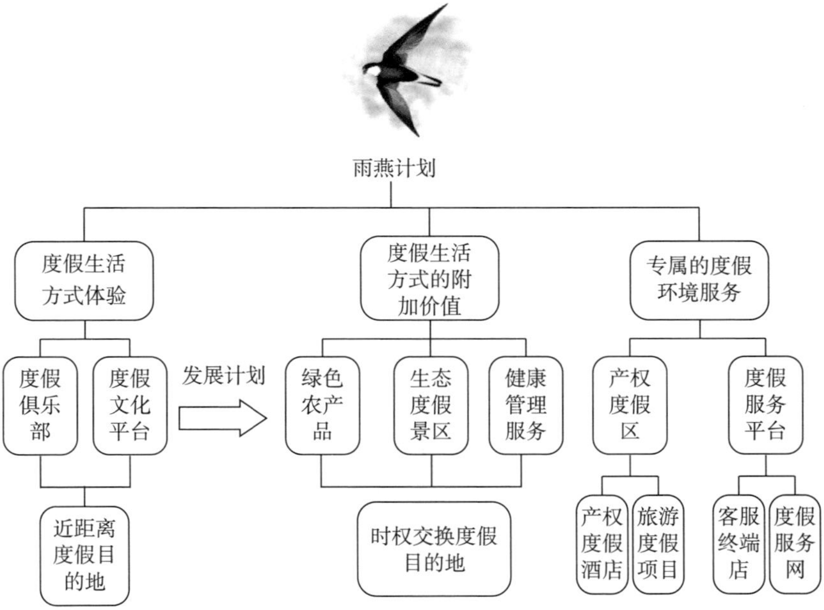

图 3－21　候鸟分权模式——雨燕计划

（二）白鹭计划

白鹭类客群关注生活品质和度假品质，投资理财意愿较。该类客群购买第二居所、产权酒店意愿较强。度假第二居所，一般用于周末度假，多选择在交通时间为 2～3 小时的城郊型乡村目的地，周边娱乐、医疗、商业配套完善。产权酒店，以小长假或带薪休假度假为主，多选择交通时间在 4 小时以内的避寒、避暑、养生度假型旅游目的地。针对白鹭类客群，度假地产商需调整产业结构，将休闲度假业与加工业、农业、文化、医疗等有机融合，开发综合型度假地产，并制订白鹭计划，提供多元化产品服务，满足其理财、度假复合型需求。

（三）鸿雁计划

鸿雁类客群生活压力较小，度假需求较高。度假和投资资金占年收入（包括投资收入）的40%～50%[①]。中高收入老年人偏爱居家养老，购买度

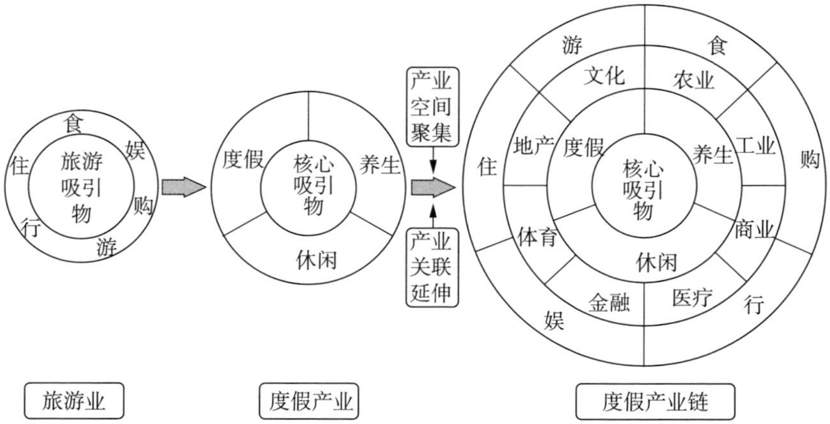

图3－22　度假产业链构建

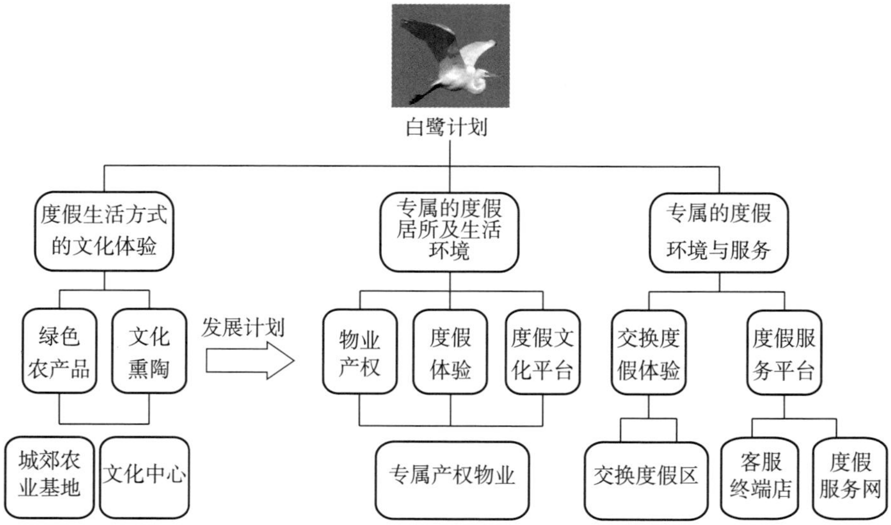

图3－23　候鸟分权模式——白鹭计划

① 不同年龄人群如何攒“旅游基金”[N]. 淮海晚报，2010－07－05.

假房产意愿高达51%[①]。

针对鸿雁类客群，提出养老型度假综合体概念，即以养老养生为目的，以温泉、滨海、康疗等度假资源为依托，以养老设施及度假配套为基础，以土地综合开发为手段的综合型度假地产。度假地产本身就具有居家度假的特性，度假地产商在养老型度假综合体开发中，通过在养老社区或养老度假区营造家的氛围，来满足中老年居家养老需求。

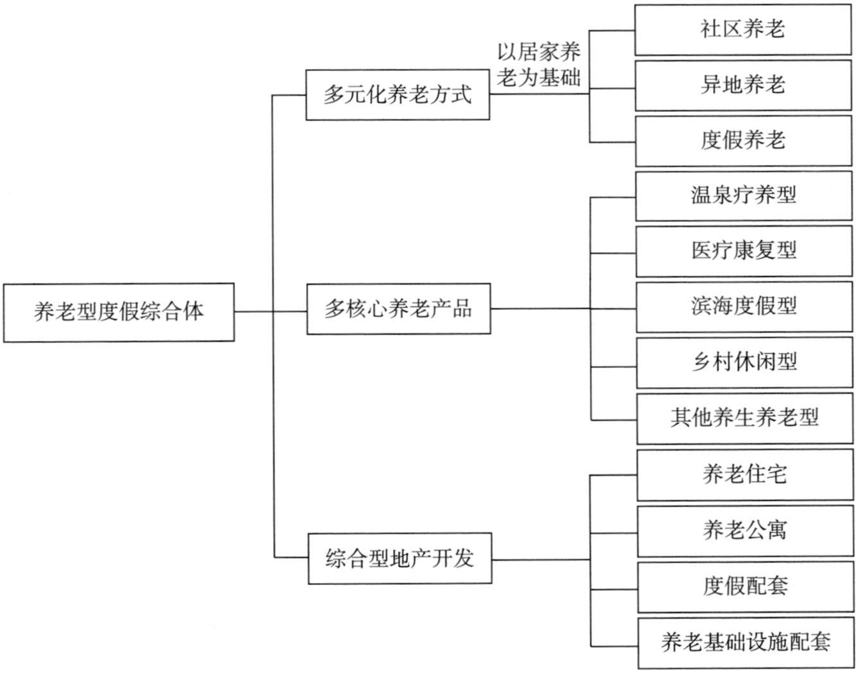

图3-24 养老型度假综合体

鸿雁计划中，除白鹭计划所有产品和服务外，还需融入专属健康顾问服务、专属养生度假管家服务、专属绿色有机农产品配送服务，以及优惠的以房养老、以险养老计划，以充分满足鸿雁类客群的度假、养老、投资等复合型需求。

---

① 国内外经典养老社区项目分析及建议［EB/OL］. http：//wenku. baidu. com/link? url = iY6ZwX39uDAZub76NbjwC5Kd - w7iZvzzxFIkyN - zBZxFe0mMEt87csTvSaPrxHL Eojpf-wtJhS1xUYdQHLnWIZcuFt1WE6P4glFUbgSAoynC，2014 -07 -18.

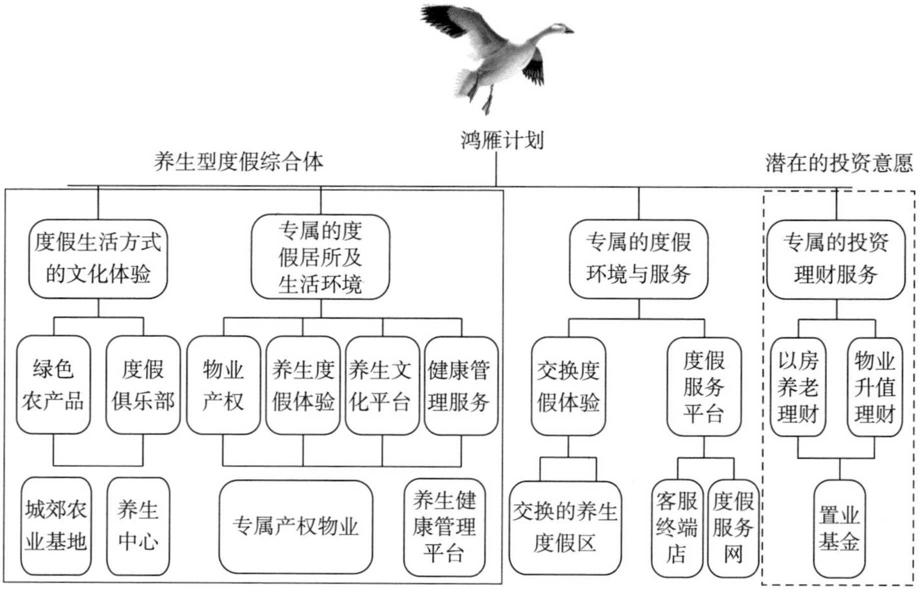

图 3－25　候鸟分权模式——鸿雁计划

（四）天鹅计划

天鹅类客群事业上如日中天，但身体和精力上却大不如前，养生度假需求旺盛。这类客群在进取型理财产品、稳健型理财产品与保守型理财产品上的投资比例一般为 3 ∶ 5 ∶ 2。这类客群的年度假资金是稳健型理财产品收益的 40%①。

天鹅类客群不仅关注生活品质、注重养生，也关注投资回报和资金利用情况。他们的第二、第三度假居所一般选择在二、三线城市的生态风景区，这些地方交通便利，距离机场或高铁站一般在 1～1.5 小时车程，距离综合商业中心一般在 1～2 小时车程。考虑家庭度假因素，度假区需要配套完善游憩娱乐、运动休闲项目和度假基础设施。针对天鹅类客群，在养老型度假综合体基础上，在核心产品上增设养生理疗馆、中医理疗馆、运动健身馆、美容美体馆、艺术创意馆等养生设施；在产业延伸上，构建养老养生产业集群，提出养老、养生、养心的度假理念。在天鹅计划中，除鸿雁计划所有产

① 不同年龄人群如何攒“旅游基金”［N］．淮海晚报，2010－07－05．

品和服务外，还需融入专属度假不动产理财服务。

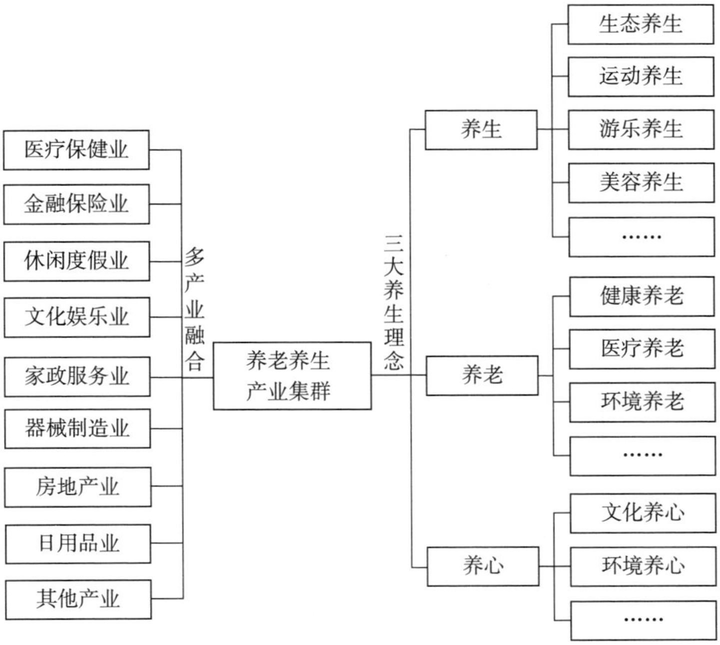

图 3－26　养老养生产业集群

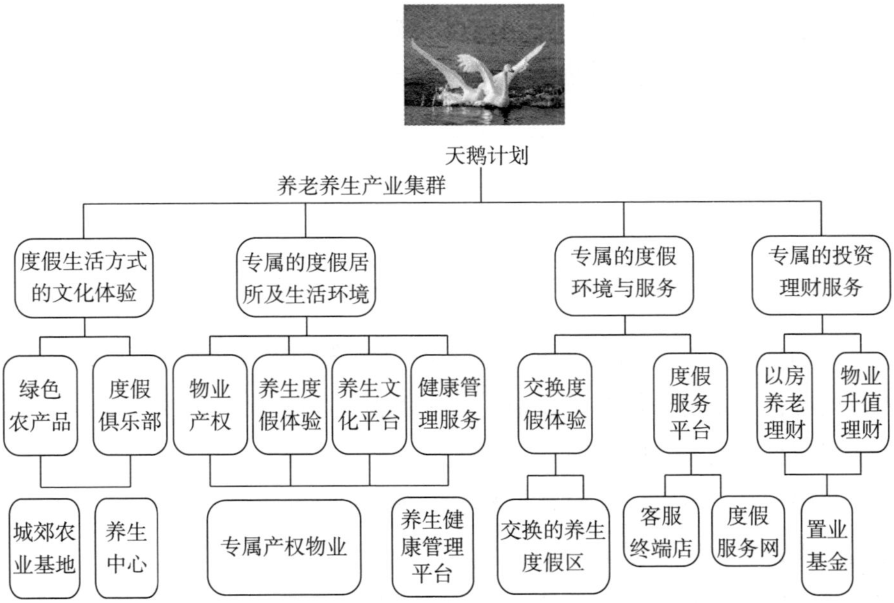

图 3－27　候鸟分权模式——天鹅计划

四、候鸟分权模式运营分析

候鸟分权模式的运营策略分为售产权、售时权两种，即将度假物业（酒店、农庄、度假社区、度假公寓等）的产权或时权进行出售。时权以度假卡的形式进行出售；产权根据度假产品划定，按照1/10、1/5或1/3等比例销售。在前期运营过程中，度假地产开发商可以通过加盟分权度假交换系统（MRE、途家、易度网等），借助庞大的会员平台打开市场，也可以通过构建分权度假交换平台撬动度假市场。

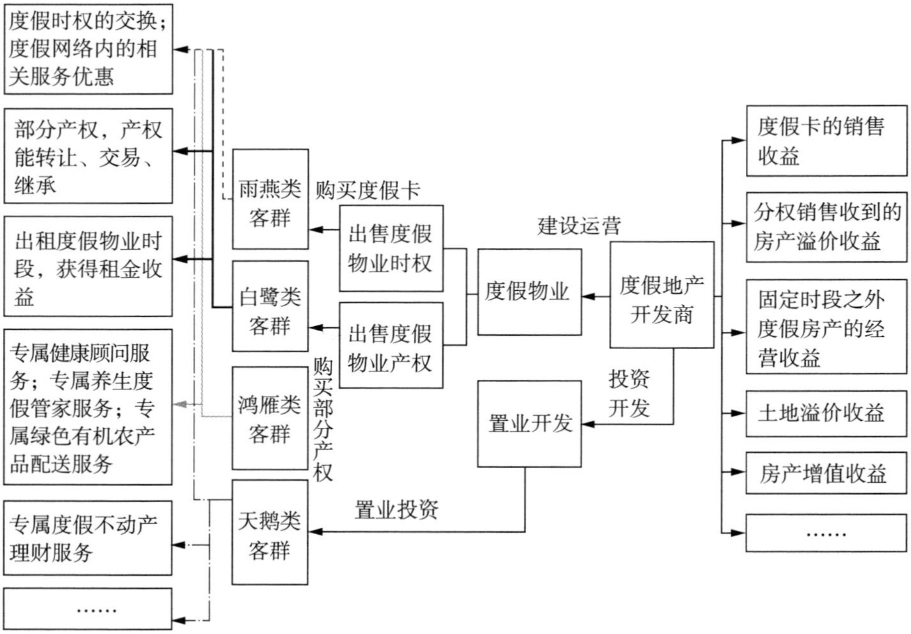

图3-28 候鸟分权模式双赢效果

候鸟分权模式能满足部分度假客群的度假需求和投资理财等多重需求，同时让开发商获得多重收益。一是度假卡和产权销售中的短期回现。二是房产溢价收益。度假房产等额出售，无形中提升了度假房产单价。三是度假房产经营收益。在购房者入住度假物业时间之外，开发商还拥有管理运作权，日常经营度假房产的收益也是开发商的重要盈利部分。四是土地溢价和房产增值收益。项目运营良好，土地增值，房产增值，增值部分也是开发商的重要盈利部分。

开发商在度假地产运营过程中，还能通过延伸产业链开发养老养生地产、避暑度假山庄、康复疗养度假区等物业类型，来满足部分高收入阶层以房养老、置业投资等多元化消费需求。

开发商通过候鸟分权模式能实现短期回现和长期收益，同时候鸟分权也能满足部分度假客群的多元化消费需求，是一种双赢的模式。

第四节　度假地产经营方式突破

新常态的经济环境下，GDP 增速放缓造成高通胀率和资产价格上涨，度假地产开发商需要低成本、高运营的模式来应对经济发展浪潮。面对中高收入阶层的度假与投资双重需求，度假地产金融化运营、互联网经营等创新经营方式应势而生。

一、度假地产金融化经营模式

度假地产金融化经营，就是把度假地产产品理财化。度假地产开发商推出度假地产理财产品，让中国中高收入阶层购买地产产品，可保值增值，也可租赁赚钱。目前，国内存在的度假地产金融化经营，是将全国四星级酒店剩余房间的入住权益设计成一张度假卡，像股票、期货一样上市交易，有度假需求、商务需求的消费者可以交割，交割完成后在其度假系统或度假平台寻求入住酒店。

2013 年，山东蓬达度假网利用蓬达度假酒店体系及加盟酒店体系，研发出 CPE 度假卡，让中国酒店物业资本化、期货化、期权化。

本书以山东蓬达度假网为例，来分析度假地产金融化运营。首先，度假地产开发商要有庞大的度假系统平台支撑，如加盟 DAE（国际度假权益交换组织），或者与 RCI（全球最大的分时度假公司）合作，并开发度假交换系统平台，将系统内的国内度假酒店以所在城市、交通区位、酒店软硬设施、客户评价等因素进行等级划分。其次，推出特色金融化产品，如山东蓬达 CPE 度假卡（将全国四星级酒店入住权益设计成度假卡形式）进行上市交易。最后，拥有自身独立的度假物业管理平台，为度假者提供线上预订、线下度假服务，也为中小投资者的不动产提供居家式管家服务。在此基础上，通过度假地产金融化运营的方式，如将度假卡期货化、证券化，进行上市交易，度假者进行交割后，按照酒店相应等级挑选入住，并实现全国或全球度假换住。度假卡还能作为金融衍生品进行交易，具有保值增值功能，从而满足度假者度假与投资的双重需求。

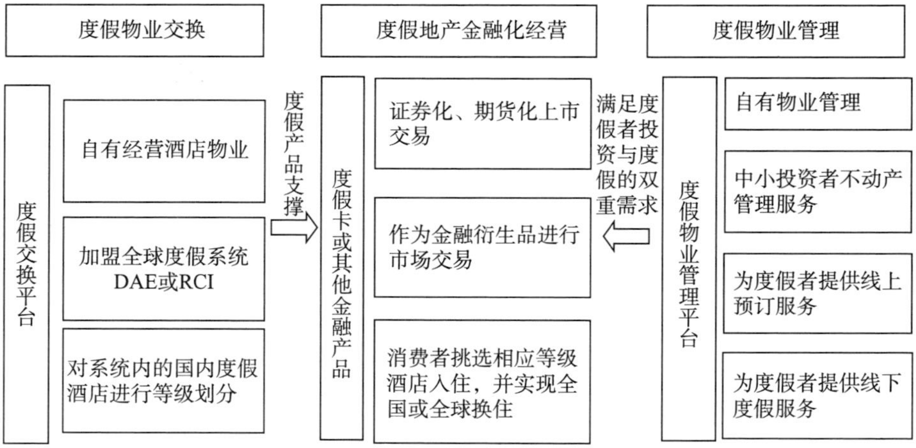

图3－29　度假地产金融化经营模式

二、度假地产＋互联网经营模式

度假地产开发商与互联网公司（途家网、旅居财富网、百度等）合作，吸纳度假酒店、度假村等度假地产开发商、中小投资业主、物业管理公司等加盟，通过度假地产“B2C＋O2O”或O2O2O经营平台，销售、租赁平台内的产品，并构建内部度假交换系统，为消费者提供“度假地产托管＋度假交换”服务。

（一）度假地产O2O2O经营模式

旅居财富网以互联网为平台，依托300家分销渠道资源（旅行社门店），构建O2O2O经营模式，为度假地产项目运营、旅游产品营销、中小投资商房屋租赁、度假交换服务等提供专业的线上、线下服务。本书以旅居财富网为例，解读度假地产O2O2O经营模式。

度假地产O2O2O经营模式是从线上到线下，再回到线上的完整闭环，打通了度假地产从销售到运营，再到度假交换的全产业链环节①。

第一个“O”——Online：在确定度假地产项目的定位和运营公司培训后进入第一个线上阶段。旅行社推出“度假置业游”，度假地产商推出“旅居度假游”，通过联合旅行社门店（构筑度假地产电子交易系统与旅行社门店网店系统实现对接）实现度假产品上线，在线力推“度假置业游”和“旅居度假游”；同时联合度假地产项目运营公司入驻平台，在线设立“业主物业委托租赁系统”，提高度假物业“入住率”。

第二个“O”——Offline：首先是旅行社提供的线下服务，然后是物业运营公司在度假客群度假过程中提供的管家式服务和社区服务。旅居财富网制定统一的服务标准，指导旅行社设计度假置业游产品，并负责所有签约旅行社各门店和导游的培训工作等②。在此基础上，旅行社对度假产品（“度假置业游”和“旅居度假游”）提供线下体验服务。这样，度假地产开发商得以销售度假物业，物业经营管理公司将销售后的物业重新出

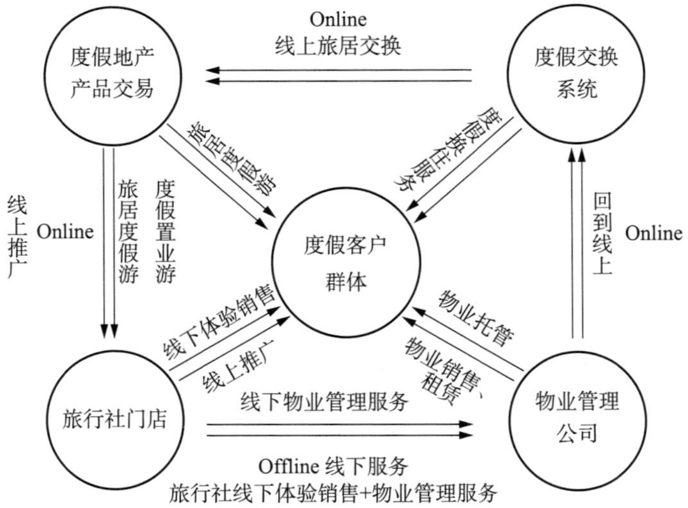

图3-30　度假地产O2O2O经营模式

---

① O2O2O，看旅游地产如何打造闭环！[EB/OL]. http://www.shbiz.com.cn/Item/234772.aspx，2014-05-27.

② O2O2O，看旅游地产如何打造闭环！[EB/OL]. http://www.shbiz.com.cn/Item/234772.aspx，2014-05-27.

租获得收益，度假地产投资商也获得相应的回报。旅居财富网作为产业链整合者，也获得各部分的服务收益。

第三个“O”——Online：回到线上，旅居财富网构建了“旅居交换系统”，为度假者提供线上度假旅居交换服务；同时联合项目所有业主共同发布旅居交换信息，如度假物业交换财富点数、目的地、住宿类型等需求参数，系统通过需求匹配确定交换对象。

（二）度假地产“B2C + O2O”运营模式

途家借助携程的庞大会员基础，以互联网为平台，构筑度假地产“B2C + O2O”运营模式，为度假地产提供“销售 + 租赁 + 托管 + 交换”的“一站式”全程服务，“租赁 + 托管”是途家的核心业务。

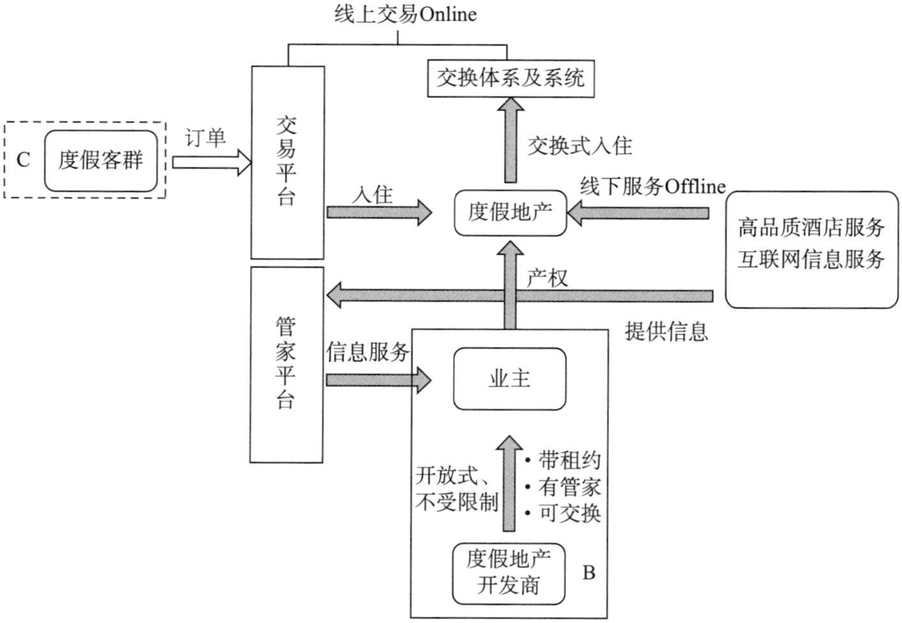

图 3－31　度假地产“B2C + O2O”经营模式

资料来源：新景祥途家专题研究。

度假地产“B2C + O2O”运营模式实质上是途家吸纳度假目的地度假地产（B 端），通过线上交易平台，借助携程的庞大会员基础，直接将其短租给度假客群（C 端）。在线下（Offline）通过物业管理公司为度假地产开发商做高端地产托管业务，从线上（Online）招来度假客群短租度假地产后，途家获得相应收益，并与度假地产开发商分成。途家还为度假客群提供途家全球旅游目的地度假公寓居住权。

途家借助度假地产“B2C + O2O”或O2O2O的经营模式盘活空置度假地产，满足度假者的旅游度假需求，并通过托管经营平台和度假交换系统，挖掘度假者更深层次的消费需求（投资理财、度假置业等）并加以满足，度假地产 + 互联网经营模式从本质上构建了一种多赢的利益格局。

第五节 度假地产其他创新突破

一、新常态下乡村旅游创新发展——乡村型度假综合体开发模式

目前，乡村旅游项目要么形成类似蟹岛的休闲度假村，要么停留在采摘、租地、农家乐的单一盈利模式。开发乡村旅游项目的最终目的是实现农民、开发商、游客、政府利益最大化，但是目前保障四方利益的乡村旅游项目屈指可数。

乡村型度假综合体是依托乡村田园风貌、民俗风情，通过创意文化导入、多元产业融合等方式对乡村旅游项目进行主题定位和产业整合，通过集约利用土地、生态打造景观、科技培育农业等手段综合开发特色乡村旅游项目，并以旅游度假项目的运营理念经营农业项目，实现休闲旅游带动乡村经济可持续发展的目标。

（一）乡村型度假综合体开发技术路线

乡村型度假综合体开发主要包括以下四个方面：

1. 挖掘核心吸引力

乡村型度假综合体开发在主题挖掘上，主要通过外来文化引入和本土文化挖掘两个方面。近年来，创意农业风靡世界，以欧美和东亚（日本）创意农业最为突出。国外的创意农业类型很多，其中以农田景观（包括花田景观和农田艺术）、农业主题公园、节庆农业、科技农业最具特色。

（1）花田景观：荷兰风车、花海、小城堡营造的花海景观，以及法国

普罗旺斯薰衣草花海世界著名。

（2）农田艺术：个性神秘的麦田怪圈（以英国最为出名），四时不同的稻田艺术（以日本最具特色），趣味无穷的玉米迷宫（以美国最为知名）①。

（3）农业节庆：具有游、赏、吃、玩、购、教等多种功能，是拉动农业发展最有力的手段。国外的农业节庆较为知名的有郁金香节（荷兰）、薰衣草节（法国）和草莓节（美国）。

（4）农业主题公园：以特定农产品为主题，按照公园的思路进行整体设计，通过特色农业艺术展示和农业主题文化营造，打造寓教于乐的活动空间和特色项目。国外农业主题公园以库肯霍夫公园（荷兰）最为著名。库肯霍夫公园通过创意设计把郁金香种植园与郁金香展览馆（插花展、绘画、摄影展等）、郁金香主题乐园（花园迷宫、探险之旅等）融为一体，创造出鲜明的体验空间，让游客流连忘返。

（5）科技创意：美国通过农业科技种植出“垂直农场”，成为城市的一道景观；日本利用科技创造出“植物工厂”，将农业与工作、生活融为一体。

创意农业在我国发展仅十几年，但创意实践却层出不穷。浙江的千岛湖创意农业生产过程，以巨网捕鱼打造千岛湖名片；北京门头沟在煤矿和非煤矿山的废弃地种植蘑菇，目前已建成特种养殖基地和居民休闲公园，成为全国首个生态修复示范基地；部分农民利用废弃鱼骨或秸秆作画、编制工艺品，已经成为不少地区的民俗旅游商品；还有一些乡村培育巨型南瓜、方形西瓜、造型草莓等，创造了极高的旅游价值②。

2. 产业系统构建

在乡村型度假综合体产业系统构建上，突出以休闲旅游为引擎的全景

---

① 国外的创意农业［EB/OL］. http：//sannong. cntv. cn/20140702/101672. shtml，2014－07－02.

② 创意农业在我国的发展现状与前景［R］. 大地风景国际景观集团，2012－02－20.

产业发展，重视农业 + 互联网、农业 + 科技、农业 + 金融产品创新。

（1）休闲旅游为引擎的全景产业链构建。

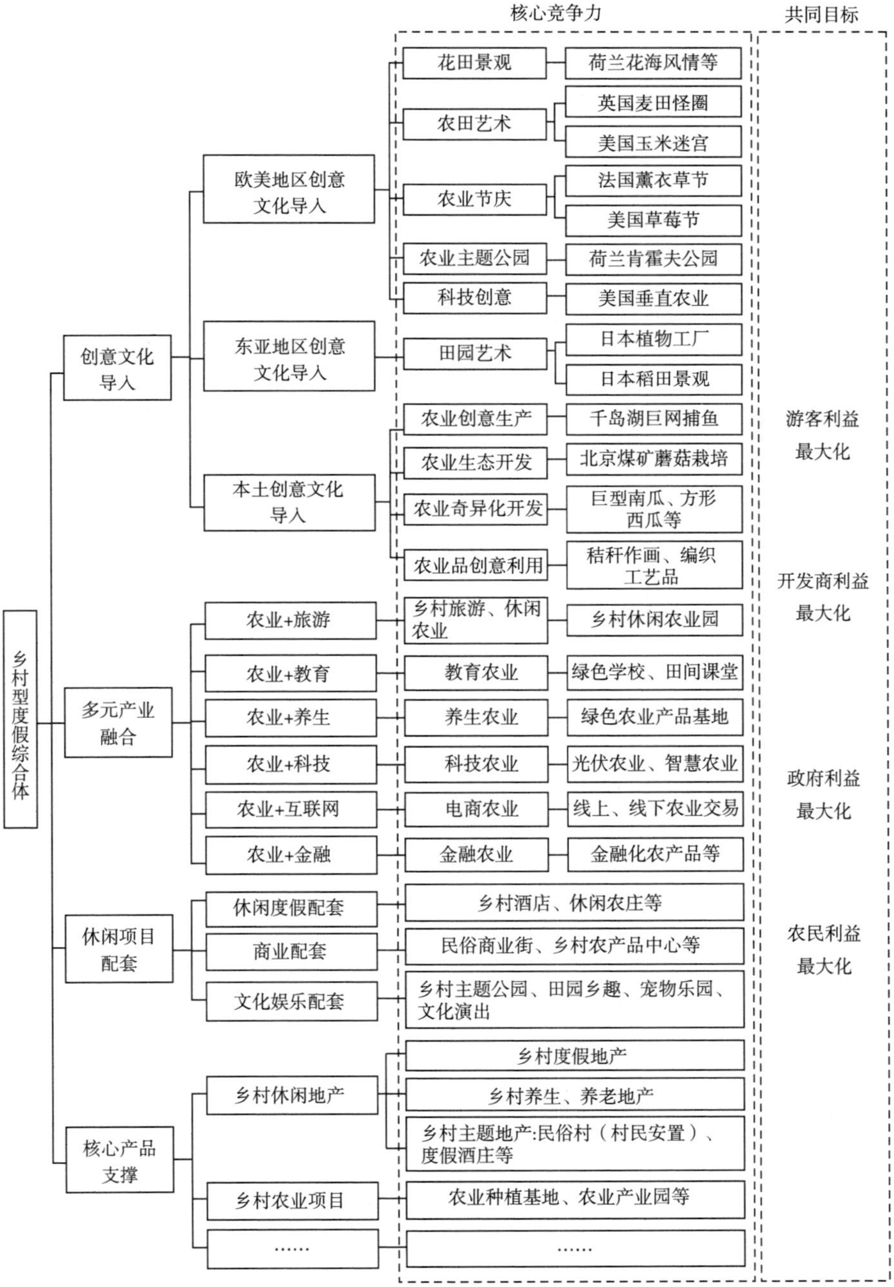

图 3－32　乡村型度假综合体开发技术路线

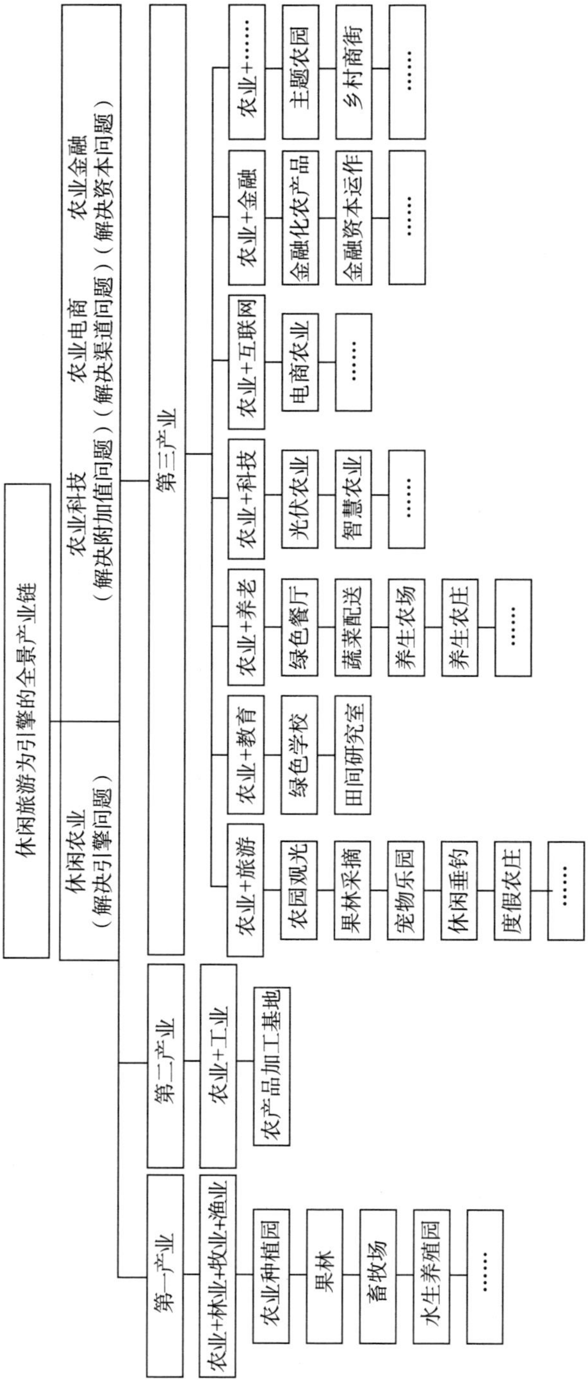

图3–33 休闲旅游为引擎的全景产业链构建

在产业系统构建中，依托乡村旅游资源，打造休闲旅游为引擎的全景产业链，实现一、二、三产业的联动发展；融合休闲旅游、金融、科技、教育、工业、地产、养生养老等多元产业，使传统农业与现代产业有效嫁接、文化与科技紧密结合，从而有效提升农业产业发展空间。

（2）循环经济产业链构建。

循环经济对保障乡村旅游实现经济、社会、生态高度统一具有重要作用。循环经济产业链是以农业种植为基础，以林下种植粮食、蔬菜和林下养殖禽畜及水中养鱼、稻田里养蟹为重点，利用第一产业所产生的作物残渣、动物的粪便，第三产业所产生的厨余，在第二产业加工成堆肥、有机肥、生物肥料，做第一产业的肥料，并利用生态能源，如风能、水能、太阳能、沼气能、生物质能等，作为乡村型度假综合体的能源供应，构建多层次的农业生态系统链条，形成农业、畜牧业、旅游业发展的可持续循环产业链，提高整个体系的综合效益。

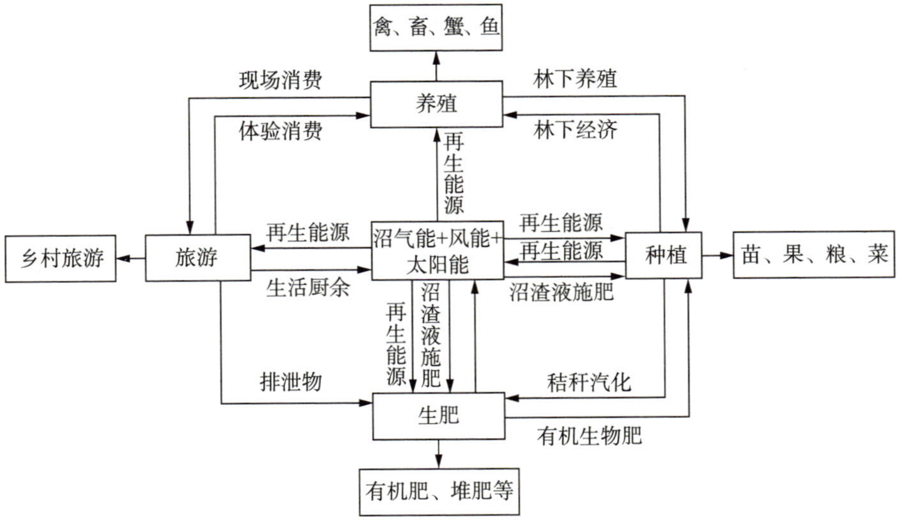

图 3-34 乡村型度假综合体循环经济产业链构建

3. 休闲项目配套

休闲项目配套是指依托乡村旅游资源、生态环境、生态景观等优势，在空间布局上，注重业态配比，分期合理配套休闲项目，如休闲商业街、休闲农庄、度假酒店等。一般来说，在保留乡村原始风貌，尤其是田园景观的同时，村民安置和田园景观占比 25% ~30%，商业功能占比 5% ~7%，度假居住功能占比 20% ~25%（安置村民的民俗村内可以接待部分游客），养老养生功能占比 10%，运动休闲占比 20%，商务会议占比 10%左右。

4. 核心产品支撑

这里的核心产品主要是指核心盈利产品。乡村旅游的客源主要是家庭亲子、老人，如果单靠果园采摘、宠物认养、休闲垂钓等基础消费，很难满足开发商的利益和农民的收益。因此，乡村型度假综合体在开发过程中，需要开发文化实景演出、乡村休闲地产项目（含乡村度假地产、乡村养老地产、乡村主题地产等），获得门票收入，提高地产收益和酒店日常经营收益，从而保障开发商、政府和农民利益的最大化。

（二）乡村型度假综合体开发经营策略

在开发经营策略上，重视农业 + 互联网经营方式和农业金融化经营方式。农业 + 互联网的经营方式，通过构建 O2O 农业电商运营平台，云集电商运营商，推出线上农业交易、农业 3D 体验、线下农业体验、线下农业示范等农业互联网运营策略，有效带动乡村型度假综合体的创新发展。农业金融化经营方式，通过农业资本运作，创新互联网金融服务体系、丰富银行渠道、拓宽农业信贷，有效解决乡村型度假综合体开发过程中的农业资本问题。

（三）乡村型度假综合体运营模式

乡村型度假综合体在开发运营过程中以农民安置和就业为首要问题。首先，通过建设村民安置社区安置拆迁村民。其次，增加农民的收入渠道。通过安排农民在乡村旅游中就业，使农民的收入从单一的农业种植收入转变为土地租金收益、农产品种植经营收益、产业工人收入等复合收入。最后，提高农民的社会保障，让农民享有与城市居民同等的医疗保险、养老保险等社会保障。

在运营模式上，走开发商、农民、政府互动的发展道路，以市场为导

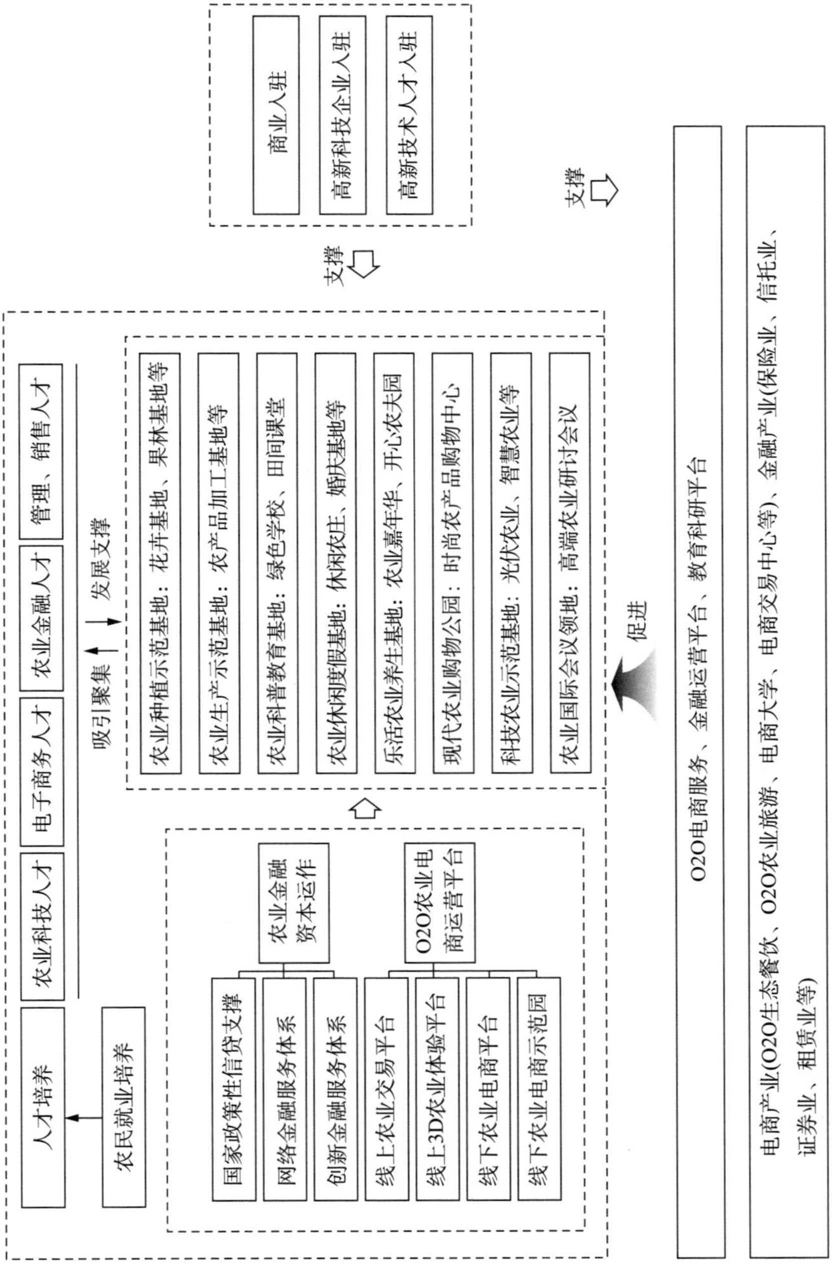

图3-35　乡村型度假综合体开发经营策略

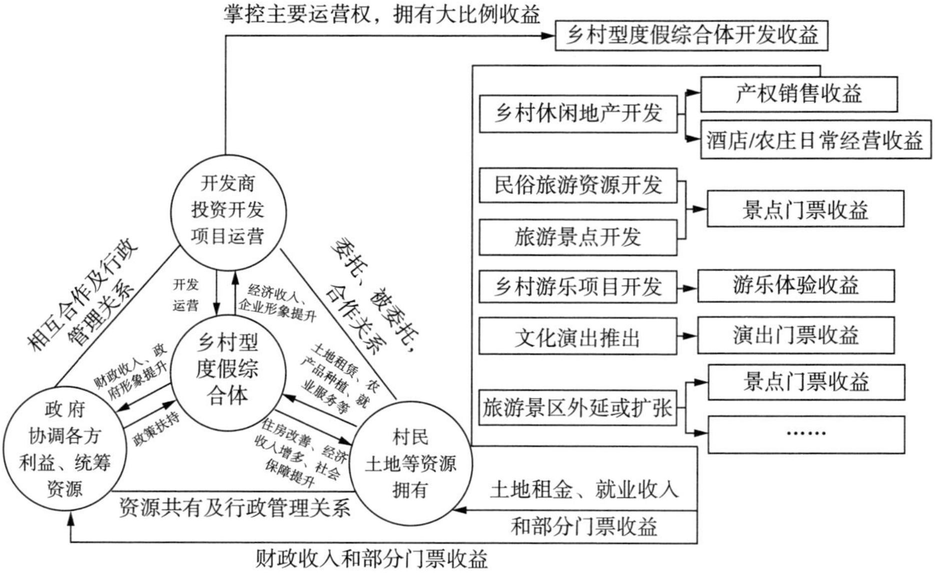

图3-36　乡村型度假综合体开发运营模式

向、以乡村旅游项目高效运作为根本，通过开发商带动、农民参与、企业与农户合作，发挥市场、农业、科技一体化的整体优势，带动农业产业化发展，达到农民增收、企业增效、财政增收、游客满意的多赢局面，实现区域经济协调发展。当然，在项目运作过程中，还需要因地制宜地协调好各方利益分配。

二、休闲旅游引导的新型城镇化发展——城郊互动下半城镇化田园新城模式

勒·柯布西耶的“梦幻之城”让中国大多数城市变成“千城一面”的“空中花园”①，垂直发展的“水泥森林”无边界的横向扩张在中国造就了无数个“空中梦幻新城”，而这些新城还在继续扩张（90%的城市依然在规划新城）②。

① 张道刚．现代城市的田园梦［J］．决策，2011（10）：5.

② 中国90%地级市争建新城 总规划人口达34亿［N］．广州日报，2014-04-21.

现阶段，国家提出把城市建设放在大自然中，让居民“望得见山，看得见水，记得住乡愁”。依托霍华德田园城市理论和沙里宁有机疏散理论，本书提出城郊互动下半城镇化田园新城模式，即依托城郊互动打造半城镇化田园新城，不仅能在一定程度上改善城市千篇一律的水泥花园形象，使城市环境更加生态化，也为度假地产的创新发展提供参考，同时能实现都市人近距离的田园度假梦想。

（一）城郊互动下半城镇化田园新城模式构建

城郊互动下半城镇化田园新城模式，是指运用细胞分裂模型和分子模型开放和分散地发展城市新城。在空间分布上，每座新城如同分子模型，不是密布在主城区四周，而是有机分散在主城区周围，新城与主城区之间保留其生态风情或田园风情。

在城郊连接上，新城与主城区类似母细胞与子细胞菌丝相连，通过高铁或快速公交相连（快速公交直通每座新城社区，达到高度便捷化）。主城区仅保留行政功能、商业功能、高科技功能，企业多为高精尖智能化企业，重工业、轻工业相应分散到新城周围。每座新城不是完全城镇化新城，而是保留田园特色的半城镇化田园新城。每座新城如同功能齐全的子细胞一样，根据其功能定位，在不破坏田园风情的同时发展产业、引进高新技术和企业，实现一、二、三产业联动，走休闲旅游为引擎、科技为手段、特色文化为基础、土地集约化、三产联动发展的生态化的新型城镇化道路。

根据其产业导向和功能定位，半城镇化的田园新城又分为新型工业新城、科技农业新城、田园度假新城、文化创意新城等。

新型工业新城，是指以休闲旅游为引擎，以汽车装备制造、生物医药、电子科技、动漫制作等高科技含量、优经济效益、低能源消耗、低环境污染、高精尖人才配套的新型工业为主导产业，带动发展的半城镇化田园新城。

科技农业新城，是利用高新科技发展高效农业、规模农业、产业农业、标准农业，通过休闲旅游带动农业发展，并建立现代高科技农业产业园，带动农民增收致富的半城镇化田园新城。

田园度假新城，是以返璞归真、回归自然的田园风情为依托，打造集旅游、度假、休闲、娱乐、会议、商务等功能于一体的田园度假目的地，发展半城镇化田园新城。

文化创意新城，是依托深厚的文化底蕴，以田园生态为基础，以休闲旅游为引擎，将创意文化产业作为优化经济结构、转变发展方式的新型主导产业，从而带动发展的半城镇化田园新城。

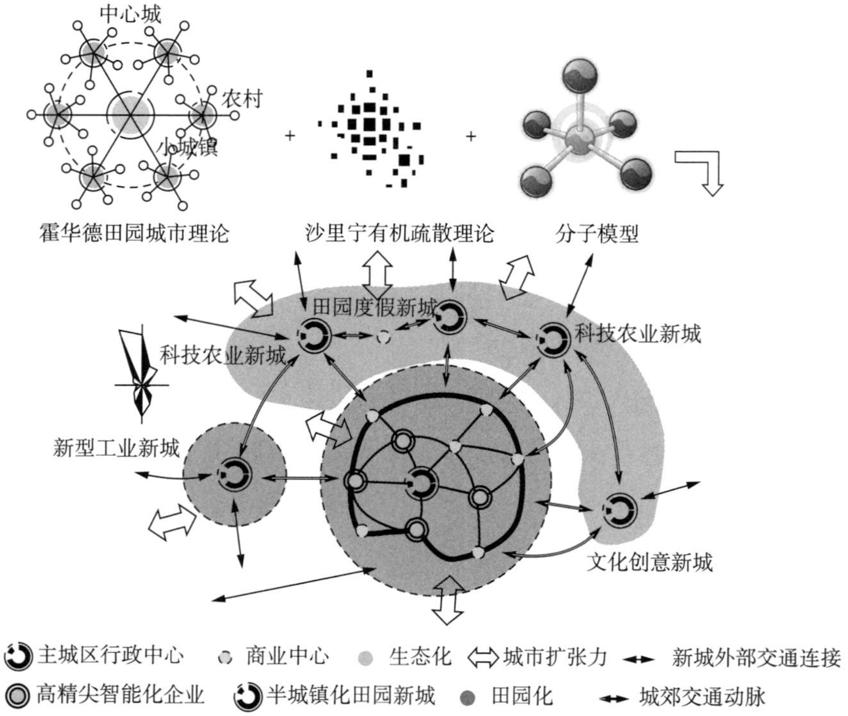

图 3－37　城郊互动下半城镇化田园新城模式（1）

资料来源：模型参考东京城市发展规划，适用于西安、广州等综合型城市扩建。

在农民问题上，首先社会保障要提高。村民户籍转化为城市居民，并享有与城市居民同等的医疗保险、养老保险等社会保障。其次，要按时进行拆迁安置。根据新城功能定位，建成统一风格的拆迁安置民居（一般是保留原始民风的民俗村），并按时安置农民拆迁。最后，收入要提高。土地集约流转，村民小组拥有集体土地所有权确权证明，土地可以以长期租赁的方式承包给企业或个人，村民获得土地租金收益，同时村民能通过就业培训就地就业。

在解决主城区拥堵问题上，半城镇化田园新城通过休闲度假的引导、高度便捷化的交通，成为主城区居民第二、第三居所购买地，也是周末度假目的地。高铁和快速公交的建设，也会在一定程度上减少汽车的通行量，让更多的人选择绿色出行。随着主城区功能的变更，主城区居民也会随着重工业、轻工业的迁移，以及新城产业的发展，搬迁到各个新城居住和工作，从而在一定程度上缓解主城区的拥堵和集聚。

在新城环境营造上，半城镇化田园新城依然保留着水村山郭的田园风情，农民依旧生活在田园里，这里依旧是主城区居民的周末农场。

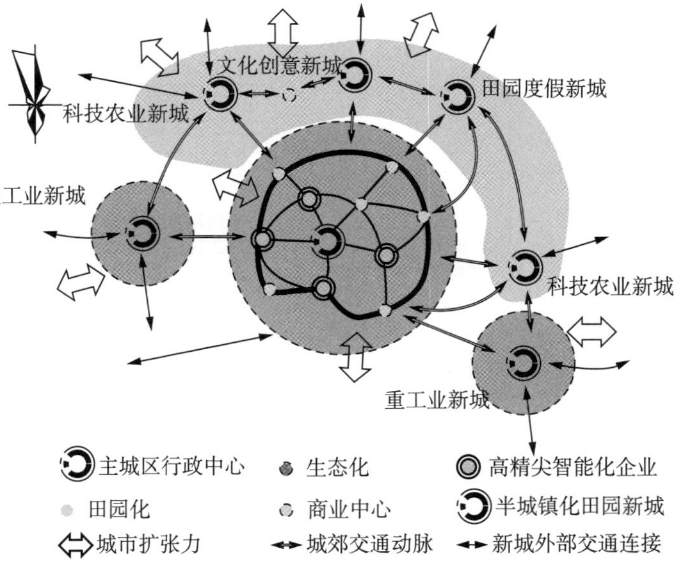

图 3-38 城郊互动下半城镇化田园新城模式（2）

资料来源：模型参考北京城市发展规划，适用于工业城市发展。

依托城郊互动建设半城镇化田园新城，可以通过主城与新城的联动发展，实现都市人近距离的田园度假梦想。

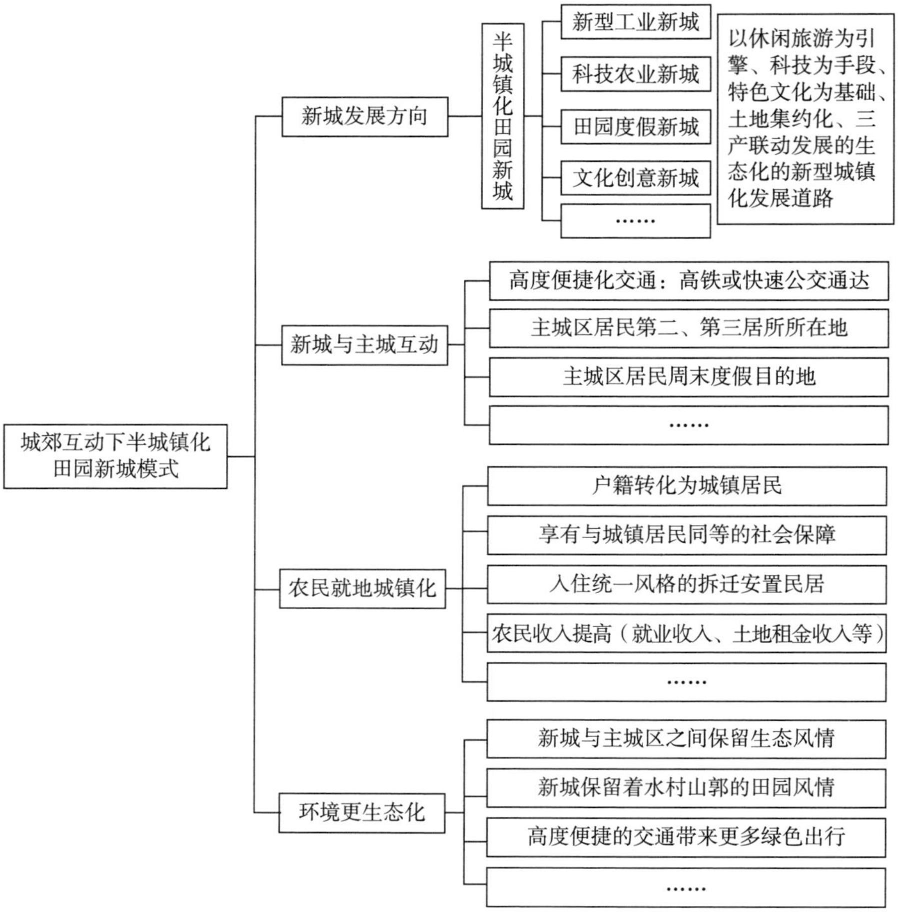

图3－39　城郊互动下半城镇化田园新城模式构建

（二）城郊互动下半城镇化田园新城模式开发方式

目前，国内外存在的新城开发方式主要有以政府为主导的新城开发、以市场为主导的新城开发和政府与市场协作的新城开发三种模式。

1. 以政府为主导的新城开发模式

英国的新城开发大都采取以政府为主导的新城开发模式①。英国的中

① 师武军，王学斌，周艺怡. 英国新城建设的经验与启示［EB/OL］. http：//wenku.baidu.com/link？url＝z803Sea4hxv9i1X6YJGKcTZEjf5SCzELTDstKTIbwoJb8twNbc0U4xv7pfyHi7mJM3vfeZDshYyC－l7－8OVt7IqzDKVfCpI9gu67HR6lFTe，2010－12－07.

央政府出资，城乡规划部部长代表中央政府在新城建设中享有最高领导权，地方政府和民众具有发言权。城乡规划部委托新城开发商（非政治团体）开发新城，地方政府可以直接监督新城建设，并参与学校、福利机构，以及道路、给排水等市政工程建设（由开发商出资）。开发商委托民营企业承包建筑工程，但无权将新城建设资金挪作他用。

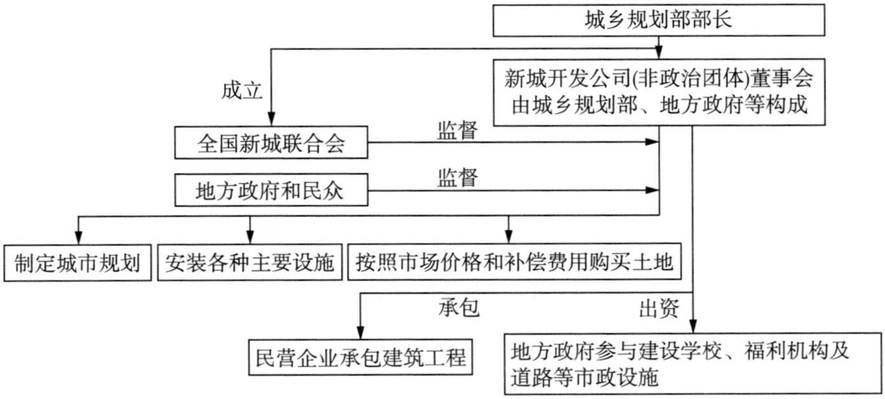

图 3-40 以政府为主导的新城开发模式

2. 以市场为主导的新城开发模式

日本是以市场为主导的新城开发模式的典型代表①。日本的新城开发商多为私人企业，它们自行出资开发建设新城。新城用地规划由日本中央政府秘密制定，地方政府、开发商和民众无权参与。虽然市场机制很灵活，但是用地规划信息不畅通及土地私有化等因素造成开发商很难拿到理想的新城用地，新城空间无序发展，建设速度缓慢。

3. 政府与市场协作的新城开发模式

中国香港的新市镇建设一般采取政府与市场协作的新城开发模式②。政府统一协调市镇建设，政府规划署制定总体规划，民众具有发言权。拓展署负责推进市镇建设施工，建设大型基础设施时，政府控制全部股权，

---

① 毛蓉芳．当代西方国家的市场经济体制［M］．北京：人民出版社，1995.

② 林洪波．中国大城市新城建设研究——以北京通州建设为例［D］．北京：首都经济贸易大学，2006.

以补贴和优惠形式鼓励开发商参与开发建设和商业经营。政府控股、市场运作的开发模式在一定程度上保证了新城的有序开发。

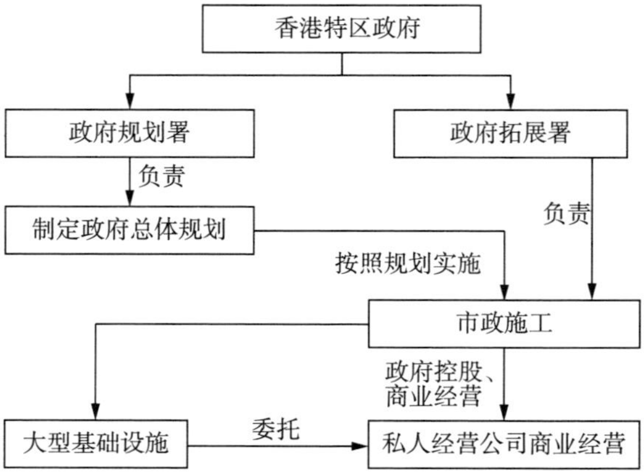

图3－41　香港采取政府—市场协作型开发模式

我国内地的新城规划开发一直是政府领导建立规划小组，在征询其他部门和民众意见的基础上，指导新城的规划与建设。城郊互动下半城镇化田园新城依然坚持以政府为主导、各部门和民众共同参与的开发模式，同时在市场运作中积极探索政府与市场协作的新城开发模式。政府把控土地集约化利用；企业通过市场化运作，在政府的监督下参与公共服务设施建设、商业设施建设，以及文化旅游项目的开发（如古村落保护性开发）、旅游度假项目的开发等；农民拥有监督权和发言权，并协助企业、政府建设半城镇化田园新城。

新城还需建立健全信息化服务体系，增强政府办公透明度，积极引导开发商参与新城建设，并完善政府与市场协作（政府投入和市场参与）的投融资模式，鼓励开发商参与城市基础设施建设。

三、旅游引导的区域综合开发——区域联动下的综合旅游开发模式

（一）区域旅游联动概述

区域旅游联动，是指各旅游经济主体打破行政界限，依托内在关联的旅游资源、互补共生的旅游产品，以及相邻相近的地理空间，进行区域间

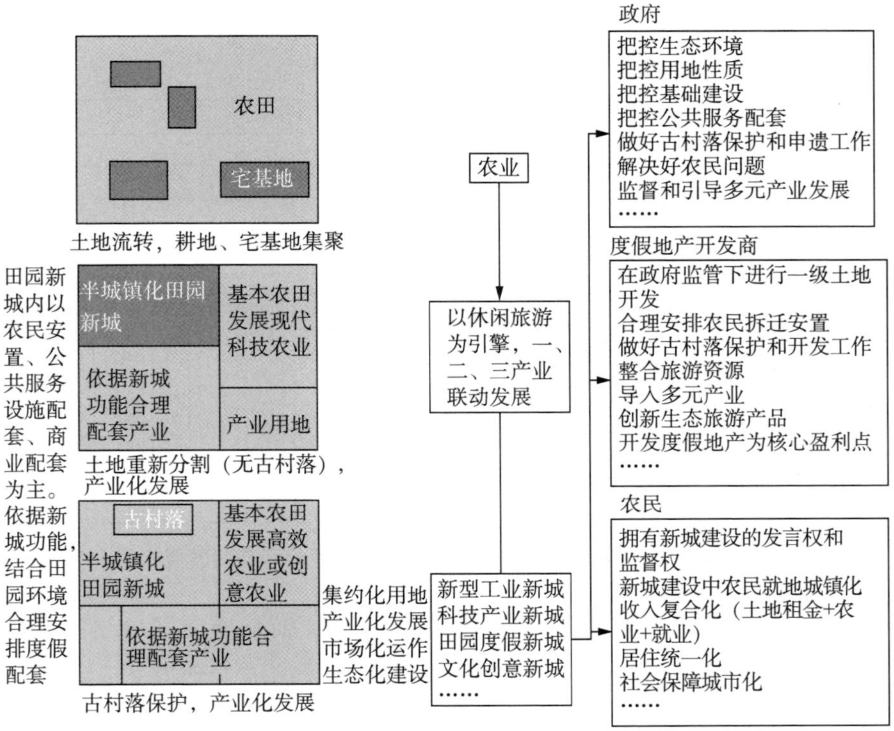

图 3－42　城郊互动下半城镇化田园新城开发模式

旅游要素的合理配置和优化组合，通过多方合作共享旅游市场和旅游资源，并以统一的旅游形象参与市场竞争，从而在一定程度上提升区域整体旅游吸引力，实现各旅游地区的可持续发展。区域旅游联动撬动大旅游发展的格局，也为综合型旅游度假地产开发提供了机遇。

区域旅游联动手段一般包括区域旅游联合促销、旅游资源联动开发、旅游产品共同开发、旅游线路重新组合、旅游企业跨区域合作、旅游形象联手打造等。区域联动一般按照核心打造、片区发展或轴带发展、节点提升、辐射周边等方式，通过放射状、网络化的空间发展格局实现区域内的优势互补、联动发展，从而提升区域整体竞争力。对于区域内的旅游城市或旅游目的地，通过区域联动手段，旅游资源得到重新开发，旅游产品通过网络化交通战略和精品化的旅游线路重组得到发展，旅游形象也随着区域知名度的提升而不断升温。

我国区域旅游联动形式多样，旅游一体化遍地开花。在跨省市区

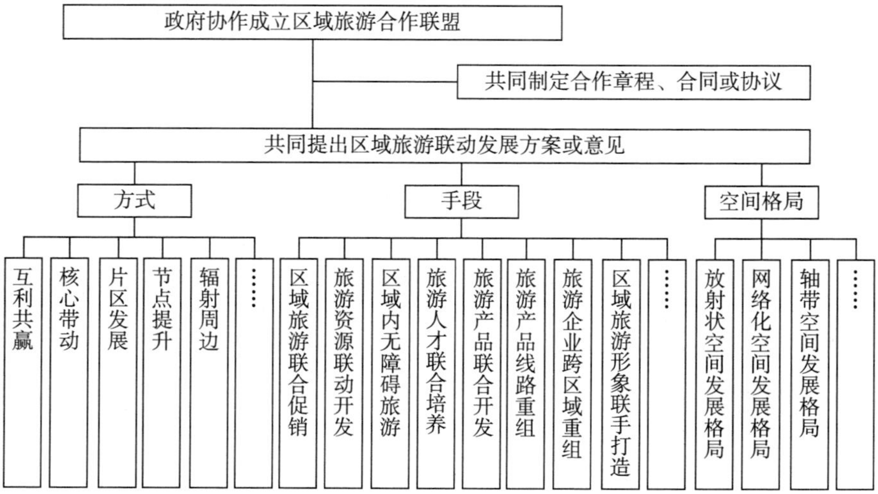

图 3－43　国内区域旅游联动常用的方式、手段和空间发展格局

域合作中，京津冀环渤海区域通过政府主导，旅游横向联合达成旅游合作协议；长三角区域通过打造无障碍旅游区达成合作共识；泛珠三角地区政府共同签署合作框架协议，通过无障碍旅游区的建设增强整体竞争力；晋陕豫黄河金三角旅游区依托黄河，以地缘、亲缘、文缘为切入点达成联盟；川滇藏以区域旅游形象——“大香格里拉”世界旅游品牌提升核心吸引力。随着“一带一路”战略的推进，丝绸之路旅游带，以及海上丝绸之路旅游区，跨省区甚至跨国家的旅游区域合作将会逐步建立。

在省内旅游区域合作中，山东省通过区域旅游形象联手打造“好客山东”，实现省内区域旅游一体化；云南省依托滇中城市经济圈打造昆玉红（昆明—玉溪—红河）旅游文化产业经济带；海南省通过省内旅游资源的整合，开发多元化旅游产品，以及多条联动旅游线路，打造西部、中部、东部旅游经济带，实现省内旅游联动发展；甘肃河西走廊五市（武威、金昌、张掖、酒泉和嘉峪关）依托丝绸之路文化，以河西深厚的文脉和地缘为基础，打造丝路旅游胜地。广东、四川、河南等省也都在旅游一体化的进程中不断提升全省品牌形象和旅游核心竞争力。

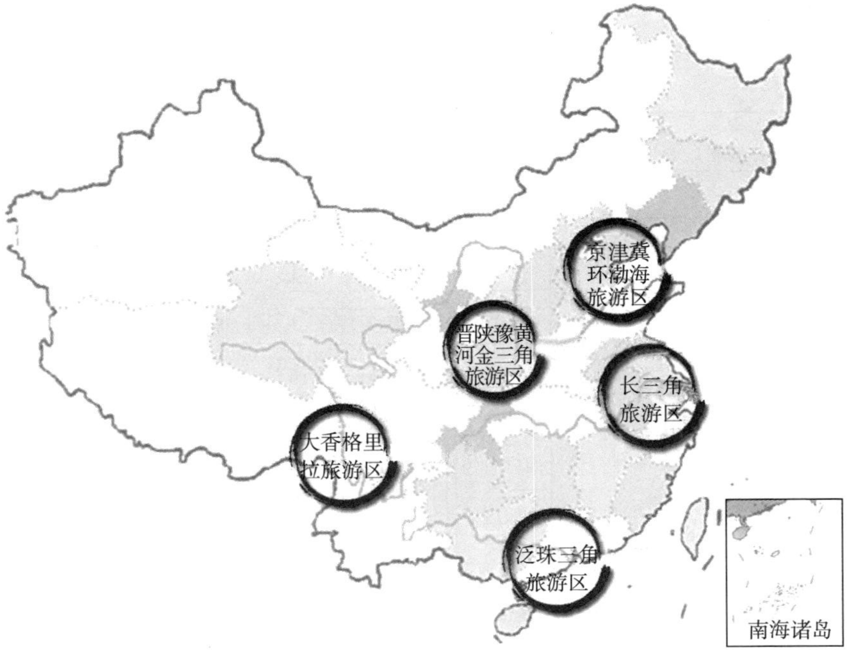

图 3－44　国内部分跨省区区域旅游合作

（二）区域联动下的综合旅游开发模式构建

依托休闲度假的时代背景，区域旅游联动开发的浪潮将会推动区域旅游运营商的发展。区域旅游运营商会在区域旅游联盟（区域内各地区政府部门联合协作成立的机构）的管理下，通过区域旅游开发，提升集团或企业在区域旅游联动发展中的形象和地位，实现区域运营中的良性现金流和持续增值效益。

在休闲度假背景下，综合型旅游开发（如度假综合体）已成为目前撬动区域经济的新模式。综合型旅游开发，更侧重的是区域旅游资源的整合、多元旅游产业链的构建，以及核心旅游产品的开发，通过核心旅游产品聚集人气，形成旅游吸引核，发挥引擎效应，带动区域旅游发展。

随着区域联动开发中所涉及的城乡互动、节点串联、轴线辐射等空间联动，综合型旅游开发也呈现多元化特点。在城乡互动和旅游区串联中，会形成多元化度假综合体，如文化型度假综合体、乡村型度假综合体、功

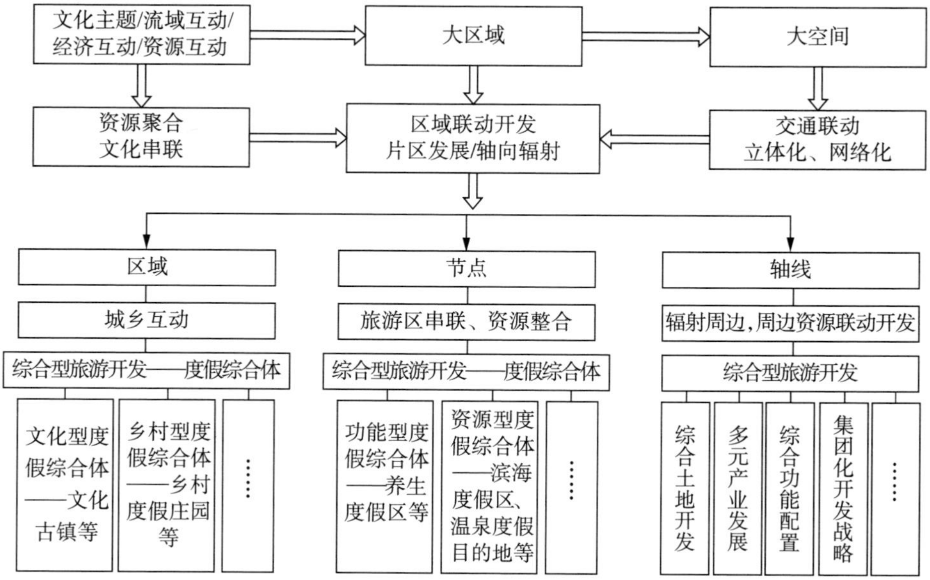

图 3－45　区域联动中综合型旅游开发模式

能型度假综合体、资源型度假综合体等。随着轴线辐射，区域旅游运营商也会将触角伸向周边城市或旅游目的地，进行综合土地开发、多元产业发展等综合旅游开发。

（三）区域联动中综合型旅游开发运营模式分析

在区域联动中，综合型旅游开发有提升区域整体竞争力、提升区域整体旅游形象、推动区域产业升级等功能。因此，在综合型旅游开发中，区域旅游联盟（区域间各地区政府部门联合协作成立的机构）往往进行全程跟踪和持续监管。在项目开发的前期，会对规划建设中的生态环境进行把控，对土地性质、生态资源提出保护。在项目开发建设中，会对区域旅游开发商给予政策性（如税收政策、土地政策、政策性专项资金）扶持和鼓励。区域联动注重对区域旅游形象的整体打造，区域旅游联盟会针对项目建设中涉及的基础设施、旅游标识、公共景观建设、旅游信息咨询中心等公共服务公司进行全面参与和管理。在项目宣传营销阶段，区域旅游联盟对整体区域发展进行战略规划，打造区域品牌营销力，并针对具体项目实施区域整体宣传营销，从而提升区域整体知名度和项目吸引力。

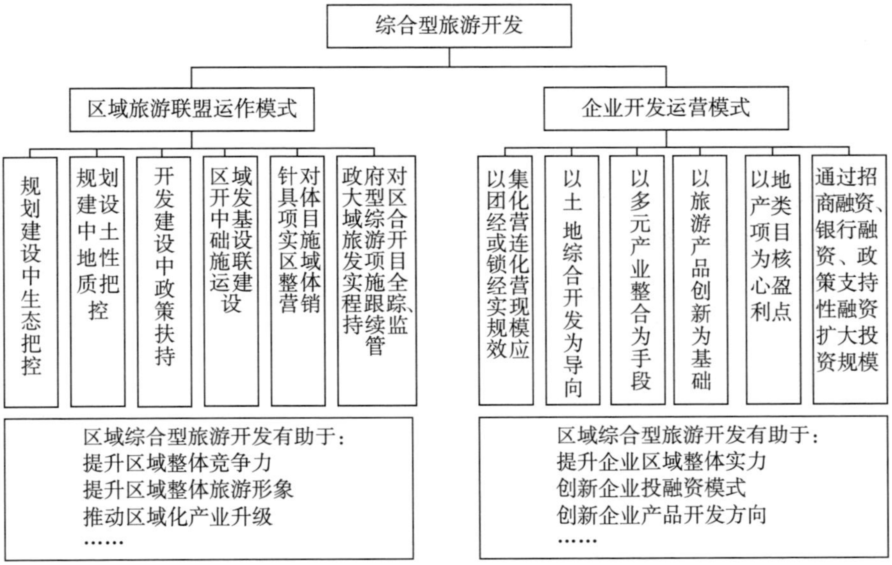

图 3－46　区域联动中综合型旅游开发的政府、企业运营模式

对于区域旅游运营商，尤其是大型企业集团，区域综合型旅游开发有助于提升企业整体实力、创新企业投融资模式等。企业在综合型旅游开发运营中，一般以集团化经营或连锁化经营等方式实现规模效应，开发方式以一级土地开发和二级地产运营为主。在项目开发前期，企业以土地综合开发为导向，通过多元产业整合、多个大型旅游集团融资提升土地价值。在二级地产开发中，企业通过政策支持性融资、银行融资等方式扩大项目投资、创新旅游产品。在综合型旅游开发过程中，企业主要的盈利点是休闲度假类地产项目（如度假公寓、度假别墅、度假酒店、度假农庄等），通过产权销售和日常经营相结合的方式，实现短期回现和长线收益。

四、度假时代下部分“鬼城”现象突破

“鬼城”出现的原因（第一章第三节已有概述）：一是城市化进程中，盲目过度开发“新城”或“楼盘”（忽略配套、忽略市场）造成的地产空城；二是地产虚高的投资回报预期无形中提升地产需求率而造成的；三是度假地产（定位不清晰、配套不完善）过度开发造成的。

针对城市化进程中的部分“鬼城”楼盘，构建度假功能附加模式，通过房产度假功能改造、度假置业交换的途径化解部分“鬼城”现象。对于部分新城“鬼城”及度假地产“鬼城”，应依据其地域及形成原因采取不同的解决策略。

以都市或城郊普通小区为例，周边度假资源无优势，生态环境一般。将位居小区中央、临近入口处的1～2栋楼加以改造。花园洋房，改造成产权式度假酒店，取一栋中的两个单元，把一层打通改造成酒店大堂（500～800平方米），二层打通改造成宴会厅，三、四、五层重新分割格局改造成度假客房。

高层楼盘，改造成星级度假酒店，一、二层打通改造成酒店大堂（800平方米左右，层高5米），三层改造成宴会厅，四层改造成健身中心，五层改造成会议室，六层改造成工作人员办公室，七层以上重新分割格局改造成度假客房；中高档别墅盘，取临近入口的一栋改造成庄园酒店。

在酒店主题定位上，结合当地的资源，引入一定的主题，如温泉疗养主题、中医理疗主题、生态度假主题等。

在周边设施配套上，完善社区内商业及休闲基础设施建设。此外，1小时交通圈内配套医疗中心、商业中心、休闲娱乐中心、文化艺术中心、教育中心等基础设施。

在周边环境营造上，酒店大堂外围，原小区入口处，改建景观广场（喷泉广场或湖心广场），以及生态停车场（停车场以铺砖为主，树木环绕）。绿化小区内及周边环境，营造健康舒适的氛围。

与周边1小时交通圈内的乡村农园合作，为酒店客源及社区居民提供绿色农产品，同时酒店客源及社区居民也能在乡村农园租地采摘，感受田园风情。

在运营模式上，将一定数量的房屋加入分权度假系统（重庆MRE或旅居财富网），造势度假市场，增值地产，扩充客源。如每套花园洋房分割产权后（一般为10份产权），每份产权的最低投资价格不超过10万元，除拥有产权（产权可以出让、交易、转赠）外，购买业主每年还能享有固定时间的度假权益，既可以选择小区内的度假酒店，也可以选择分权度假系统内的其他酒店。此外，购买业主还能将度假时间之外的花园洋房时权进行出租，每年还能获得一定的租金收益。

剩余一定的房屋，待周边商业开发成熟、土地增值、房产溢价后，开发商可以以全产权销售给周边购买第二居所、第三居所的中高收入阶层。

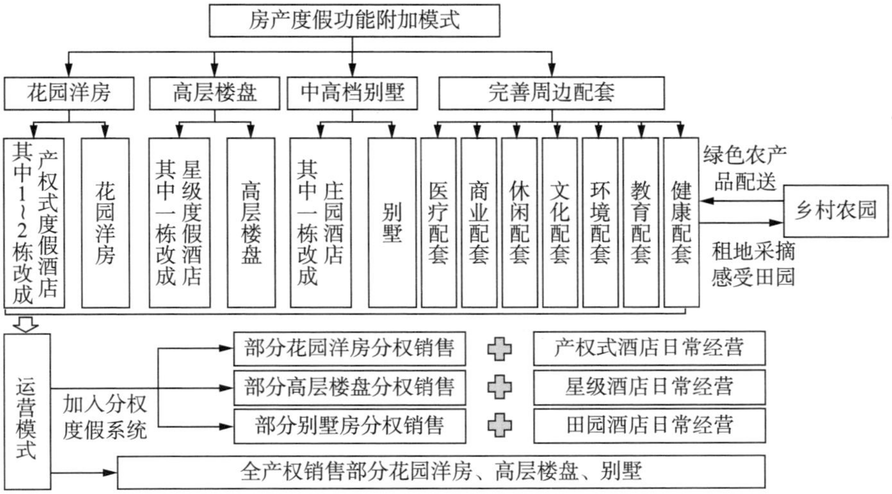

图3-47　房产度假功能附加模式

（一）中国西部地区的部分“鬼城”形成原因及突破途径

落实到中国“鬼城”地图（见图1-9）进行分析，中国西部地区的部分“鬼城”包括内蒙古二连浩特、鄂尔多斯、锡林浩特、乌兰察布，新疆的克拉玛依，甘肃的金昌、张掖、嘉峪关、酒泉，宁夏的吴忠、中卫、石嘴山、固原，陕西的榆林。

形成原因：这些城市多是资源型城市，属于城镇化进程中地产“需旺”造成的房地产过度开发引起的①。由于这些城市在度假资源方面不占优势，其城市经济活力也很难在短期内吸引人口前来投资入住，“鬼城”现象短时间内难以化解。

突破途径：建议进行政企合作。政府收购存量商品房并将其作为保障性住房；企业通过整合重组、协调信贷支持、包联推进项目等多种举措消

① 三四线城市成“鬼城”重灾区“鬼城”是怎样建成的［EB/OL］. http://house.baidu.com/, 2014-10-12.

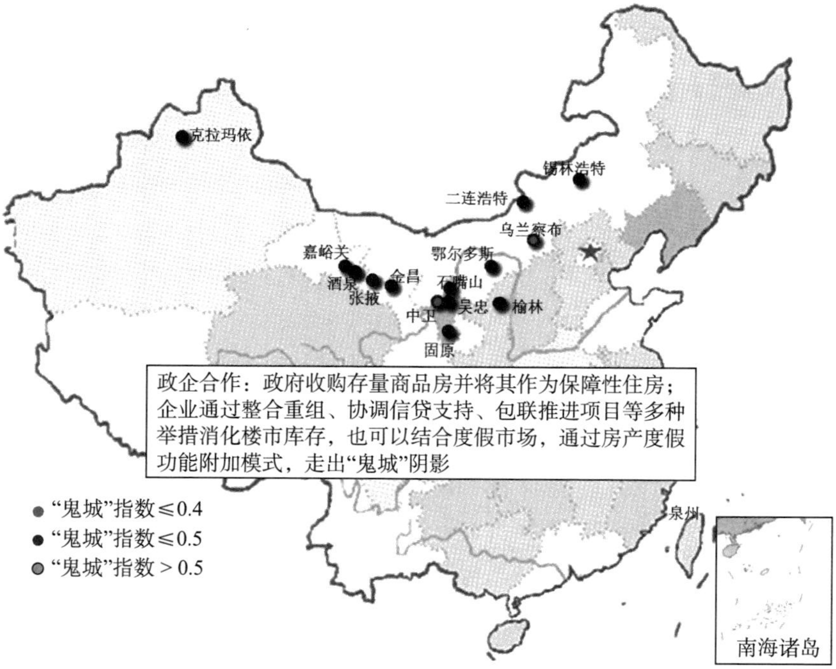

图 3－48　西部地区的部分“鬼城”突破途径

化楼市库存，当然也可以结合度假市场，通过房产度假功能附加模式消化楼市库存，走出“鬼城”阴影。

（二）东北地区的部分“鬼城”形成原因及突破途径

东北三省的“鬼城”包括黑龙江大庆、七台河、伊春，辽宁葫芦岛。

形成原因：东北地区是中国的老工业基地，部分工业城市在市场转型和城市发展进程中，忽略市场需求，盲目过度开发“新城”，导致地产“鬼城”。

突破途径：一是建议通过城郊互动下的半城镇化田园新城模式构建宜居化新型工业新城，通过老城与新城的经济互动，带动新城快速发展，从而在一定程度上缓解部分“鬼城”现象；二是建议通过房产度假功能附加模式引导度假消费，从而消化部分“鬼城”楼市库存。

（三）长三角经济区及东部沿海地区的部分“鬼城”形成原因及突破途径

长三角经济区及东部沿海地区的“鬼城”主要在浙江省的嘉兴、义

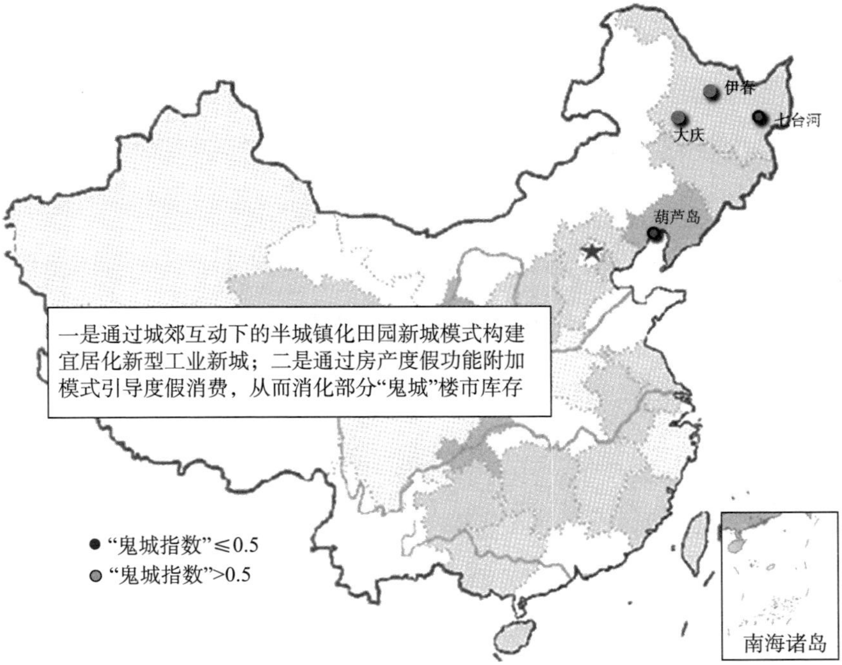

图3-49 东北地区的部分"鬼城"突破途径

乌、衢州、丽水、绍兴、宁波，江苏省的常熟、昆山，福建省的泉州；珠三角经济区沿岸的"鬼城"主要在广东的惠州、中山、茂名、肇庆。

该区域"鬼城"形成原因：长三角及珠三角经济区都已经完成了本地城市化建设，一部分"鬼城"是由于经济发展过程中大量人口流动造成的城市"楼盘"扩建，且高昂的经济成本抑制了大量外来人口的城市进入率，导致一定时间内的"鬼城"现象；一部分"鬼城"是由于度假地产（主题、市场、产品）定位不清晰、配套不完善导致的地产空城。

突破途径："鬼城"楼盘建议通过房产度假功能附加模式，以及分权度假的运营手段，提高城市进入率和包容度，从而消化部分"鬼城"楼市库存。

度假地产"鬼城"建议：一是通过度假地产产权突破，运用候鸟分权模式，定位市场客群，推出主题度假产品，并借助度假交换系统庞大的会员平台，以分权度假、全球旅居模式引爆度假市场，推动度假地产良好的运营发展；二是通过度假地产产业业态突破，将度假产业与养老产业、文

图 3－50　长三角经济区及东部沿海地区的部分“鬼城”突破途径

化娱乐产业等融合，推出养老型度假综合体、养老度假社区、亲子型度假目的地等度假业态，从而扩大度假市场客群，在一定程度上缓解部分度假地产“鬼城”现象。

（四）其他地区的部分“鬼城”形成原因及突破途径

1. 山东省、海南省的“鬼城”形成原因及突破途径

山东省的“鬼城”主要在威海、烟台；海南省的“鬼城”主要在三亚。

形成原因：山东省、海南省海滨度假资源占绝对优势，旅游服务业整体呈良好发展态势，但由于海滨度假地产供给过剩，且这些城市外来度假人口占较大比重，季节性较强，因而无法支撑当地经济的稳定发展。烟台、威海、三亚等地的海滨度假地产市场竞争激烈，差异化发展不足，导致“鬼城”接二连三。

突破途径：一是建议通过度假地产产权突破，运用候鸟分权模式定位市场客群，推出主题度假产品，并借助度假交换系统庞大的会员平台，以

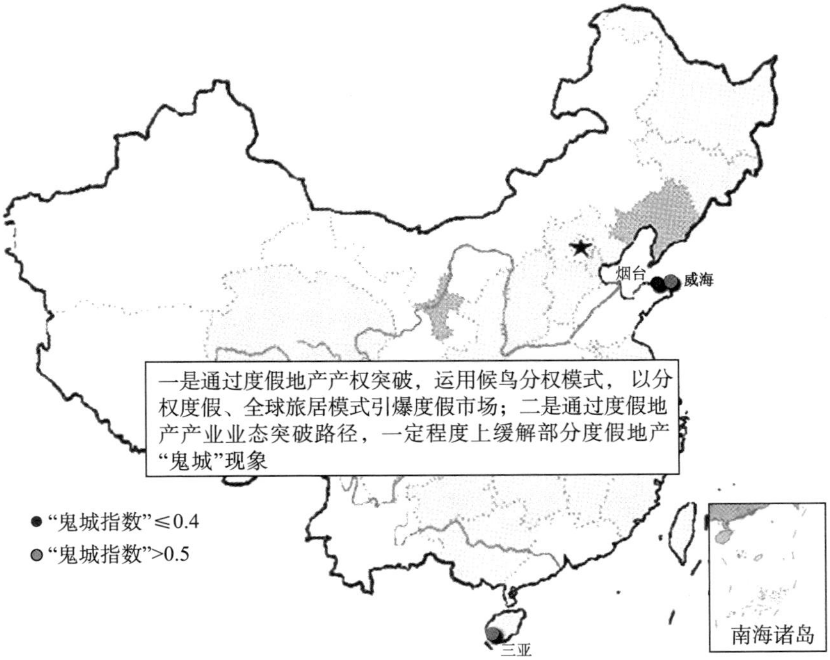

图3－51 山东省、海南省的部分“鬼城”突破途径

分权度假、全球旅居模式引爆度假市场，推动度假地产良好的运营发展。二是通过度假地产产业业态进行突破。由于山东省老龄化率较高，海南省三亚为老年避寒度假目的地，可通过延长产业链，将度假产业与养老产业、文化娱乐产业等融合，推出养老型度假综合体、养老度假社区、亲子型度假目的地等度假业态，从而扩大度假市场客群，一定程度上缓解部分度假地产“鬼城”现象。

2. 广西壮族自治区、云南省、西藏自治区的“鬼城”形成原因及突破途径

广西壮族自治区的“鬼城”有防城港、北海、百色、钦州等城市；云南省的“鬼城”主要是丽江；西藏自治区的“鬼城”有拉萨。

形成原因：广西壮族自治区（北海等）、云南省（丽江）、西藏自治区（拉萨）的“鬼城”现象是由于旅游度假地产过度开发①，而旅游服务业

① 三四线城市成“鬼城”重灾区“鬼城”是怎样建成的［EB/OL］. http://house. baidu. com/，2014－10－12.

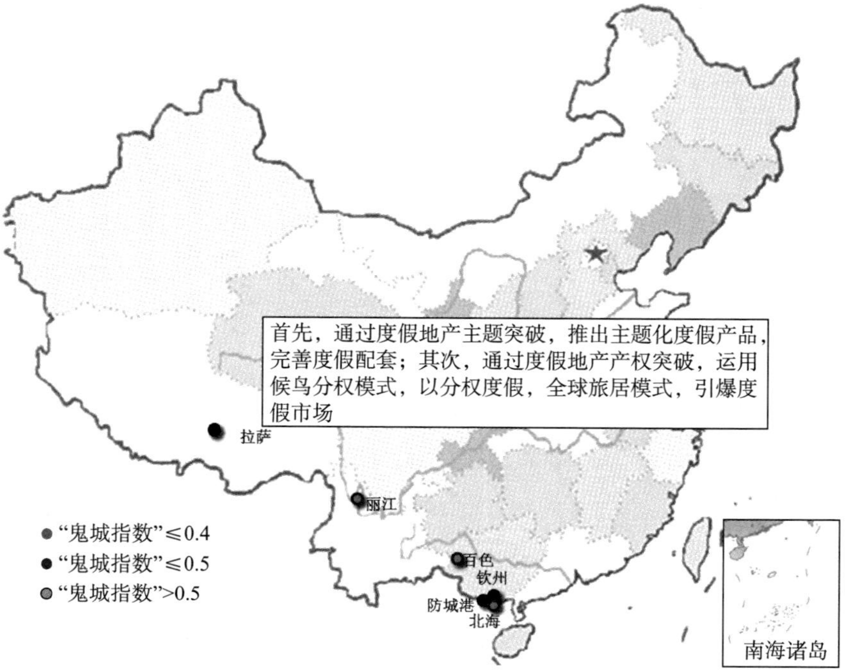

图 3-52　广西壮族自治区、云南省、西藏自治区部分"鬼城"突破途径

整体发展滞后（城市吸引力不足、公共服务配套不完善等）导致的。

突破途径：由于广西北海、云南丽江、西藏拉萨等城市文化底蕴深厚、自然环境优良、度假资源在国内占绝对优势，建议首先通过度假地产主题突破，推出主题化度假产品，完善度假配套；然后通过度假地产产权突破，运用候鸟分权模式定位市场客群，借助度假交换系统庞大的会员平台，以分权度假、全球旅居模式引爆度假市场，推动度假地产良好的运营发展。

3. 河南省、安徽省、湖南省的"鬼城"形成原因及突破途径

河南的"鬼城"主要在周口和许昌，安徽的"鬼城"主要在六安、滁州和合肥，湖南的"鬼城"主要在怀化。

形成原因：这些城市多为农业城市，在城市化进程中，主城区的吸纳力不强，导致新城短时间内沦为"鬼城"。

突破途径：一是通过城郊互动下的半城镇化田园新城模式构建宜居化田园新城，通过老城与新城的经济互动，带动新城快速发展。二是通过度

图 3－53　河南省、安徽省、湖南省部分“鬼城”突破途径

假地产产业业态进行突破。由于河南、安徽、湖南三省老龄化率较高，通过将度假产业与养老产业进行融合，推出养老型度假综合体、养老度假社区等度假业态，扩大目标客群，提升盈利空间，从而在一定程度上缓解部分“鬼城”现象。

对于湖北宜城、咸宁，以及江西井冈山的“鬼城”现象，湖北宜城、咸宁依托温泉资源及长江沿岸生态风光过度开发度假地产，江西井冈山依托红色旅游及山地度假资源过度开发旅游度假地产，但这些城市旅游服务业整体发展滞后，因而导致“鬼城”出现。建议通过度假地产产权突破，运用候鸟分权模式定位市场客群，借助度假交换系统庞大的会员平台，以分权度假、全球旅居模式引爆度假市场，推动度假地产良好的运营发展。

此外，区域旅游联动（如新丝路之旅）也会有效化解部分“鬼城”现象（具体参见第四章第八节第六点新丝路之旅对我国旅游发展格局的影响）。

第四章 构境——新常态下度假地产创新模式案例分析

第一节 奥兰多迪士尼缔造文化主题度假地产开发传奇

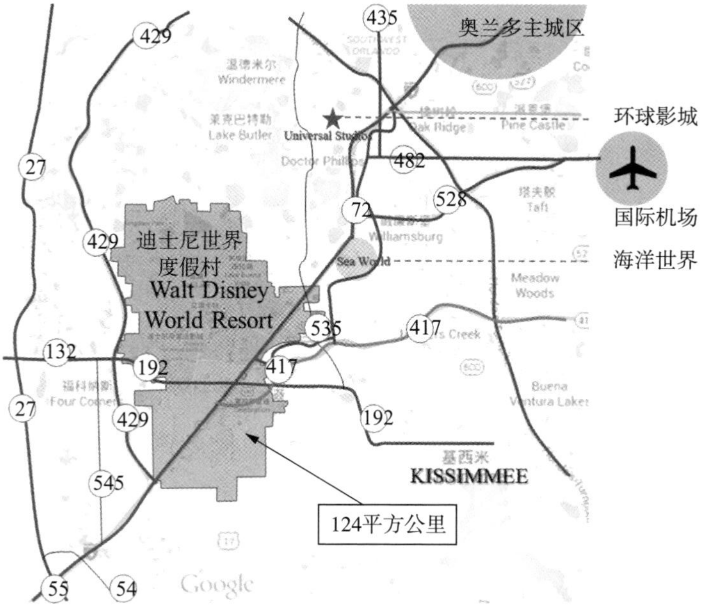

图 4－1　奥兰多迪士尼的区位优势

奥兰多迪士尼作为世界著名的休闲度假胜地，无论在发展规模、品牌档次，还是在产业密集程度、经济带动效应方面，都是世界文化主题度假地产的领航者。

奥兰多迪士尼位于奥兰多主城区西南部，总占地面积 124 平方公里。周边分布的环球影城、海洋世界等大型主题公园，与其形成文化主题度假目的地规模效应。

奥兰多迪士尼是世界上规模最大，也是最具代表性的迪士尼度假区，包括 4 个主题公园、2 个水上乐园、32 个主题饭店、784 个露营地以及众多休闲配套。自 1971 年开园以来，接待游客超过 10 亿人次①。

① 魔法王国
② 艾波卡特中心
③ 好莱坞影城
④ 动物王国
⑤ 暴雪海滩
⑥ 台风礁湖
⑦ 商业区
⑧ 综合体育公园

图 4－2　奥兰多迪士尼世界

表 4－1　奥兰多迪士尼核心产品

主题公园	主题游乐园	魔法王国	44 公顷
		动物王国	40 公顷
		艾波卡特中心	98 公顷
		好莱坞影城	51 公顷
	水上乐园	台风礁湖	90 公顷
		暴雪海滩	80 公顷
	综合体育公园		

① 苏畅．试论奥兰多迪士尼的主题乐园发展战略［J］．科技资讯，2012（25）：179－180.

续表

度假地产	酒店	共32家，迪士尼自营酒店22家
	露营基地	784个
休闲配套	餐厅	250家
	高尔夫球场	18洞球场5个，9洞亲子球场1个
商业配套	大型商业中心	1个

资料来源：《奥兰多迪士尼主题娱乐游乐园案例研究》。

一、复合型文化主题做强吸引力

主题吸引力是迪士尼的常胜法宝，也是文化主题度假地产的必备要素。迪士尼通常以动画电影与游乐相结合构建核心主题，在核心文化主题下，依托科技、艺术手段打造复合型文化主题。奥兰多迪士尼以童话王国形式展现其核心主题——“梦想实现的地方”。围绕核心主题，奥兰多迪士尼共有六种复合文化主题，缩微景观型（魔法王国）、童话故事型（动物王国）、生态科技型（艾波卡特中心）、影视基地型（好莱坞影城）、主题游乐型（台风礁湖、暴雪海滩水上乐园）、主题商业型（商业区）、体育运动型（综合体育公园）。

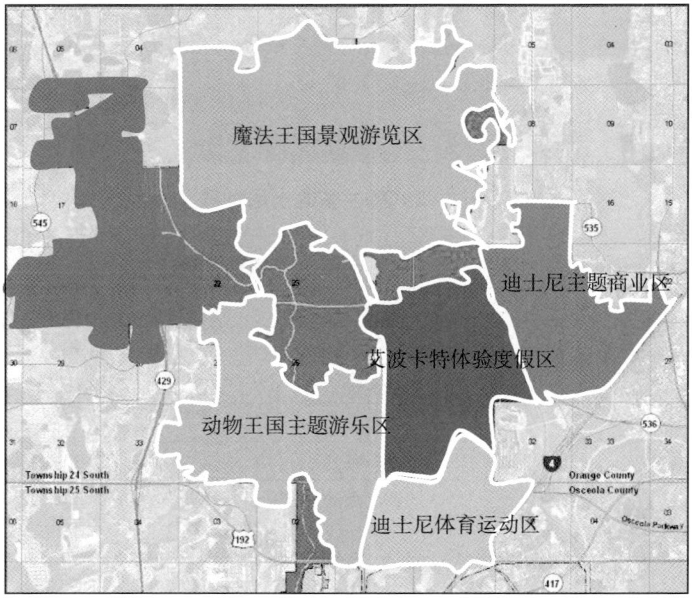

图4-3　奥兰多迪士尼五大功能板块

将每个复合文化主题产品结合周边的旅游度假配套打造功能板块，奥兰多迪士尼可分为五大功能板块，即魔法王国景观游览区、艾波卡特体验度假区、动物王国主题游乐区、迪士尼体育运动区、迪士尼主题商业区。每个功能板块错位发展，满足游客的多样化需求。

以艾波卡特体验度假区为例，整个功能板块以生态科技体验为主，由复合文化主题的体验型娱乐产品构成——艾波卡特中心（生态科技型）、好莱坞影城（影视基地型）、运动公园和高尔夫球场（运动体验型）等。每种产品主题特色突出，在艾波卡特体验度假区体验主题之下，各个主题娱乐产品环绕度假配套分布，主题特色突出、游线清晰明确。

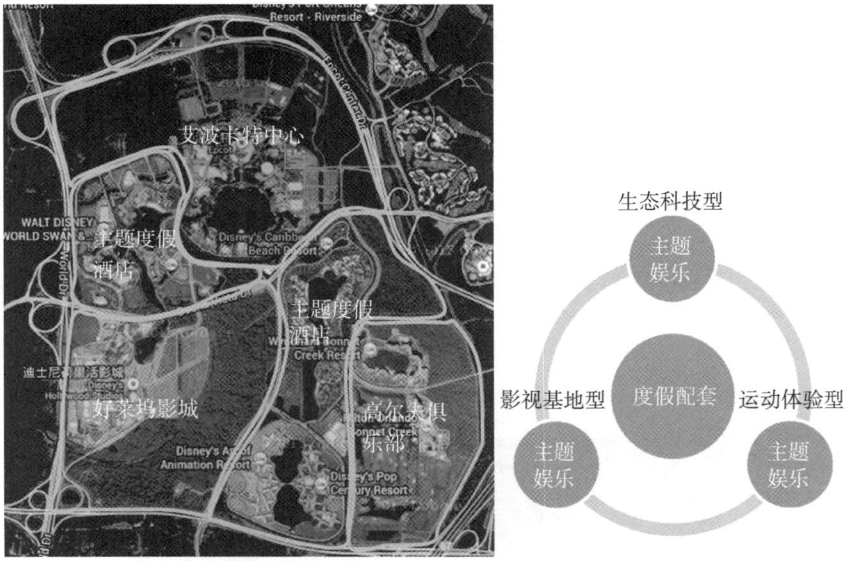

图 4-4 艾波卡特体验度假区产品分布

二、多元化产业融合形成多元消费服务体系

奥兰多迪士尼依托文化产业（影视文化、科技文化）构建核心吸引力，并通过融合旅游产业和休闲度假业形成多元消费服务体系，带动整体发展。

奥兰多迪士尼每个功能板块根据各自主题特征布置产业形态，形成消费体系，包括餐饮、住宿、体育休闲等，以满足游客在园区内的多元化消费需求。以魔法王国景观游览区和迪士尼主题商业区为例，功能板块内布置酒店、商业、娱乐业等产业形态，形成多元化的消费服务体系。在迪士

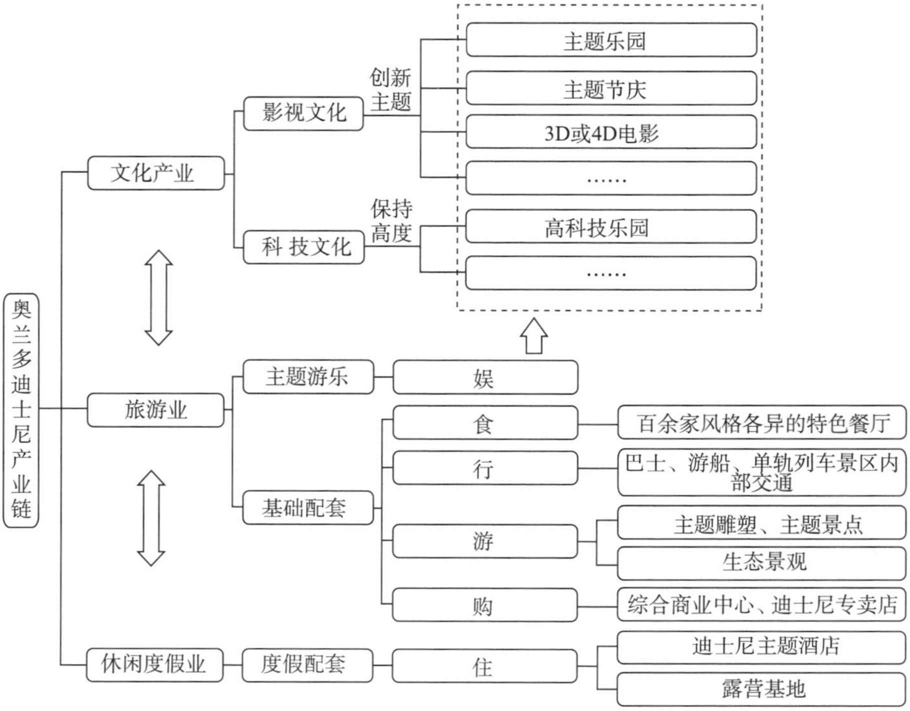

图 4-5　奥兰多迪士尼多元化产业融合发展

尼主题商业区，商业中心和街道两侧散布着特色店铺、餐厅、KTV 及全天开放的娱乐场所，这里是奥兰多迪士尼的“不夜城”。

图 4-6　魔法王国景观游览区产品布置

图 4－7　迪士尼主题商业区产品布置

对比三大功能板块的产业业态分布及配比，酒店业一般分散布置，占总建筑面积约 18%，商业用地集中布置在娱乐用地周边，面积占娱乐用地的 24% 左右。

表 4－2　三大功能板块产业业态分布及配比

魔法王国景观游览区			艾波卡特体验度假区			动物王国主题游乐区		
总建设用地	1267.76 公顷		总建设用地	226.23 公顷		总建设用地	789.29 公顷	
娱乐用地	124.72 公顷	占地面积大，集中布置	娱乐用地	77.25 公顷	环绕在酒店用地周围	娱乐用地	162.09 公顷	集中布置在突出位置
酒店用地	75.63 公顷	分散在娱乐设施周围	酒店用地	48.21 公顷	布置在娱乐设施中间	酒店用地	129.26 公顷	分散在娱乐设施周围
商业用地	3.84 公顷	结合娱乐设施集中布置	商业用地	19.87 公顷	结合娱乐设施集中布置	商业用地	39.28 公顷	结合娱乐设施集中布置

资料来源：奥兰多迪士尼主题娱乐游乐园案例研究。

三、动静分离的空间布局和便捷的交通系统提升服务品质

（一）动静分离的空间布局

奥兰多迪士尼整个空间范围内，五大功能区块环绕中心绿地分布，形成中心静、四周动的空间格局，见图4－8。在功能区块范围内，以魔法王国景观游览区为例，主题乐园、零售商店、交通站点、停车场等动区，以中心湖为界，分布在中心湖东侧；酒店、湿地公园、高尔夫球场等静区分布在中心湖西侧。动静分离、合理分布，给游客营造惬意的休闲度假氛围。

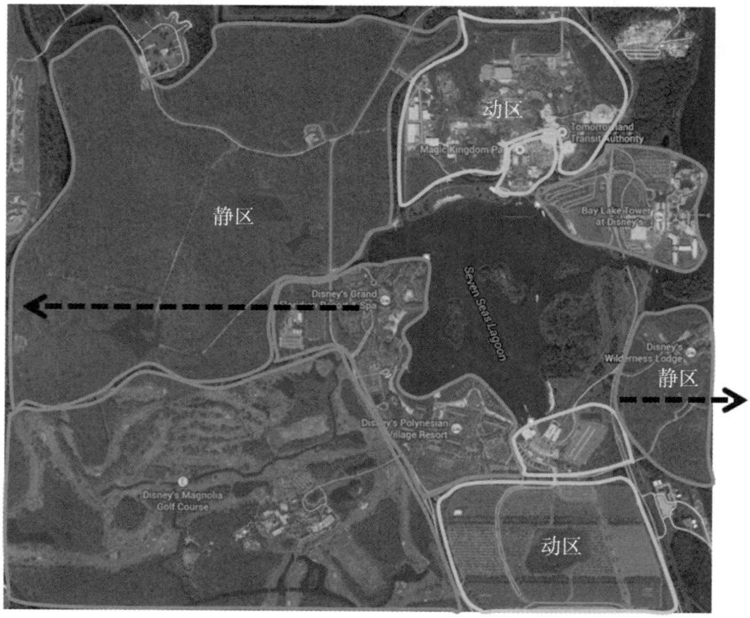

图4－8　魔法王国景观游览区动静分区图

（二）便捷的交通系统

主干道：高速路400、530贯穿迪士尼，高速路429、417临近迪士尼。高速路400通往奥兰多主城区；高速路530直通国际机场；高速路429、417主要通往其他城市。四条主干道为迪士尼创造了优越的交通条件。

支路：内部支路连接各个功能板块，便捷整个迪士尼园区。主要交叉路口以立体交通方式实现快速通达。最北端的魔法王国以快速轨道（交通

方式以单轨列车为主）解决远距离交通问题。

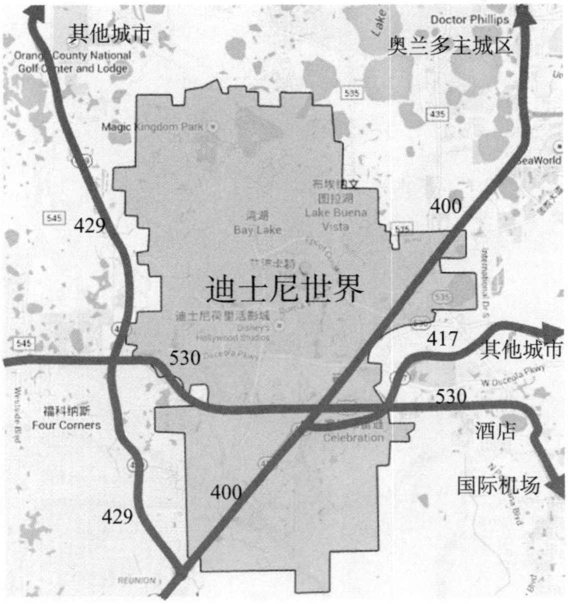

图 4－9　奥兰多迪士尼周边快速主干道

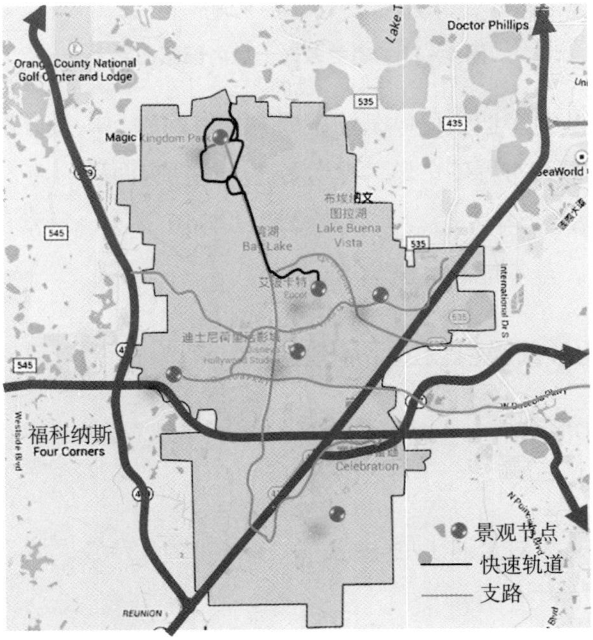

图 4－10　奥兰多迪士尼内部支路

组团路：奥兰多迪士尼每个功能板块、每个主题游乐园内部都有各自的组团路。组团路内部连接各个项目，外部连接支路，使整个园区交通高度便捷。

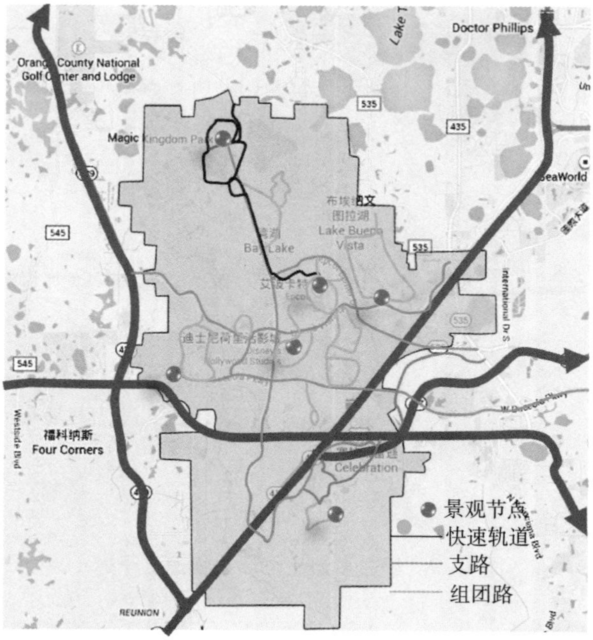

图 4－11　奥兰多迪士尼内部组团路

停车场：奥兰多迪士尼停车场布局方式有两种。一是分散布置在入口区周围；二是沿路布置停车场。奥兰多迪士尼拥有面积约为 210.94 公顷的停车场，约有 12 万个车位。按照高峰期日均 10 万次、日常日均 6 万人次的游客量来算，基本能满足停车需求①。

四、依托形象吸引创造品牌效应

（一）文化形象

1. 游行派对

迪士尼游行派对是迪士尼一绝。派对融舞蹈、杂技、脱口秀等表演于

① 奥兰多迪士尼主题娱乐游乐园案例研究［EB/OL］. http：//kecheng. baidu. com/view/e71f880d1711cc7931b71678. html，2015－02－05.

一体[1]，主角都是迪士尼动画中的角色。游行派对以角色问候和游客互动体验为特色。

2. 娱乐节目

娱乐节目多在晚上游客游览即将结束时举办，以焰火和音乐为主，为游客留下完美印象。

3. 动画主题

无论是迪士尼主题酒店、迪士尼主题乐园，还是迪士尼主题餐厅，总会有一只米老鼠。迪士尼有着非常严格的规定，扮演米老鼠或其他动画角色的工作人员在工作时间内必须身穿动画制服，进行动画角色表演。动画主题是迪士尼在游客心中永恒的定位。

（二）地标形象

奥兰多迪士尼有四大主题地标，分布在四个主题游乐园里。四大主题地标形象特色鲜明、个性主题突出，能给游客留下深刻印象。

表 4－3 奥兰多迪士尼四大主题地标

主题游乐园	地标形象
动物王国	古树
艾波卡特中心	高尔夫球形建筑
好莱坞影城	唐老鸭帽子主体建筑
魔法王国	城堡

（三）生态形象

迪士尼以“天人合一”的规划理念建园。在主题游乐园、主题酒店、湿地公园及周边的环境里，到处可见人与动物共生、自然和谐的生态场景，给游客留下难忘的记忆[2]。

---

① 试论奥兰多迪士尼的主题乐园发展战略［J］．科技资讯，2012（25）．

② 王大悟．主题乐园长盛不衰十大要素论析——以美国迪士尼世界为案例的实证研究［J］．旅游学刊，2007，22（2）．

五、复合化收入模式保障收益

（一）主题游乐项目收益

主题游乐项目为迪士尼自营项目，主要以游乐门票、演出门票、体验参与消费等长线收益为主。

（二）地产项目收益

主题酒店和露营基地以日常经营收益为主。

商业区的旺铺通过销售、自持和租赁获得短期回现和长期收益。如奥兰多迪士尼有上百家主题餐厅，以迪士尼自营为主，获得经营收益；迪士尼专卖店经营收益占据整体收益的较大份额。

奥兰多迪士尼主题游乐项目收益仅占20% ~30%，70%以上的收益主要来自主题酒店和主题餐厅经营、纪念品及衍生品的销售等。

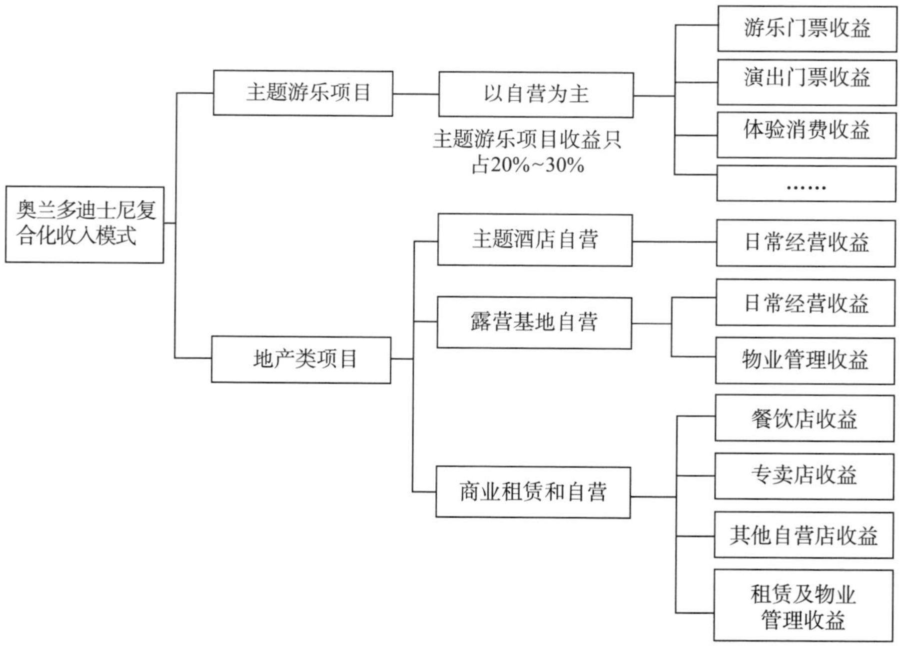

图4－12　奥兰多迪士尼复合化收入模式

迪士尼核心文化主题构建、产业系统搭建、空间布局规划及品牌形象营造都值得国内文化主题地产学习，尤其是迪士尼品牌形象，是其最重要的竞争砝码。建议迪士尼在未来的发展过程中，针对东道国的文化特性作出适应性调整，而不是一味地模仿电影主题。

第二节 万科全龄社区打造养老度假社区开发经典

万科全龄社区是在成熟的度假社区规划、开发、建设及运营过程中植入养老地产开发，配套相应的养老基础设施（含老年活动中心、老年健康中心等），满足各年龄段客群的多元化需求。万科全龄社区为养老度假地产创新发展提供了参考。

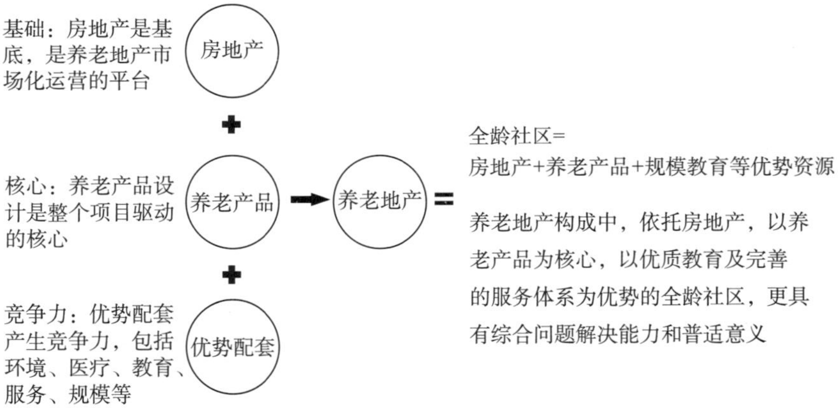

图 4－13 万科全龄社区

资料来源：上海万科养老地产模式研究。

一、基于老年人行为分析规划全龄社区

（一）老年人的出行行为分析

老年人喜欢独居，需要群居活动空间，邻里活动圈（宅前绿地或邻家小院）为 3～5 分钟活动半径；日常活动圈（老年活动中心、棋牌室、公共餐厅、健康管理中心等配套）约为 10 分钟活动半径；参观博物馆、市级公园、植物园等区域活动圈为 20～45 分钟活动半径。

表 4－4　老年人的活动圈

	活动时间	活动半径	出行方式	活动频率	活动范围	目的
邻里活动圈	3～5 分钟	100～200 米	步行	每天数次	自家绿地、邻家小院、组团绿地	活动身心、社会交往
日常活动圈	10 分钟	≤500 米	步行	每天 1～2 次	老年活动中心、棋牌室、公共餐厅、健康管理中心等	锻炼身体、社会交往
区域活动圈	20～45 分钟	—	公共交通或驾车	每月几次	博物馆、市级公园、植物园等	提升自我修养

（二）老年人（60 岁以上）的人群特征分析

表 4－5　老年人（60 岁以上）的人群特征分析

市场细分	描述	生活能力	养老方式	设施、服务需求	医院护理需求	居住需求	环境需求		
自理老人	生活完全自理	独立生活	居家养老	不需	不需	适老化住宅	邻里活动圈	日常活动圈	区域活动圈
	健康有活力，基本自理	独立生活		需要少量监护	不需		★	★	★
介助老人（对拐杖、轮椅的依赖性较强）	依靠养老设施，生活基本自理	基本独立生活	社区养老	全天监护，低配置的集中服务和公用设施	不需	老年社区	★	★	/
	体力较弱，脑力相对健全	基本独立生活		需要照料、监护和膳食供应，中等配置的集中服务和公用设施	需要		★	/	/
介护老人（生活完全依赖他人护理）	体力尚健，但智力衰退	基本不能自理	机构养老	个人生活的监护和照料，提供膳食，高配置的集中服务和公用设施	需要	介护机构	专属活动场地，医护人员协助	/	/
	体力衰退，智力衰退	完全不能自理		个人监护，帮助进餐、助浴、穿衣等	需要		/	/	/

资料来源：上海万科养老地产模式研究。

注："★"代表需要，"/"代表不需要。

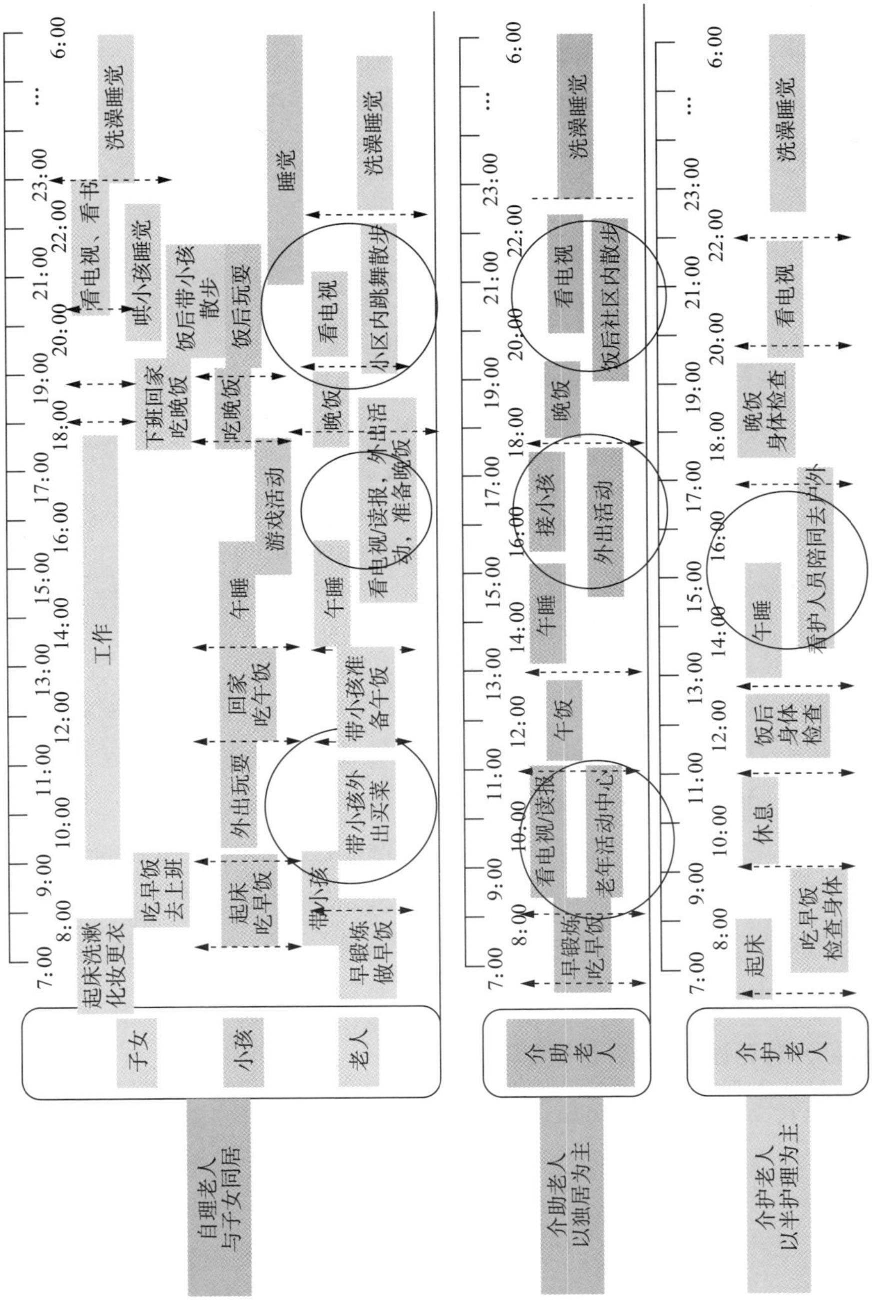

图 4－14 老年人一天活动行为分析

资料来源：上海万科养老地产模式研究。

（三）老年人的活动行为分析

依据老年人的人群特征及一天活动行为，分析老年人在度假社区中的活动范围。自理老人能够在整个社区范围内活动；介助老人和介护老人活动范围主要集中在所住公寓附近。在规划设计过程中，需要加大老年公寓间的绿地范围，保障散步空间和社交空间，道路应尽量平坦，需预留轮椅停靠点。

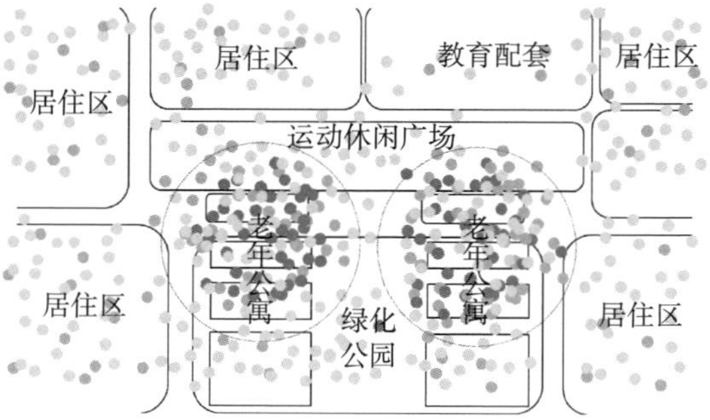

表示自理老人活动范围；表示介助老人活动范围；表示介护老人活动范围

图 4-15　老年人活动范围分析

依据老年人的活动范围规划养老设施配套半径：社区级养老设施配套（商贸服务设施、医疗卫生设施、市政基础设施等）半径为老年人 10～15 分钟的步行距离，为 800～1000 米；组团级养老设施配套（运动休闲广场、老年活动中心、公共餐厅等）半径为 300 米左右，约 5 分钟的步行距离①。合理、集约设置养老设施配套，可以提高使用效率。

社区内的交通以慢行系统为主，除步行外，还设有自行车和电瓶车道，以方便老人通行。

（四）养老社区硬软件设施配套

依托老年人行为特征分析，万科提出养老社区硬软件设施配套，除拥有度假环境外，适老化单体建筑、养老配套设施、专业养老服务都是必不可少的。

---

① 王晓亮，李桂文．适应“持续照护”的老年人社区规模合理性分析［J］．城市建设理论研究，2012（16）．

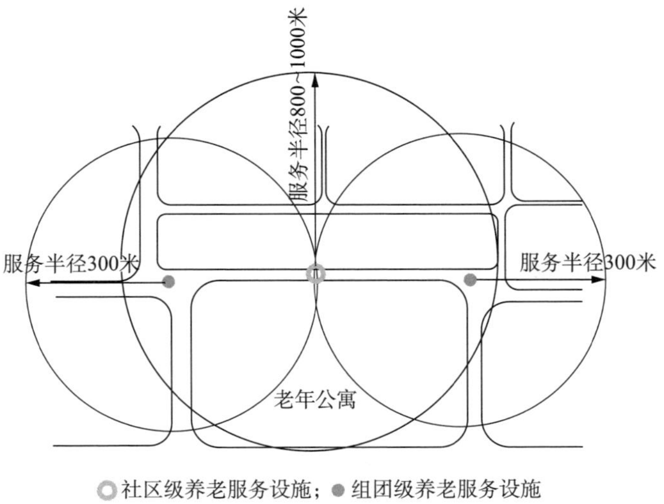

图 4－16　养老设施配套半径

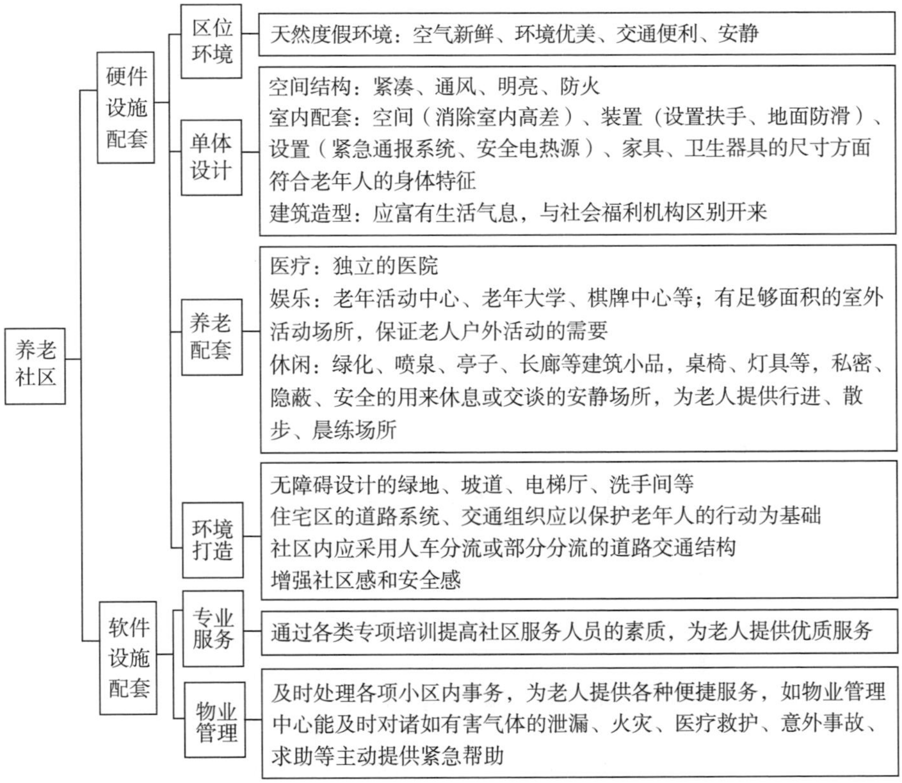

图 4－17　万科养老社区硬软件设施配套

资料来源：上海万科养老地产模式研究。

二、万科全龄社区规划

全龄社区是活力型度假社区，既能满足全年龄段客群的住宿需求，也是老年人的活力社区。万科将养老社区所需硬软件设施配套纳入全龄社区规划中，并依托老年人行为特征分析，规划养老服务半径。

（一）规划总平面图

表4-6 全龄社区经济技术指标

建筑	细分	占比（%）
住宅	普通高层	76
	适老高层	
	低密度适老住宅	
养老设施配套	老年公寓	14.17
	介护机构	
	老年大学	
	老年活动中心	
	……	
社区物业配套	物业管理中心	4.83
	居民委员会	
	文化活动站	
	卫生服务点	
	教育配套	
	垃圾站	
商业配套	商铺	5
	会所	

资料来源：上海万科养老地产模式研究。

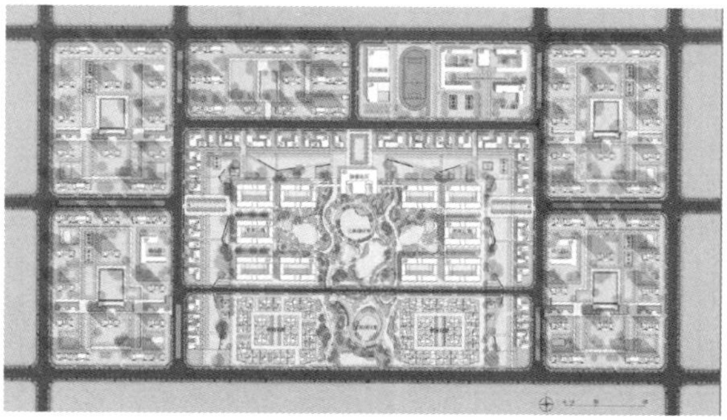

图4-18 全龄社区总平面图

资料来源：上海万科养老地产模式研究。

（二）规划结构

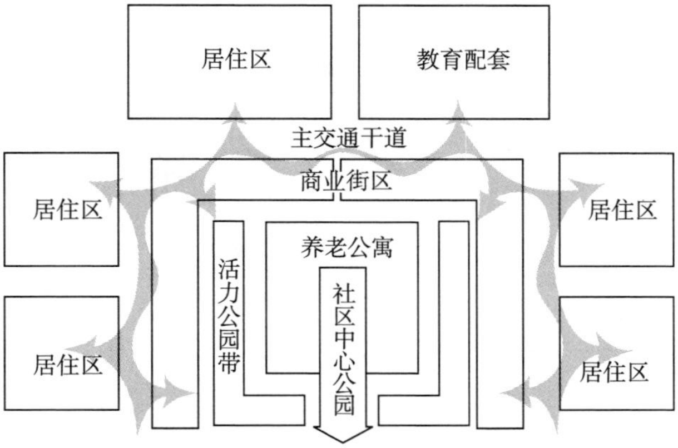

图 4－19　全龄社区规划结构图

注：居住区为混合住宅，包括普通住宅和适老化住宅，以倒“U”形商业带带动各功能板块，串联整个社区。

（三）功能分区

万科全龄社区功能混合配置，形成活力养老社区。

表 4－7　各功能板块经济技术指标

建筑	占比（%）
普通高层	38.0
适老高层	34.4
低密度适老住宅	3.6
养老公寓	12.0
介护机构	1.4
适老配套设施	0.8
公共服务设施（教育设施、商业、医疗设施等）	9.8

资料来源：上海万科养老地产模式研究。

图 4－20　全龄社区功能布置图

资料来源：上海万科养老地产模式研究。

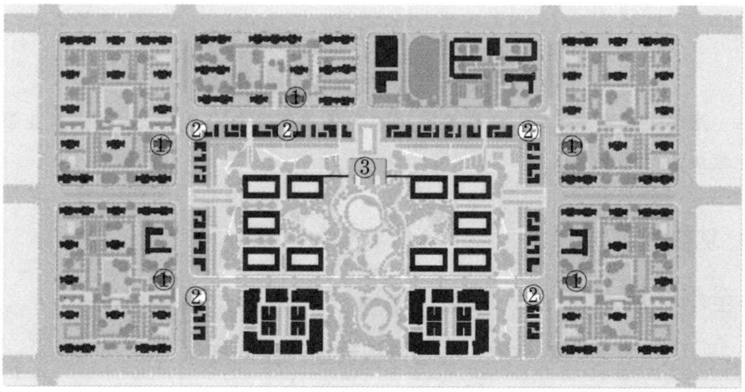

①日常照顾型适老化配套；②文化娱乐型适老化配套；③健康照护型适老化配套

图 4－21　全龄社区适老配套分布

资料来源：上海万科养老地产模式研究。

表 4－8　全龄社区适老配套

图例	名称	设施内容	服务内容
①	日常照顾型适老化配套	适老服务站、老年食堂（第五食堂）、日常护理中心	主要分布在适老建筑群中，主要为社区老年人提供餐饮服务、清洁服务、日间照料、紧急救助等居家生活服务；设置于适老高层底层，可与公共服务配套综合设置
②	文化娱乐型适老化配套	老年棋牌室、老年阅览室、老年大学、老年活动中心等	主要分布在商业带上，为生活自理老人提供学习、娱乐服务
③	健康照护型适老化配套	介护机构，包括健康管理中心、医疗体检中心等	主要分布在养老公寓板块，为自理老年人提供健康管理、健康咨询服务，为介护、介助老人提供照顾护理服务

资料来源：上海万科养老地产模式研究。

（四）交通分析

考虑老人 10 分钟步行疲劳极限，沿活力轴及公交站点附近设置电瓶车。

考虑老人健身散步要求，沿活力公园带设置健身散步道。

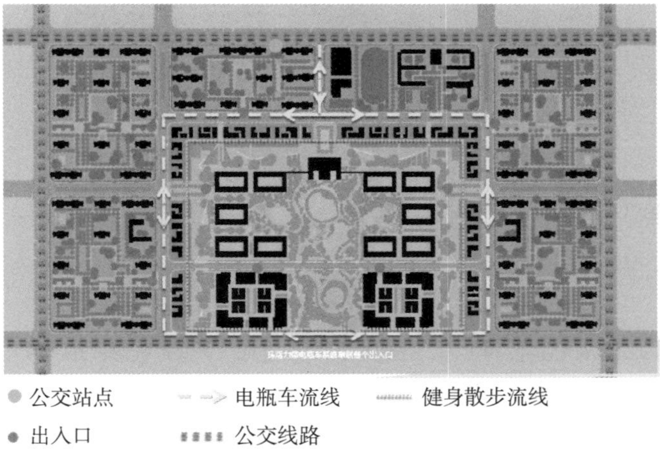

图 4－22　全龄社区交通分析图

资料来源：万科养老地产模式研究。

（五）景观结构

通过构建景观结构（中央公园—活力公园带—居住绿化组团），全方位满足全龄客群的休闲运动、度假休憩、社区交往等多元景观需求。

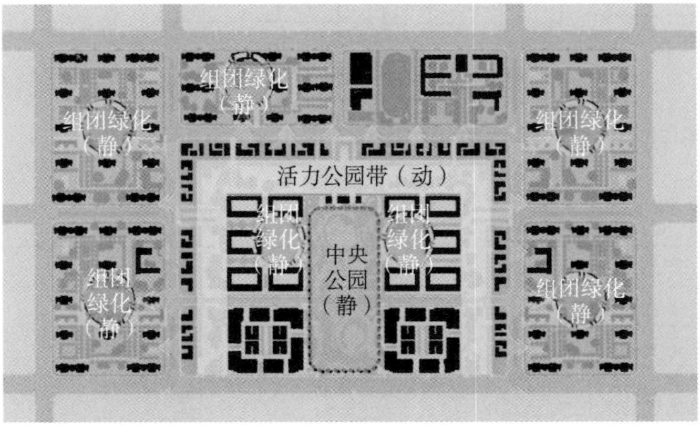

图 4－23　全龄社区景观分析图

资料来源：万科养老地产模式研究。

（六）目标客群

万科全龄社区的目标市场是全年龄阶层，包括商务群体、白领阶层、养老群体及购买第二、第三居所的投资群体（包括候鸟度假客群）。

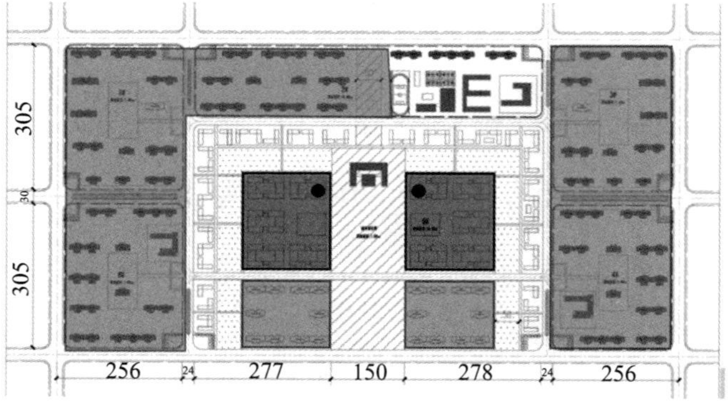

适老化住宅：年轻人、自理老人、介助老人；● 介护机构：介护老人；

老年公寓：自理老人、介助老人

图 4－24　全龄社区依托功能分区设定的人群结构分布

资料来源：万科养老地产模式研究。

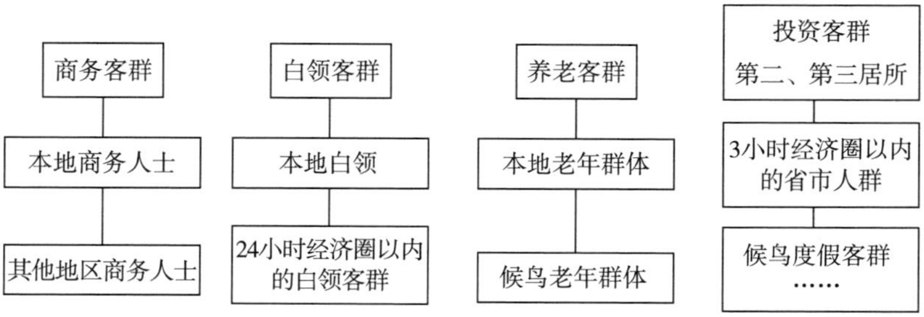

图 4－25　全龄社区目标客群

三、万科全龄社区运营模式

表 4－9　万科全龄社区运营模式

产品		客群定位	运营模式	备注
地产	普通住宅	全龄人群	产权出售	—
	适老高层住宅	自理老人、介助老人	销售：50% 持有：50%	—
	低密度适老化住宅	自理老人、介助老人、介护老人		
	养老公寓	以自理老人为主		

续表

产品		客群定位	运营模式	备注
适老配套设施	日常照顾型适老化配套：适老服务站、老年食堂、日常护理中心	自理老人、介护老人、介助老人	全周期持有	配套设施使用费，按会员制收费或按使用次数收取
	文化娱乐型适老化配套：老年棋牌室、老年阅览室、老年大学等	全生命周期的活动空间	全周期持有	专业物业服务，按专项服务收取
	健康照护型适老化配套：健康管理中心、医疗体检中心等	介护老人、介助老人	阶段性持有 租赁模式	收取物业管理费（按建筑面积收取）
商业配套	商铺	全龄人群	销售 + 自营	依市场情况而定

第三节　候鸟分权模式与重庆 MRE 链接，开启大众旅居时代

重庆美尔投资有限公司推出 MRE 分权度假产品，即把 MRE 自营或加盟的酒店的一间客房或度假村的一套度假公寓的产权分成 10 份销售给客户。购买客群拥有酒店客房或度假公寓的 1/10 产权（产权能够转让、继承和买卖），以及 40 年 28 天全球 MRE 四星级或五星级酒店积分换住的权益，同时享有 MRE 赠送的中国人保 20 年养老保险一份，以及度假房产异地装修、后期维护等服务。

候鸟分权模式与重庆 MRE 链接，是以四大候鸟客群为主体，以 MRE 分权度假模式为主题，针对四大候鸟客群度假需求制订候鸟 MRE 计划，并依据各候鸟群体的投资偏好分析各种度假业态与 MRE 分权模式的嫁接。以市场为导向的候鸟 MRE 计划能让度假地产开发商实现短期回现和长期收益，也能满足部分度假客群的多元化消费需求，在一定程度上为度假地产创新发展提供了参考。

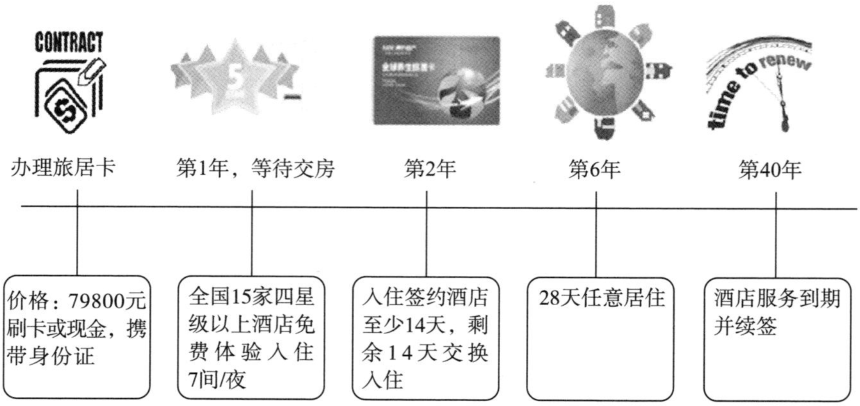

图 4－26　MRE 分权度假模式

资料来源：美尔地产分权度假官网。

一、雨燕计划与重庆 MRE 的链接

雨燕类客群为 20～35 岁年龄段的人群，受度假资金限制和日益增长的度假需求的影响，一般会选择生态环境良好、消费层次适中的度假目的

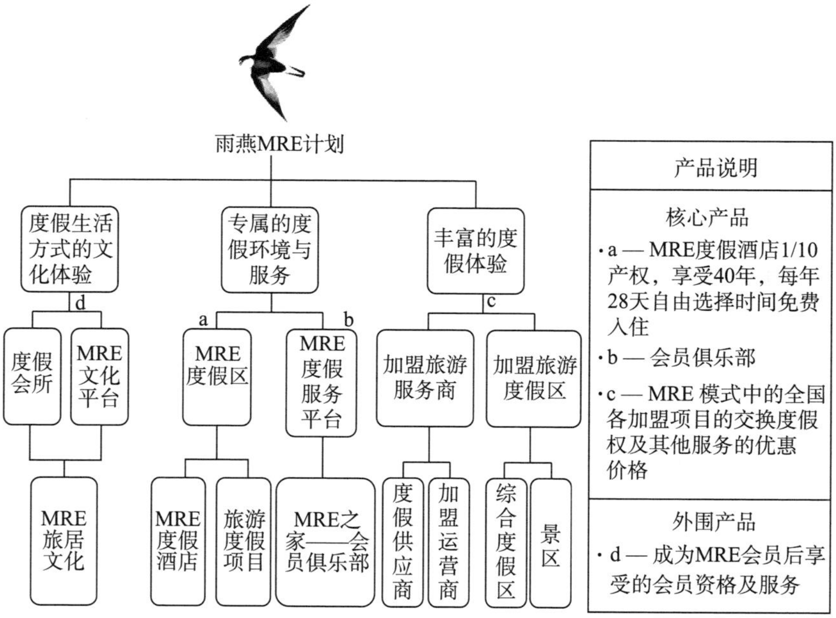

图 4－27　雨燕 MRE 计划

地，如重庆、云南等地，同时借助 MRE 的换住平台，享受全国换住服务。由于这类人群度假、理财意愿较强，属于分权度假的潜在客户。

针对雨燕类客群旺盛的度假需求以及较高的理财意愿，本书提出雨燕 MRE 计划。

表 4－10 雨燕 MRE 计划旅居模式

度假产品	产品	房价	全球换住积分	
			1～5 年（前 5 年每年 14 天换住）	6～10 年（第 6 年开始每年 28 天换住）
云南腾冲美尔翡翠皇冠假日酒店	79800 元	318 元/天	318 元/天×14 天＝4452 元	318 元/天×28 天＝8904 元
重庆金佛山画家村	119800 元	398 元/天	398 元/天×14 天＝5572 元	398 元/天×28 天＝11144 元
积分换住	云南腾冲美尔——→重庆金佛山 4452/398≈12 天 第 1 年至第 5 年，购买云南腾冲美尔的雨燕类客群必须在购买项目入住 14 天，剩余的 14 天，可以积分的方式兑换到其他项目入住。雨燕类客群持有的 4452 积分，可以到重庆金佛山画家村入住 12 天			

资料来源：美尔旅居产品推介。

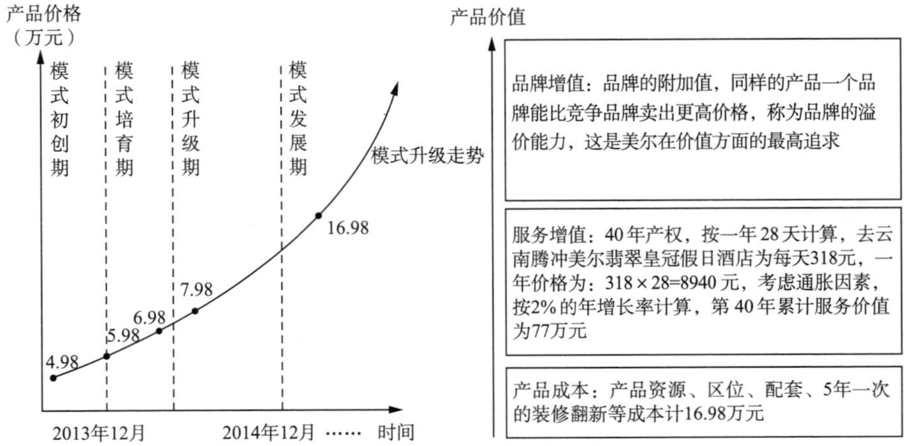

图 4－28 雨燕 MRE 计划产品增值分析

资料来源：美尔旅居产品推介。

表 4－11　雨燕 MRE 计划产品增值表

度假产品	产品售价	现酒店年平均房价	年度积分	年价值回报率	年通货膨胀率	第 40 年价值回报总额	第 40 年价值回报倍数
	人民币（元）	元/天	现酒店平均房价×28 天	年度积分/产品售价	按平均每年 2% 计算	$(1+2\%)^{39}$×40 年×年度积分	40 年价值回报总额/产品售价
云南腾冲美尔翡翠皇冠假日酒店	79800	318	8904	11.16%	2%	771086	9.66
重庆金佛山画家村	119800	398	11144	9.30%	2%	965070	8.06
MRE 重庆、云南等地其他在售项目……							

资料来源：美尔地产分权度假官网。

二、白鹭计划与重庆 MRE 的链接

白鹭类客群为 30～45 岁的人群，收入稳定，兴趣较为专注，生活上以家庭为主，关注生活品质和度假品质，投资理财意愿较高，一般会选择生态环境良好、度假品质较高的目的地，如海南等地。白鹭类客群是 MRE 的主要客户群体，针对其生活品质和度假品质，提出白鹭 MRE 计划。

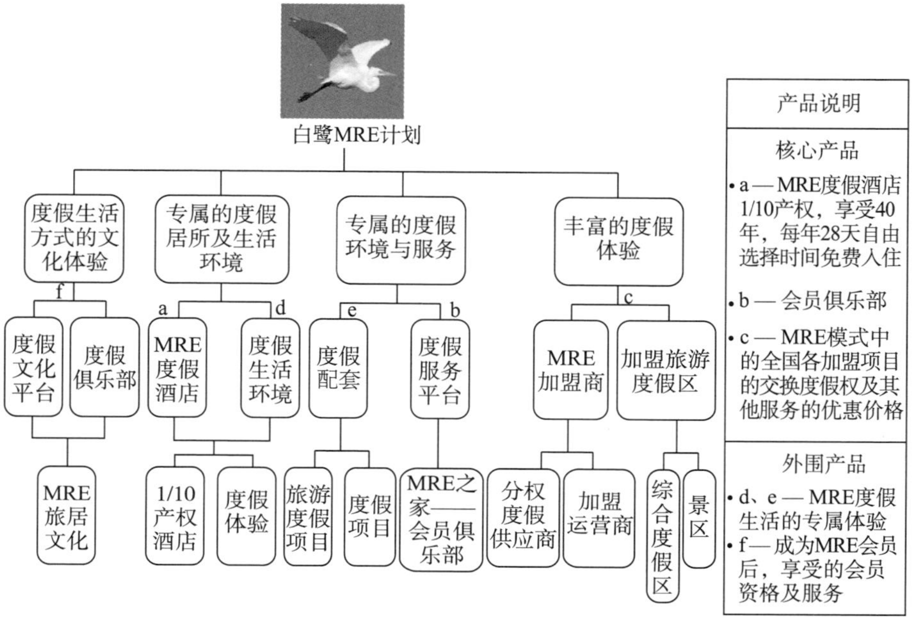

图 4－29　白鹭 MRE 计划

白鹭类客群投资的度假业态一般为度假酒店。度假酒店业态（主要强调非 MRE 度假酒店）与 MRE 分权模式的链接分析如下：

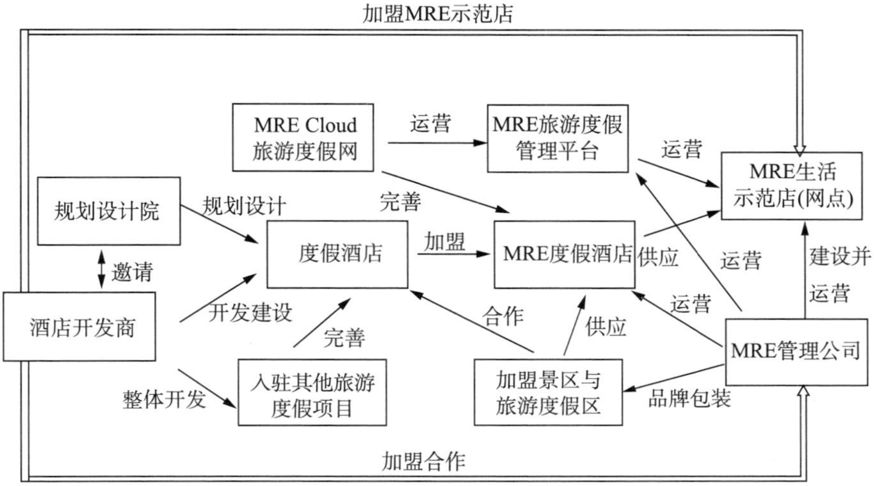

图 4－30　白鹭类客群投资的度假酒店业态与 MRE 分权模式的链接

在 MRE 旅居上，白鹭类客群会选择度假品质较高的海南、云南等地，同时借助 MRE 的换住平台，享受全球换住服务。

表 4－12　白鹭 MRE 计划旅居生活

<table>
<tr><td rowspan="2">度假产品</td><td rowspan="2">产品价格</td><td rowspan="2">房价</td><td colspan="2">全球换住积分</td></tr>
<tr><td>1～5 年
（前 5 年每年 14 天换住）</td><td>6～10 年
（第 6 年开始每年 28 天换住）</td></tr>
<tr><td>海南海阔天空子爵公馆</td><td>119800 元</td><td>398 元/天</td><td>398 元/天×14 天＝5572 元</td><td>398 元/天×28 天＝11144 元</td></tr>
<tr><td colspan="5">MRE 海南、云南等地其他在售项目……</td></tr>
<tr><td>积分换住</td><td colspan="4">海阔天空子爵公馆——→MRE 全球换住酒店　5572 元/酒店时价
第 1 年至第 5 年，购买海阔天空子爵公馆的白鹭客群必须在购买项目入住 14 天，剩余的 14 天，以积分的方式兑换到全球其他 MRE 项目入住</td></tr>
</table>

资料来源：美尔旅居产品推介。

表 4－13　白鹭 MRE 计划产品增值表

度假产品	产品售价	现酒店年平均房价	年度积分	年价值回报率	年通货膨胀率	第 40 年价值回报总额	第 40 年价值回报倍数
	人民币（元）	元/天	现酒店平均房价×28 天	年度积分/产品售价	按平均每年 2%计算	$(1+2\%)^{39}\times 40$ 年×年度积分	40 年价值回报总额/产品售价
海南海阔天空子爵公馆	119800	398	11144	9.30%	2%	965070	8.06

资料来源：美尔地产分权度假官网。

三、鸿雁计划与重庆 MRE 的链接

鸿雁类客群为 60～75 岁收入较高的老年、离退休人群。他们晚年生活压力较小，度假需求较高，一般会选择生态环境良好、养生养老度假品质较高的目的地，如海南、云南、泰国、马来西亚等地。鸿雁类客群是 MRE 的主要客户群体，针对其养老养生度假需求，提出鸿雁 MRE 计划。

鸿雁类客群投资的度假业态一般为养老养生度假综合体。本书以乡村型养老养生度假综合体为例，分析其与 MRE 分权模式的链接。

鸿雁类客群会选择温泉康疗、医疗保健、山水养生、乡村休闲等养老养生度假综合体进行旅居生活，同时借助 MRE 换住平台，享受全国旅居服务，以及泰国、马来西亚等近距离国家旅居服务。

表 4－14　鸿雁 MRE 计划旅居生活

<table>
<tr><th rowspan="2">度假产品</th><th rowspan="2">产品价格</th><th rowspan="2">房价</th><th colspan="2">全球换住积分</th></tr>
<tr><th>1～5 年
（前 5 年每年 14 天换住）</th><th>6～10 年
（第 6 年开始每年 28 天换住）</th></tr>
<tr><td>普吉岛美尔双沙旅居酒店</td><td>198000 元</td><td>498 元</td><td>498 元/天×14 天＝6972 元</td><td>498 元/天×28 天＝13944 元</td></tr>
<tr><td colspan="5">MRE 海南、泰国等地其他在售项目……</td></tr>
<tr><td colspan="2">积分换住</td><td colspan="3">普吉岛美尔双沙——→MRE 全球换住酒店　6972 元/酒店时价
第 1 年至第 5 年，购买普吉岛美尔双沙旅居酒店的鸿雁客群每年必须在购买项目入住 14 天，剩余的 14 天，以积分的方式兑换到全球其他 MRE 项目入住</td></tr>
</table>

资料来源：美尔旅居产品推介。

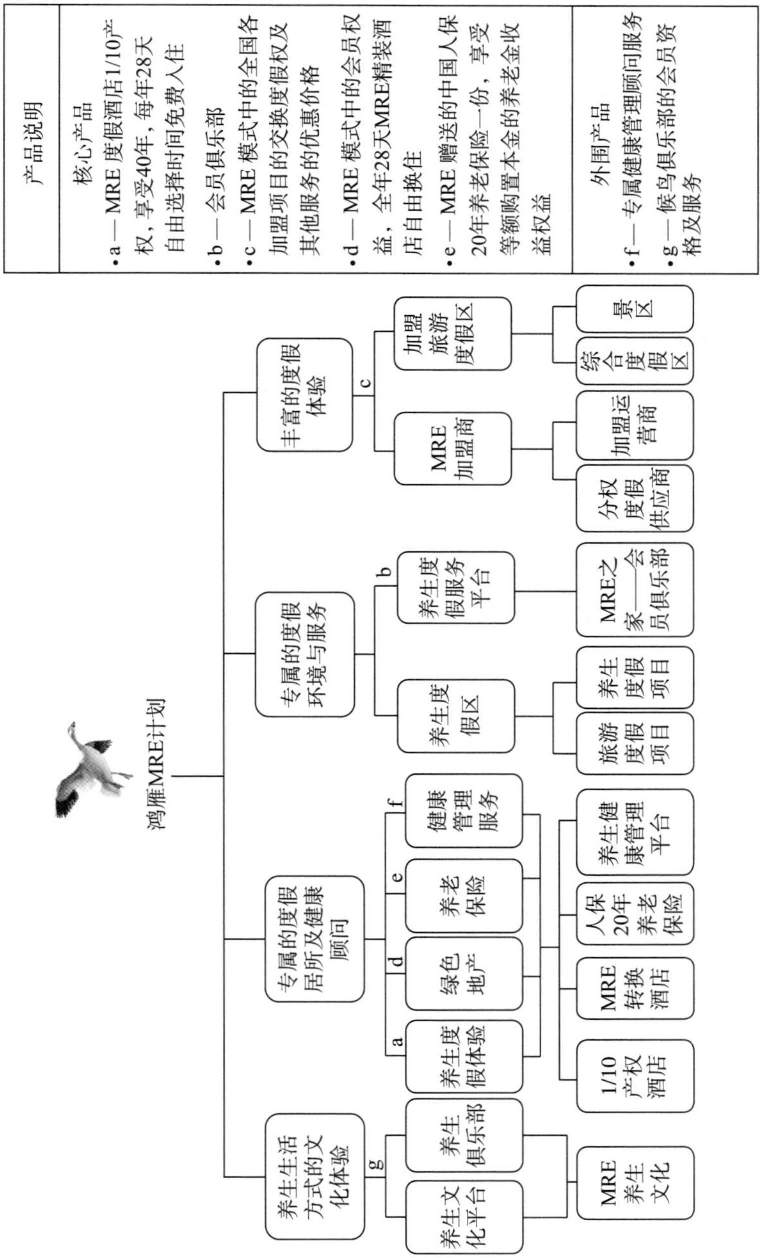

图4－31 鸿雁MRE计划

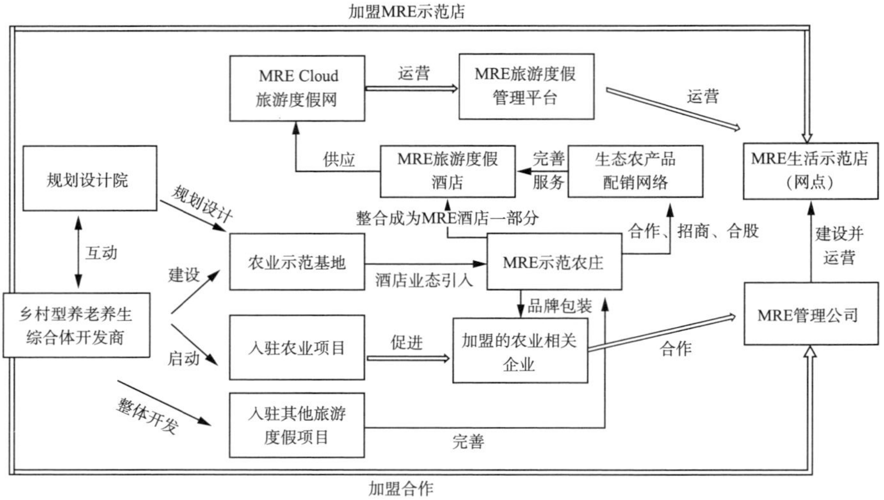

图4－32　鸿雁类客群投资的乡村型养老养生度假综合体与MRE分权模式的链接

表4－15　鸿雁MRE计划产品增值表

度假产品	产品售价	现酒店年平均房价	年度积分	年价值回报率	年通货膨胀率	第40年价值回报总额	第40年价值回报倍数
	人民币（元）	元/天	现酒店平均房价×28天	年度积分/产品售价	按平均每年2%计算	$(1+2\%)^{39}\times$40年×年度积分	40年价值回报总额/产品售价
普吉岛美尔双沙旅居酒店	198000	498	13944	7.04%	2%	1207550	6.10

资料来源：美尔地产分权度假官网。

四、天鹅计划与重庆MRE的链接

天鹅类客群为40～55岁的中年人，他们文化素质较高，理财意识强，其收入和社会地位较高。他们不仅关注生活品质，也关注投资收益和资金利用的情况。他们的度假目的地一般会选择生态环境良好、养生养老度假品质较高的地方，如东南亚等地。天鹅类客群是MRE的重要客户群体，针对其养生养老度假需求和较高的投资置业需求，提出天鹅MRE计划。

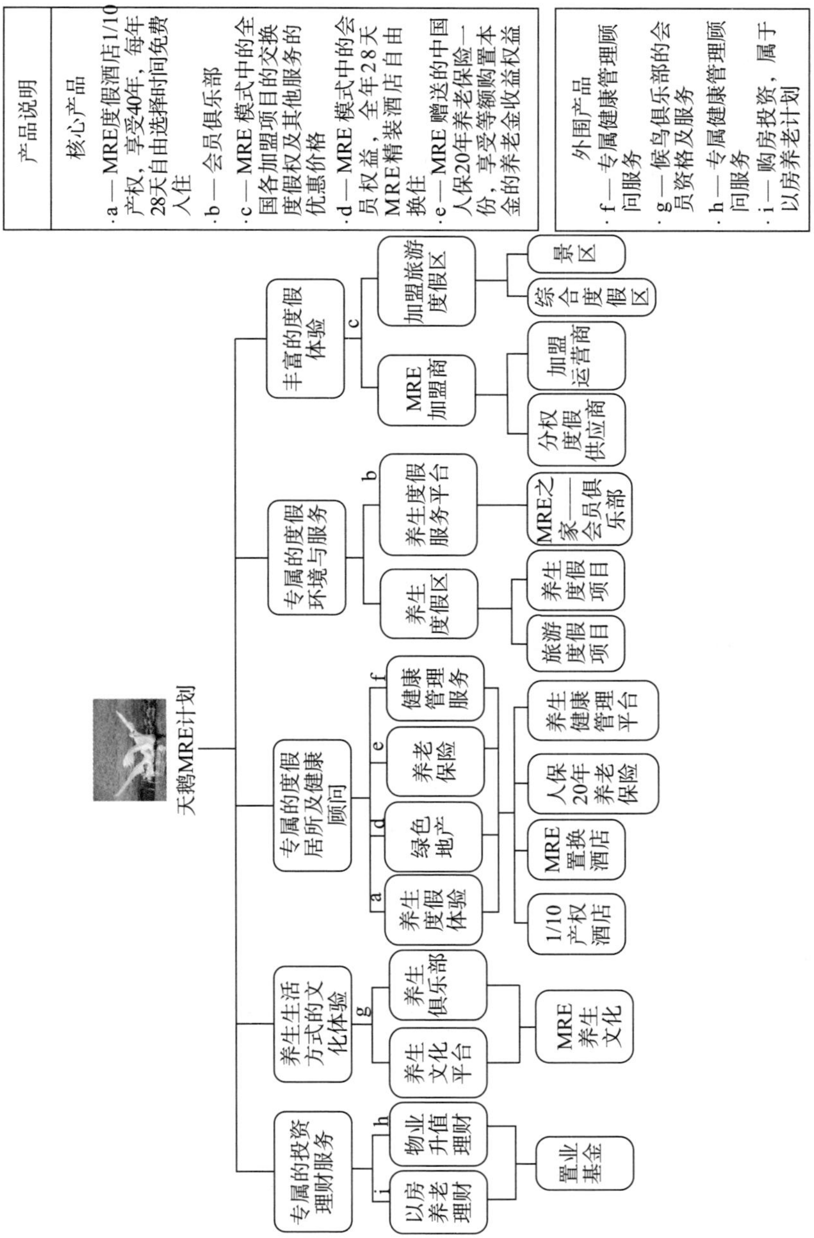

图4－33 天鹅MRE计划

天鹅类客群家庭投资中进取型理财产品、稳健型理财产品与保守型理财产品的比例约为3∶5∶2。年度假资金占稳健型理财收益的40%。天鹅类客群投资的度假业态一般为度假综合体（包括养老养生度假综合体）。度假综合体业态与MRE分权模式的链接分析如下：

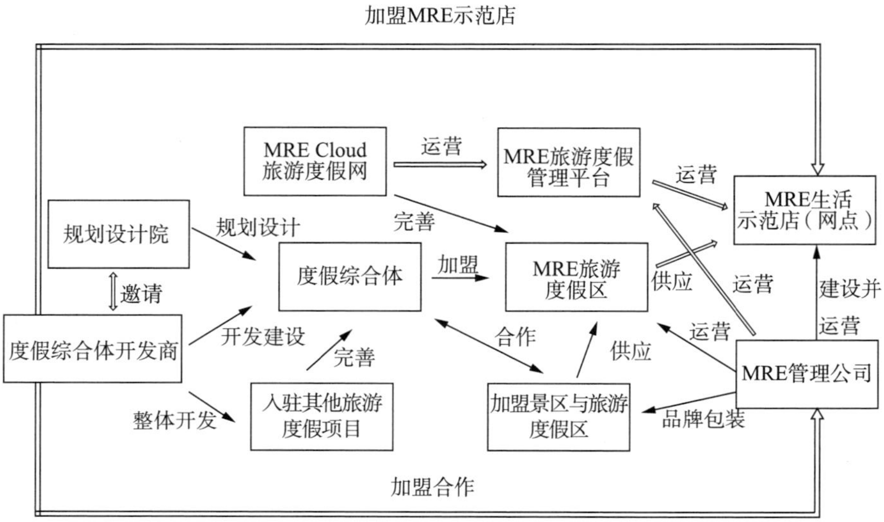

图4－34　天鹅类客群投资的度假综合体与MRE分权模式的链接

考虑家庭度假因素，度假综合体需要完善游憩娱乐、运动休闲项目，以及养生理疗、中医理疗、美容美体等养生设施配套。天鹅类客群一般会选择东南亚等地进行旅居生活，同时借助MRE换住平台，享受全球旅居服务。

表4－16　天鹅MRE计划旅居生活

<table>
<tr><td rowspan="2">度假产品</td><td rowspan="2">产品价格</td><td rowspan="2">房价</td><td colspan="2">全球换住积分</td></tr>
<tr><td>1～5年
（前5年每年14天换住）</td><td>6～10年
（第6年开始每年28天换住）</td></tr>
<tr><td>普吉岛
翡翠天堂</td><td>198000元/天</td><td>498元/天</td><td>498元/天×14天＝6972元</td><td>498元/天×28天＝13944元</td></tr>
<tr><td colspan="5">MRE泰国、马来西亚等地其他在售项目……</td></tr>
<tr><td colspan="2">积分换住</td><td colspan="3">普吉岛翡翠天堂──→MRE全球换住酒店　6972元/酒店时价
第1年至第5年，购买普吉岛翡翠天堂的天鹅类客群每年必须在购买项目入住14天，剩余的14天，以积分的方式兑换到全球其他MRE项目入住</td></tr>
</table>

资料来源：美尔旅居产品推介。

表 4-17　天鹅 MRE 计划产品增值表

度假产品	产品售价	现酒店年平均房价	年度积分	年价值回报率	年通货膨胀率	第 40 年价值回报总额	第 40 年价值回报倍数
	人民币（元）	元/天	现酒店平均房价 × 28 天	年度积分/产品售价	按平均每年 2% 计算	$(1+2\%)^{39}$ × 40 年 × 年度积分	40 年价值回报总额/产品售价
普吉岛翡翠天堂	198000	498	13944	7.04%	2%	1207550	6.10

资料来源：美尔地产分权度假官网。

五、候鸟 MRE 计划运营分析

候鸟 MRE 计划的运营策略以产权销售为主，即将度假物业（酒店、农庄、度假社区、度假公寓等）的产权按照 1/10 比例进行出售。在前期运营过程中，度假地产开发商可以通过加盟 MRE 分权度假交换系统，创建候鸟生活示范店，借助庞大的会员平台，推广候鸟 MRE 旅居生活模式，进而撬动市场。

候鸟 MRE 计划能满足度假客群的度假和投资理财等多重需求，同时让开发商获得多重收益。一是 MRE 度假卡销售中的短期回现；二是房产溢价收益；三是度假房产经营收益，日常经营度假房产的收益也是开发商的重要盈利部分；四是土地溢价和房产增值收益。

开发商通过候鸟 MRE 计划能实现短期回现和长期收益，同时候鸟 MRE 计划也能满足部分度假客群的多元化消费需求，是一种双赢模式。

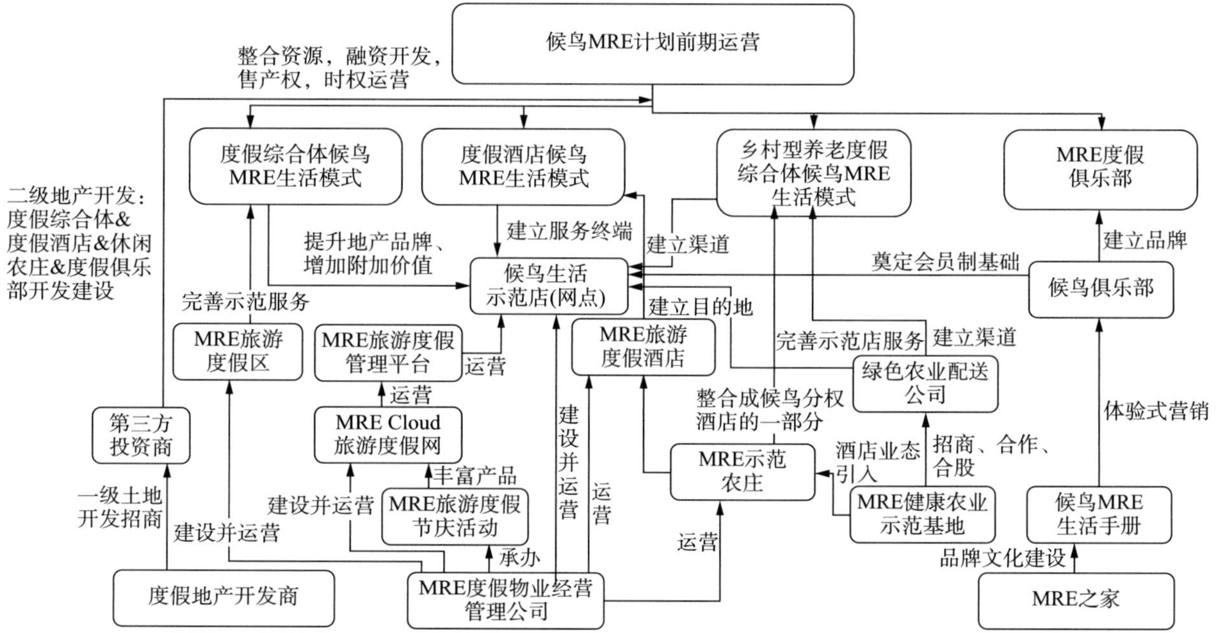

图 4－35　候鸟 MRE 计划前期运营策略——创建候鸟生活示范店

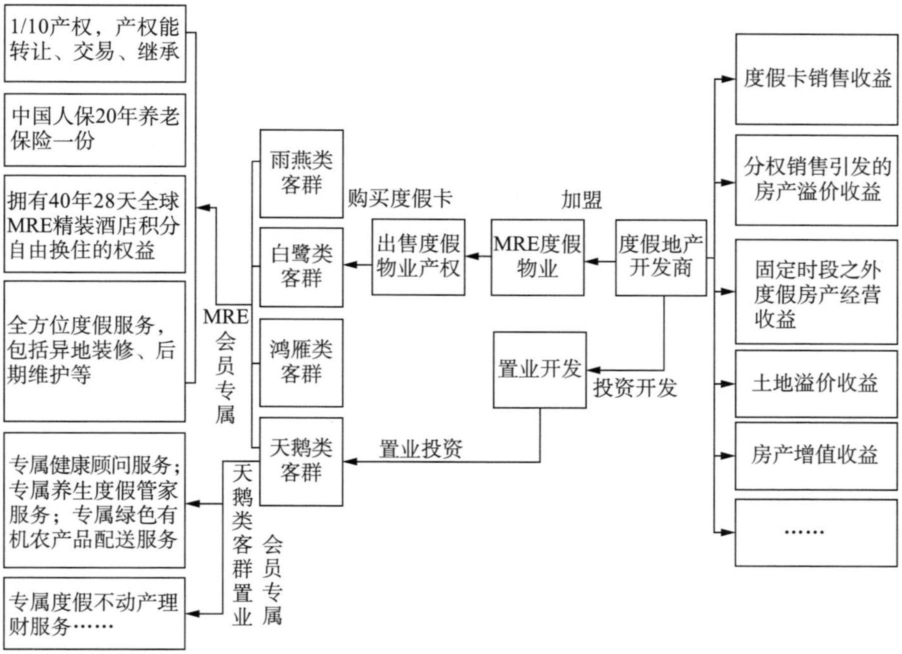

图4－36 候鸟MRE计划双赢效果

第四节 山东蓬达度假网开启度假地产金融化经营时代

山东蓬达度假网是将度假系统内全国四星级酒店剩余客房入住权益设计成CPE度假卡，依托蓬达酒店体系，与达安国际度假交换亚洲有限公司（DAE）战略合作，为会员提供国内外度假交换。

一、山东蓬达度假网金融化经营模式分析

（一）构建庞大的度假系统平台

山东蓬达度假网以自建度假酒店为主体，吸纳加盟酒店及度假村，并与度假交换组织DAE战略合作，开发度假交换系统平台，将系统内的国内

度假酒店按照地理区位、交通条件、酒店软硬件设施等分为 3S、4S、5S、6S、7S、8S 六个等级[1]。

（二）推出特色金融化产品

CPE 度假卡已在杭州叁点零易货交易所成功上市，将全国四星级酒店剩余客房入住权益像股票、期货一样进行上市交易，使中国的酒店客房实现资本化、金融化；同时推出易货币易通，以酒店客房上市交易价格为基本货币，进行酒店用品的易货交易，可以用酒店建设用料和消耗用品置换酒店客房。

（三）创建家家度假全国度假公寓租赁平台

为度假者提供线上预订、线下度假服务，也为中小投资者的不动产提供居家式管家服务和闲置房产经营分红增值服务。

通过度假地产金融化运营的方式，将度假卡期货化、证券化，进行上市交易，度假者进行交割后，按照酒店相应等级挑选入住；还可以将酒店空置时间通过家家度假全国度假公寓租赁平台进行租赁，获得酒店间夜权，进行全国或全球度假换住；同时，度假卡还能作为金融衍生品进行交易，具有保值增值功能，可以满足度假者的度假与投资双重需求。

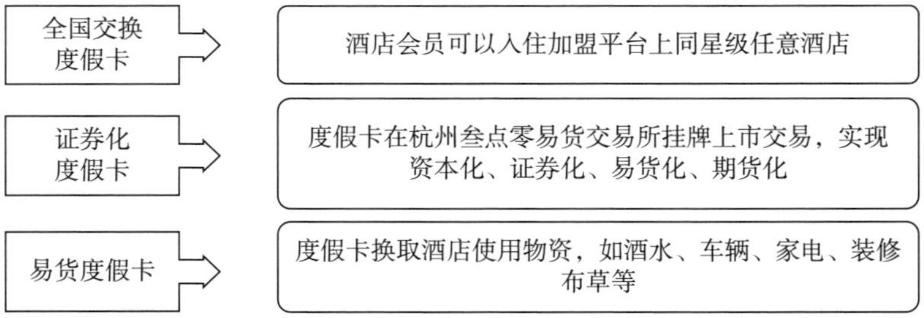

图 4-37　山东蓬达度假网金融化经营模式

资料来源：中国度假交换联盟。

---

① 3S，即 SEISOU（清扫）、SEIKETSU（清洁）、SHITSUKE（素养）；4S，即 SEIRI（整理）、SEITON（整顿）、SEISO（清扫）、SEIKETSU（清洁）；5S，即 4S + SHITSUKE（素养）；6S，即 5S + SECURITY（安全）；7S，即 6S + SAVE（节约）；8S，即 7S + STUDY（学习）。

二、山东蓬达度假网运营模式分析

表 4－18　山东蓬达度假网运营模式分析

度假物业	自营 15 家滨海高端酒店，其他度假酒店加盟 中小投资业主投资的度假公寓加盟，度假公寓、度假村开发商加盟
产品	CPE 度假卡
运营模式	酒店入住权益证券化，通过上市交易，业主交割后，一张 CPE 度假卡 5 间夜，依照酒店级别进行交换 业主将公寓放在家家度假租赁，返租时拥有 160 间夜，依照酒店级别进行交换
交换模式	依照 3S、4S、5S、6S、7S、8S 六个等级进行交换
物业管理	家家度假全国度假公寓租赁平台为全国各地的旅游不动产投资者提供全方位的居家度假式管家服务，也管理所有自营酒店
投资价值	消费者用入住经济酒店的钱住星级酒店，且能全球换住；度假卡能作为金融衍生品进行交易，具有保值增值功能；度假、住宿、易货交易一卡通

资料来源：度假交换系统运行模式探索－绿维创景。

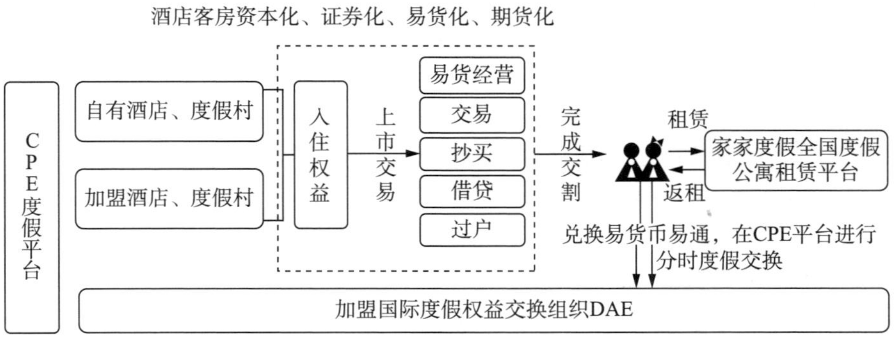

图 4－38　山东蓬达度假网运营流程图

第五节　旅居财富网以 O2O2O 模式引领度假地产互联网经营创新

旅居财富网是以满足中高收入阶层对度假地产投资理财和休闲度假双重需求为目的，借助休闲旅游、文化创意、度假地产、养生养老、运动娱乐等多元产业供应链，创新 O2O2O 运作模式，打造度假地产及休闲度假产品 B2B 在线交易和资讯平台。

一、旅居财富网的核心产品

旅居财富网以互联网为平台，借助专业的线上、线下业务系统，为度假地产项目功能定位、休闲度假物业营销推广、旅游度假项目招商引资、企业旅游度假地产开发及招商、居民投资理财与旅居度假等提供全方位服务。

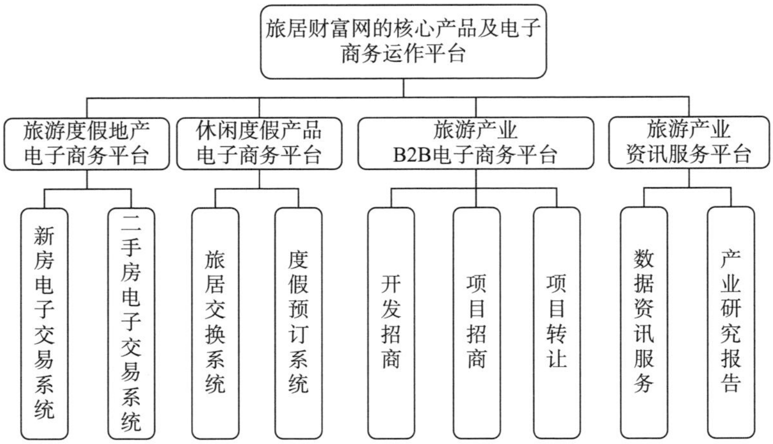

图 4－39　旅居财富网的核心产品及电子商务运作平台

资料来源：旅居财富网。

（一）休闲度假产品

构建休闲度假电子商务平台，为业主提供旅居交换和度假预订服务。旅居财富网休闲度假产品共分布在国内外 100 多座城市，按类型分为两类，即候鸟式养生度假物业和“5＋2”城郊度假物业。

1. 候鸟式养生度假物业

国内外旅游度假城市或度假区，适合避寒、避暑、养生养老等度假物业。

（1）滨海度假地产：分布在山东、海南等地。

（2）山水度假地产：分布在云南、安徽、海南等地。

（3）生态养老度假地产：主要分布在山东等地。

2. "5+2"城郊度假物业

地处城市1~3小时生活圈内，周末和节假日期间城郊型休闲度假目的地，主要分布在北京、南京、杭州、宁波等地。

（二）旅游地产产品

1. 旅游房产

构建新房交易系统、二手房交易系统，提供最新热销楼盘交易信息、二手房买卖信息、项目招商转让信息，是旅游度假地产开发商、销售代理商与旅游度假房产中小投资业主的交易平台。国内旅游度假房产主要分布在山东、海南等地；海外旅游度假房产主要分布在澳大利亚、菲律宾、韩国等国家。

2. 投资类产权物业

分布在国内二、三线旅游城市（黄山、南宁、桂林等）、景区等的各类产权式销售物业（产权酒店、酒店式公寓等），委托管理公司经营或返租，可获赠免费入住权益（每年一定时间段）。

（三）旅游产业资讯服务

构建旅游产业资讯服务平台，提供与中国旅游产业相关的社会经济、社会文化、区域发展等宏观环境信息，以及金融、房地产、旅游等相关行业的市场动态。

（四）旅游产业开发信息

构建旅游产业B2B电子商务平台，提供各旅游城市、旅游度假区的发展动态，打造中国区域旅游规划、投资开发、招商引资信息平台①。

二、旅居财富网的运作模式

旅居财富网借助互联网新媒体平台，提供从项目功能定位、前期开发，到后期的销售、租赁、度假预订、度假交换、物业管理等多项服务。旅居财富网仅充当资源整合者的角色，自身不参与度假地产开发、度假地

---

① 旅游地产产品［EB/OL］. 旅居财富网. http://www.5u588.com/.

产物业管理。在运营过程中借助互联网平台，吸纳度假酒店、度假村、旅游房地产开发公司、中小投资业主、物业管理公司、旅行社门店等加盟，并构建电子交易平台，为业主提供“销售+租赁+托管+交换”的一站式服务。度假业主的运作模式可概括为“销售+租赁+托管+交换”的一站式运作模式；地产开发商的运作模式可概括为“投资咨询+前期开发+销售租赁+宣传营销”的全程服务模式。

（一）“销售+租赁+托管+交换”的一站式运作模式①

表4-19 “销售+租赁+托管+交换”的一站式运作模式

产权物业	休闲度假产品：度假物业，包括度假酒店、度假公寓、度假别墅等 旅游地产产品：旅游房产、产权物业（包括产权酒店、酒店式公寓等）
客源	具有休闲度假与置业投资双重需求的中高收入阶层
销售+租赁	购买产权物业的业主，享有地产产权。对于异地地产，业主可将物业空置时间依托旅居财富网的电子系统进行物业托管，获得租金收益；还可以借助旅居财富网的内部度假交换系统实现度假交换
托管	旅居财富网仅充当资源整合者的角色，自身不参与度假地产物业管理。物业管理由第三方物业管理公司（酒店管理公司、物业托管公司等）经营，物业租金与业主按比例分成，同时业主获得每年一定期限的免费入住权益；旅居财富网作为产业链整合者，也获得各部分的服务收益
交换	旅居财富网采取分时度假点数制的度假交换模式。会员业主把所属物业的客房资源在交换系统上登记，交换系统按照1元等于1点的标准进行等值点数换算，并最终折合成总点数充值到会员账户。会员业主在休闲度假电子商务平台上进行度假预订或交换，酒店客房费用由交换平台直接从会员账户中扣除等值点数
旅居财富网盈利	产权物业、物业管理公司加盟费，产权物业销售分成，部分租金收益等
度假业主的利益	减少了异地购买产权物业的风险性，避免了异地物业的高空置率，还能获得租金收益，以及度假交换权益
该运作模式存在的风险和缺陷	旅居财富网仅充当资源整合者的角色，自身不参与度假地产开发和度假地产物业管理。度假地产及物业管理均为第三方，因此业主异地购买会存在一定的风险 旅居财富网的度假交换系统为内部交换系统，度假交换条件及交换范围会有一定的限制

① 度假交换系统模式探索—绿维创景［EB/OL］. http：//wenku. baidu. com/link？url = s－fi FOsZ6kvQ3xtwEiANeEdGJQI7FkmT825k8QSAnmZTfMPG7whwxjXM6PtfPsc 8BkwWxo6O4jnwT _ CWgmaWj8ZpI7je9AMN－SGBeK_ SMPm，2014.

（二）“投资咨询＋前期开发＋销售租赁＋宣传营销”的全程服务模式

表 4－20 “投资咨询＋前期开发＋销售租赁＋宣传营销”的全程服务模式

服务业态	旅游度假区、旅游城市、旅游风景区、旅游房地产、度假地产等
服务客群	旅游房地产开发商、度假地产开发商、旅游产业投资商等
投资咨询	提供各休闲度假目的地的发展规划、投资信息等内容，与中国旅游产业、度假地产业投资相关的经济、文化、区域发展和交通/技术等宏观环境信息，以及金融、房地产、旅游等相关行业的市场动态
前期开发	项目功能定位： 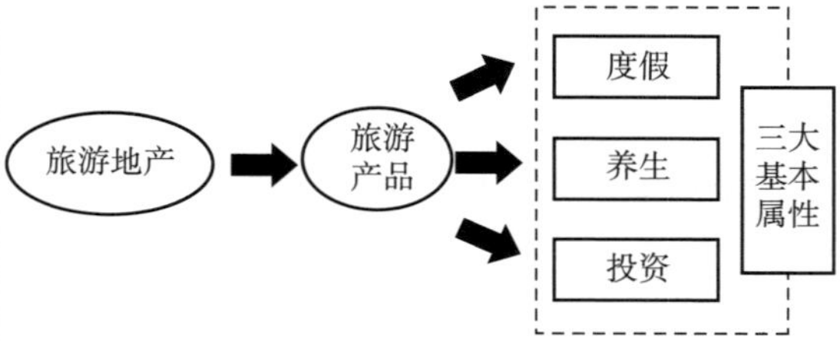 根据项目的功能定位进行产品定位和市场定位，制定完善的度假配套及项目营销思路，并提供后续运营管理服务
销售租赁	依托加盟的旅行社门店，对旅游房地产、度假地产等进行销售，并通过加盟的物业管理公司将销售后的物业重新出租
宣传营销	线上、线下 O2O2O 电商营销，以 300 家旅行社门店为主，形成覆盖社区及旅游度假群体的销售网络；同时举办销售活动，通过互联网的传播力度扩大影响力
旅居财富网盈利	旅行社、物业管理公司加盟费，度假地产、旅游房地产销售代理费，前期开发费用、投资咨询费用，后期运营顾问费用等
备注	旅游度假网会指导旅行社设计度假置业游产品，并负责所有签约旅行社各门店和导游的培训工作等，以及对物业管理业务人员提供培训

三、旅居财富网 O2O2O 互联网经营模式

旅居财富网以互联网为平台，借助 300 家旅行社门店等分销渠道资源，构建 O2O2O 经营模式，是从线上到线下，再回到线上的完整闭环，打通了度假地产从销售到运营，再到度假交换的全产业链环节。

第一个“O”——Online：在线力推旅行社“度假置业游”和度假地产商“旅居度假游”；同时联合度假地产项目运营公司入驻平台，在线设立“业主物业委托租赁系统”，提高度假物业“入住率”。

第二个“O”——Offline：首先是旅行社提供的线下服务，然后是物

业运营公司在度假客群度假过程中提供的管家式服务和社区服务。①

图 4－40　旅居财富网 O2O2O 互联网经营模式

第三个“O”——Online：回到线上，旅居财富网构建了“旅居交换系统”，为度假者提供线上度假旅居交换服务。

四、旅居财富网成功运营案例分析

表 4－21　旅居财富网成功运营案例分析

项目介绍	中南西海岸项目，位于海南儋州 项目地开发面积 12000 亩，规划总建筑面积约 700 万平方米	
项目定位	休闲度假产品：候鸟式养生度假物业，如产权式酒店公寓、度假别墅等	
签约时间	2012 年 10 月，项目开发商与旅居财富网签署旅游度假地产全程服务协议	
运作系统	网络销控系统	构建在线售楼中心，业务包括度假房产展示、度假房产销控、在线选房和分销系统
		分销系统通过独立营销网店帮助房地产代理商在代理区域销售
		拓展海口旅行社门店，通过网络销控终端，以度假置业游产品，在海口市场销售
经营方式	凭借度假预订系统和旅居交换平台，以及旅行社门店资源，吸引客源，盘活项目	
业主服务	度假交换、房产租赁、房屋二手交易	
项目运营效果	2012 年 12 月单月销售 500 多套，2013 年 1—6 月实现约 5 亿元销售额	

资料来源：旅游地产异地营销创新模式。

① O2O2O，看旅游地产如何打造闭环！［EB/OL］．http：//www.shbiz.com.cn/Item/234772.aspx，2014－05－27.

第六节　成都三圣乡五朵金花引领乡村型度假综合体发展

成都三圣乡五朵金花，是指由红砂、幸福、万福、驸马、江家堰、大安桥六个行政村组成的五大乡村旅游区块共同打造的乡村型度假综合体，现已成为国内著名的乡村休闲度假区。

一、依托特色化的乡村主题打造核心吸引力

五朵金花成功的关键在于核心吸引力的打造。在乡村休闲主导下，五朵金花依托每个乡村的产业基础，打造特色化的休闲业态和休闲配套，形成“花乡农居”“幸福梅林”“江家菜地”“东篱菊园”“荷塘月色”五大特色休闲功能区组成的核心吸引力，并将乡村休闲与古镇度假、节庆活动有机结合，形成乡村酒店、旅游古镇等乡村度假业态。

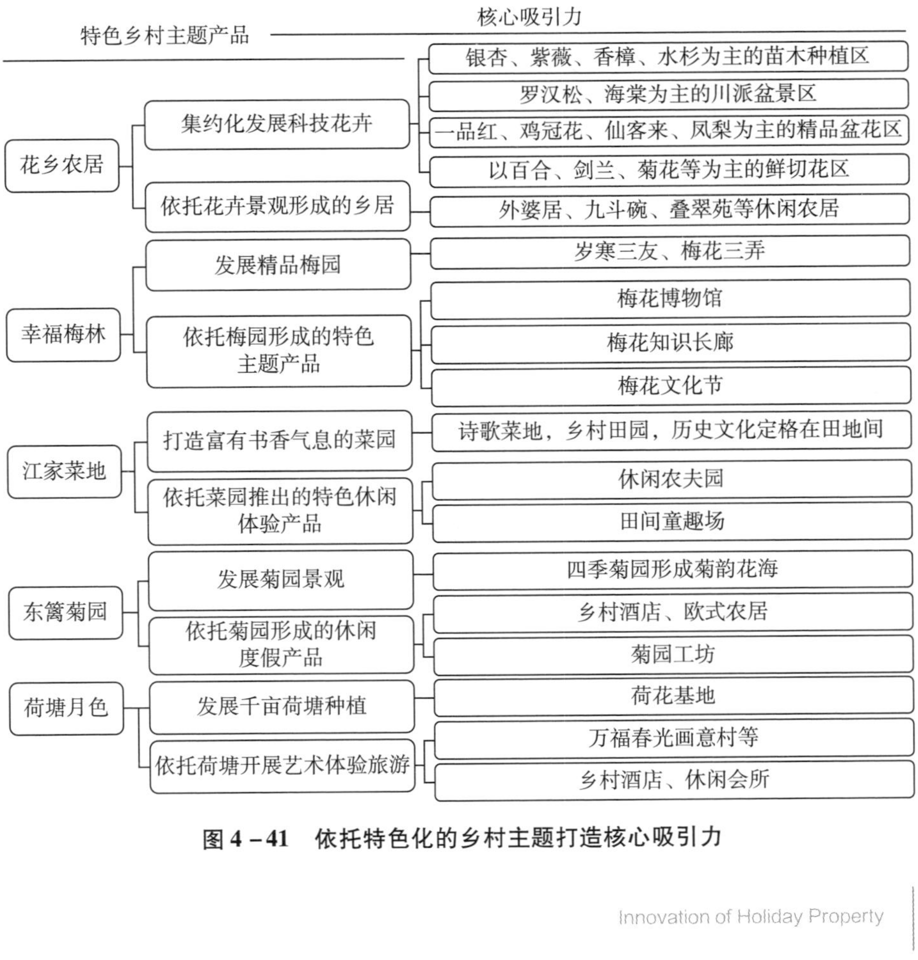

图 4－41　依托特色化的乡村主题打造核心吸引力

二、乡村休闲为引擎的一体化产业系统构建

在产业系统构建中，依托乡村旅游资源，构建乡村休闲为引擎的一体化产业系统，融合休闲旅游、文化、科技、教育、地产等多元产业，使传统农业与现代产业有效嫁接，文化、教育、科技紧密结合，从而有效提升农业产业发展空间。

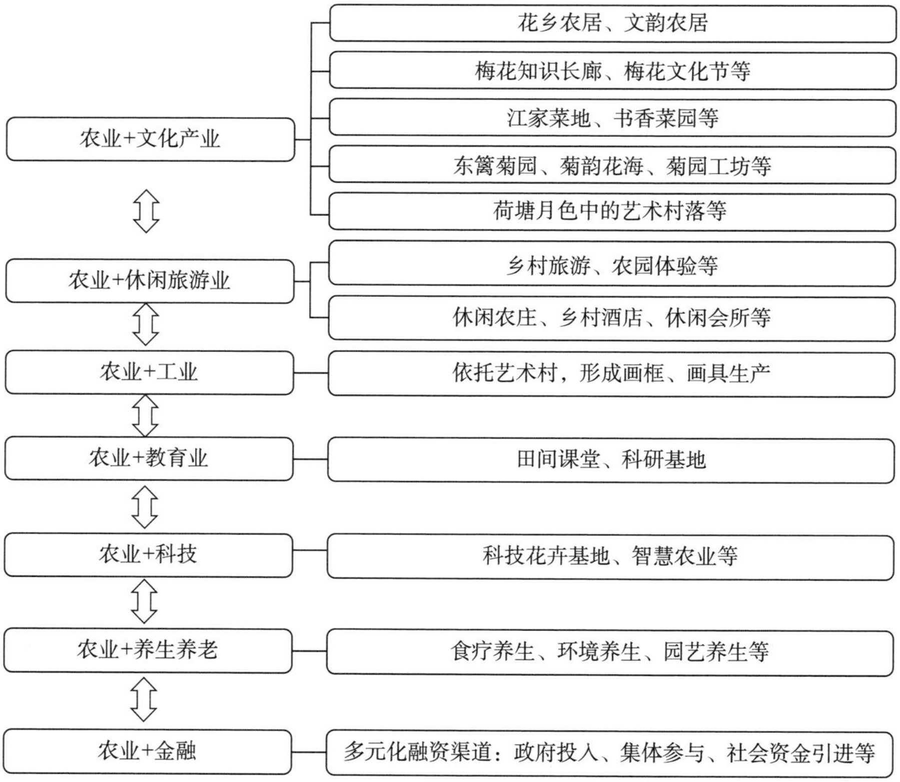

图 4－42　乡村休闲为引擎的一体化产业系统

（一）花乡农居产业发展

依托 1500 亩的花卉种植规模，发展以乡村休闲为主题，花卉种植、科研、旅游等全方位发展的乡村休闲度假产业。

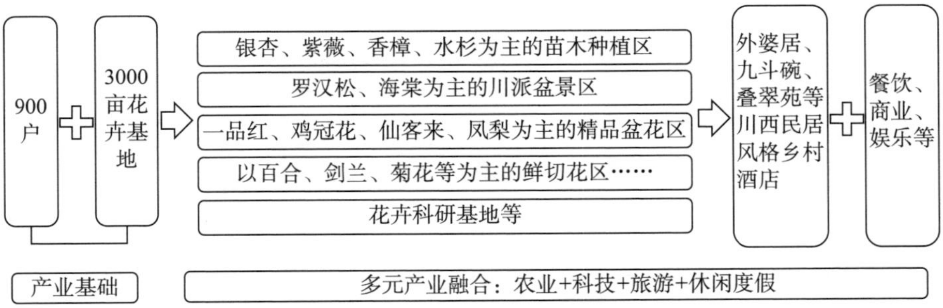

图 4－43　花乡农居产业发展

（二）幸福梅林产业发展

幸福梅林将农业与文化产业充分融合，打造“吟梅诗廊”“梅花知识长廊”“梅花博物馆”等文化景观；同时依托梅林景观打造休闲度假产品，配套旅游基础设施（餐厅、商铺等），推动地块产业发展。红砂村幸福梅林已开设 200 多家农家乐，海内外游客接待量约 500 万人次①。

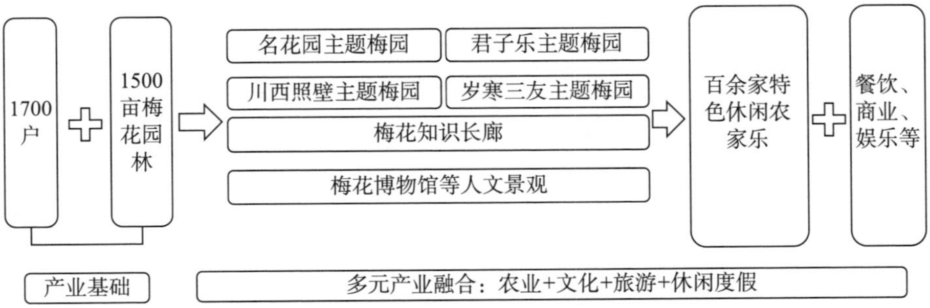

图 4－44　幸福梅林产业发展

（三）江家菜地产业发展

江家菜地以乡村休闲体验为主导，通过游客认种土地、体验乡间田趣等项目推动农业与休闲产业的有机融合，同时配套完善的休闲度假设施及高品位的文化产品，如书香菜园，来推动地块产业升级发展。

① 王延松．成都市锦江区乡村旅游发展研究［D］．成都：电子科技大学，2010.

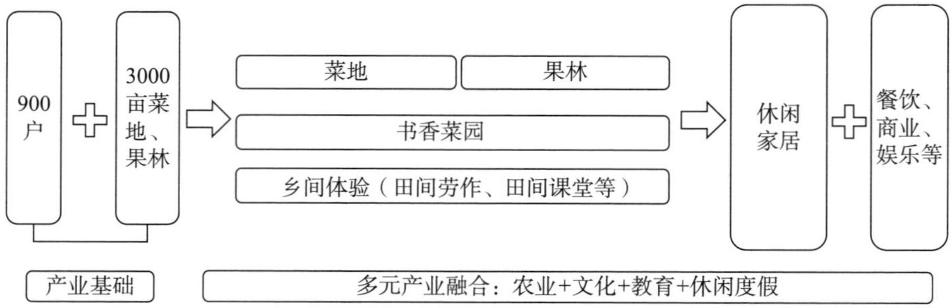

图 4－45　江家菜地产业发展

（四）东篱菊园产业发展

依托 1700 亩菊园，形成以乡村休闲为主导，农业与文化、旅游、休闲体验相融合的多元产业，同时配套休闲度假设施，以产业支撑整体带动地块发展。

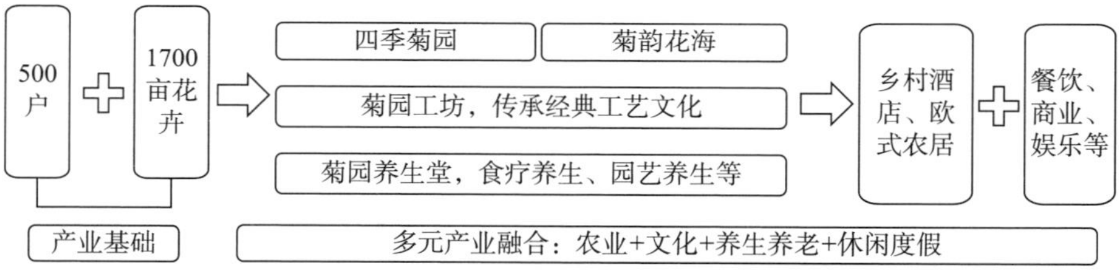

图 4－46　东篱菊园产业发展

（五）荷塘月色产业发展

以花卉、莲藕种植为基础，融入中国传统艺术文化（国画），配套休闲会所、乡村酒店等度假设施，在休闲旅游带动发展下，形成多元产业链，推动整个地块产业升级。

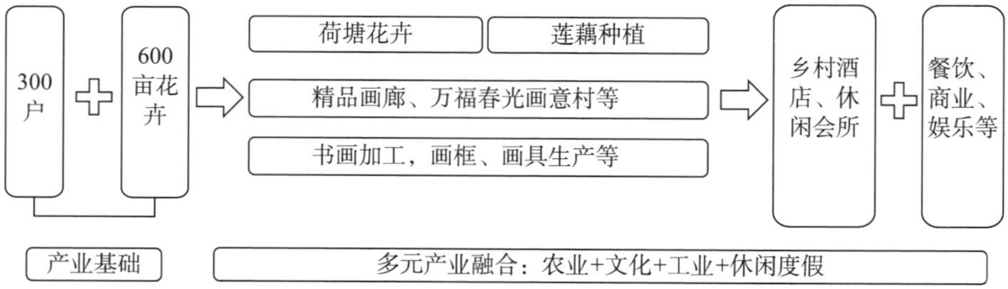

图 4－47　荷塘月色产业发展

三、景观田园化，城郊互动化发展模式

（一）景观田园化、配套城市化

在景观打造上，以田园风光为主，打造富有乡村气息的农耕文化园，配套绿地景观、湿地花园等，营造田园化的生态环境。

在农房改造上，由政府补贴、农户出资进行外饰改造，风格上依据各地块开发特色，以川西民居或仿欧式建筑为主。

在基础设施配套上，以城市现代化规划进行配套，对道路、污水、雨水、电信、电力、消费等市政设施进行整体规划，并在区域范围内配套卫生服务中心。当前，全乡已实现户户通光纤，并围绕全区 17 个行政村，建成 200 平方米的卫生服务中心①。

（二）产业多元化、城乡一体化

通过市场资源配置，以乡村休闲为主导，多元产业融合，推动城乡一体化建设。按照常规城镇化建设标准，在五朵金花十几平方公里的开发土地上，1 平方公里开发建设费用至少需要 1.5 亿元。通过乡村休闲引导，将农业与文化、科技、养生、度假等产业有机融合，通过产业支撑推动城乡一体化建设，使农民就地城镇化，解决农民就业和增收问题。通过半城镇化田园改造，为市民打造休闲公园，改善农民乡居环境。不征地、不拆迁的城乡一体化开发将成本降至 1500 万元/平方公里。

（三）就地城镇化、城郊互动化

城市将就业培训、科研教育发展到农村，失地农民在保持土地经营权的同时经过培训实现就业，并且在医疗保险、社会保障等方面享受与城市居民同等待遇。目前，“50”后、“60”后农民享有养老金福利，失地农民拥有社会养老保险；而部分城市居民在田园化的生态环境吸引下到五朵金花体验农耕、从事经营，部分农民出租房屋后到城市购房居住，实现城郊互动双向发展。

① 成都三圣乡“五朵金花”城乡一体化开发经验［EB/OL］. http://wenku. baidu. com/link? url = a_ OCR1tBnWEyzTv - VILy_ ZBQhXD - _ c9s5EMziwS - og - 5rzYIatzJN0CfoY2L6uCIyY_ qzKacMZBgrH - cpI7asLGKJoPjFSqACMzEd - gh6mm，2012 - 10 - 25.

四、以乡村休闲为主导，连片联户开发经营策略

五朵金花在乡村休闲主导下连片联户发展[1]，走出一条特色化、规模化、产业化的发展道路。在乡村休闲主导下，五大地块连片错位发展。花乡农居土地集约900户3000亩地，全方位开发休闲花卉产业，并举办各种花卉艺术节，集聚人气；幸福梅林在1500多亩坡地上种植、培育20多万株梅花，通过挖掘梅文化打造“吟梅诗廊”“梅花知识长廊”等休闲文化景观[2]；江家菜地，以0.1亩为单位分割500余亩土地，并以每年每单位800元的价格开展开心农园、体验农园，吸引人气；东篱菊园，集约500户1700多亩土地，发展菊园休闲度假、菊园生态养生产业；荷塘月色，以600亩水面为基础，发展荷塘经济，并融入文化产业，开展国画艺术村，陶冶游客情操。通过连片联户经营，农民收益逐年增多，近几年来，三圣乡解决了9000多个农民的就业问题，农民年均收入已超过10万元。

五、政府主导，市场运作，多元融资渠道促发展

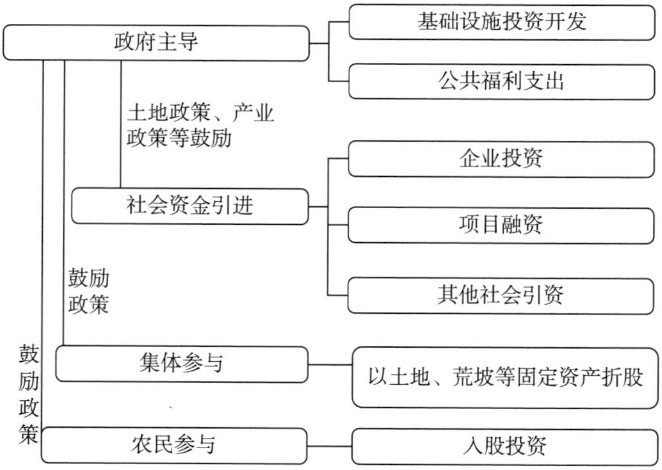

图4-48　多元融资渠道促发展

政府重点扶持五朵金花的发展，率先投入8000多万元用于基础设施开

---

① 于英. 青岛市城阳区乡村旅游发展研究［D］. 青岛：青岛大学，2011：63.

② 王春林. 广西特色农业与农村文化产业融合发展的优势与策略［J］. 创新，2013（3）：112-117.

发，通过土地、税收、产业开发等方面的优惠政策撬动和吸引社会资金1.2亿元，其中近30家农业企业入驻花乡农居，投资近1亿元；幸福梅林凭借“薰衣草香”项目引资1600多万元；江家菜地引进农业大企业入驻，一次性投入500多万元①。政府还鼓励村集体使用固定资产（如土地、荒坡等）折股，也鼓励农民入股投资。

六、创新发展，未来再创辉煌

成都三圣乡五朵金花乡村旅游综合体创造了乡村旅游发展的典范。在未来发展中，建议通过农业与互联网、农业与科技（智慧农业）、农业与金融（资本化农产品）的深层次融合，引领乡村旅游发展再创辉煌。

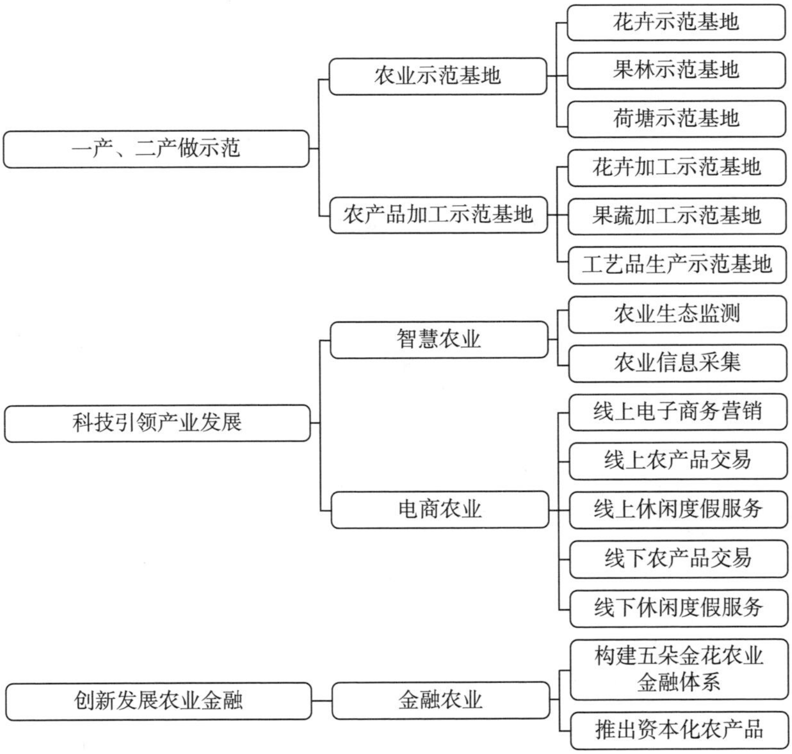

图4-49 五朵金花未来发展建议

① 经验启示［EB/OL］. http://wenku.baidu.com/link?url=7sxpKz_qoE-SU5b1BHZThKMXPLsyyEBcoIZXbCTcfslrgUZWAyBWtlGx_4phRFmb-8945iVOX5xi4MPDEToZerX4BX71_iWqyaxscjjUQqzi, 2014-05-08.

第七节　泾河新城成功打造城郊互动下的半城镇化田园新城

泾河新城是以半城镇化田园新城方式打造的新型工业新城，依托高度便捷化的交通网络，与西咸新区联动发展，与西安和咸阳城郊互动；同时，通过第一、二、三产业联动，实现工业旅游、田园度假、生态宜居等多种城市复合功能，以及都市人近距离度假的田园度假梦想，不仅在一定程度上改善了城市千篇一律的水泥花园形象，使城市环境更加生态化、田园化，也为度假地产创新发展提供了参考。

一、泾河新城简介

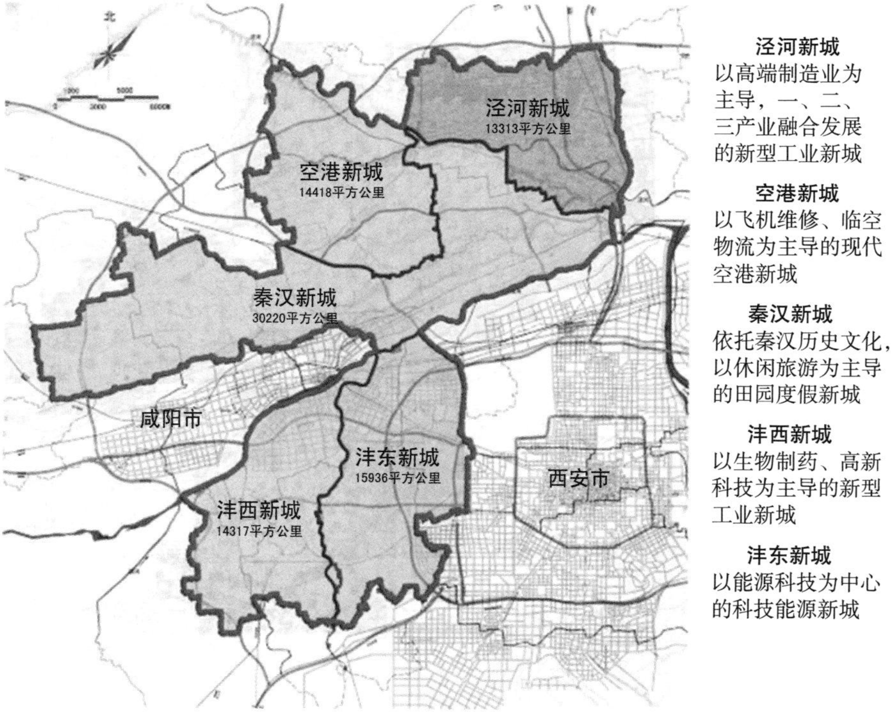

图4－50　泾河新城区位图

资料来源：西咸新区官网。

泾河新城主城区：泾河新城隶属于西咸新区[①]，主城区是西安市和咸阳市。

泾河新城城市定位：西安国际化大都市北部中心，以高端制造业为主导，以休闲旅游为引擎，农业、工业、服务业融合发展的新型工业新城。

泾河新城发展规模：2020 年人口规模控制在 47 万人，新城建设用地控制在 47 平方公里[②]。

二、泾河新城走半城镇化田园新城发展之路

（一）半城镇化田园新城发展形态规划

泾河新城与西咸新区生态互动，通过“开放式农田、紧凑化城市”的发展布局，以及“4∶2∶4”农园城的发展比例，构建“城在田中、园在城中”[③] 的中国新型城镇化新范式——半城镇化田园新城。

作为国家级创新城市，西咸新区以山水文脉、自然格局规划田园新城，构建组团发展、点状布局的市镇体系，包括大城市、中等城市、小城镇和村落；同时，构筑大遗址文化保护区和河流生态景观廊道。

西咸新区五大组团新城间以楔形绿地分隔，新城与城镇周边环绕基本农田。西咸新区整体形成“开放式农田、紧凑化城市”的发展布局，让城市与农田、绿地、河流完美融合，让居民生活在自然里、享受在田园里、寻得到乡愁。

泾河新城在西咸新区的规划带领下，以田园城市为发展形态，创新性地提出“农业∶园林∶城市 =4∶2∶4”的发展比例。40% 的现代农业，既具有产业功能，也具有生态景观功能，还能有效保持农业与城市的原有平衡；20% 的自然园林，以原生态化的环境提升城市品质，突显城市生态宜居、田园度假功能；40% 的城市用地，布局产业、公共基础设施，以及商

① 西咸新区位于陕西省西安市和咸阳市建成区之间，包括泾河新城、空港新城、秦汉新城、沣东新城、沣西新城五大新城。

② 组团发展格局—总体规划—西咸新区［EB/OL］. http：//www.xixianxinqu.gov.cn/aboutx/zlgh/ztgh/2014/0402/2510.html，2014－04－02.

③ 马溯川，杨霖. 西咸新区：全面开启现代田园城市建设征程［J］. 时代经贸，2012（14）：36－37.

业居住配套，实现城市收支平衡，并通过新型工业带动农业快速发展，再通过梯度城市公共综合服务体系，努力打造中国新型城镇化新范式——半城镇化田园新城。

（二）高度便捷化的交通架构

泾河新城的交通非常便利。外部交通：通过高速公路、铁路与咸阳市和西安市相连。内部城市主干道：在不破坏城市田园环境的前提下，以口字形环绕新城四周。泾河新城与其他新城依托快速路、城市轨道交通、大运量公交等便捷化的交通体系相连，新城城内交通以县道和社区通道为主。

（三）六大核心板块布局泾河新城

泾河新城依托区域内崇文、永乐、高庄、泾干四镇现有资源和交通区位，规划建设了新能源、新材料和高端装备制造业工业园区（永乐工业园），FC1 现代田园城市示范区（高庄现代服务业示范区），崇文文化旅游景区（崇文文化展示区），全国现代农业和城乡统筹示范区（泾干现代农业示范区）①，并配套建设了中央商务区和行政中心，作为城市配套服务体系。

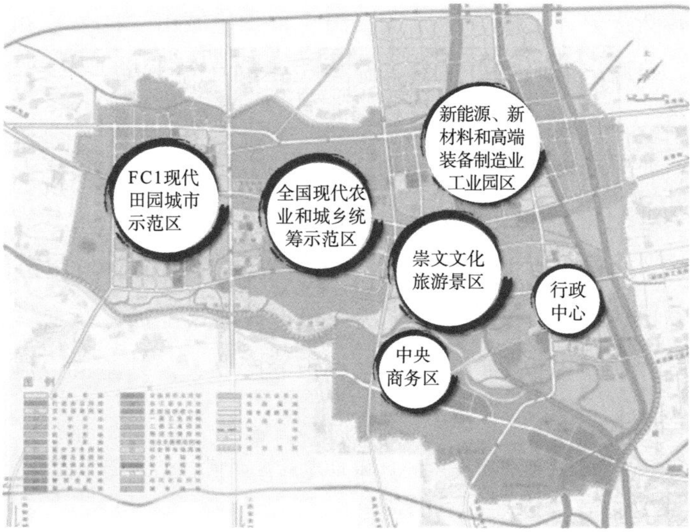

图 4－51　泾河新城六大核心板块

---

① 西咸新区泾河新城简介［EB/OL］. 华商网，2013－04－27.

1. 新能源、新材料和高端装备制造业工业园区

园区目标定位：五大主导产业（新能源加工、新材料研发、高端装备制造、地理信息及产品加工、现代物流）引领的新兴产业聚集区①。

园区主要项目：新能源加工产业园、高端制造产业园等。

园区产业聚集：以第二产业为主，通过延伸产业链，利用能源转化，产生上下游生产关系；同时通过工业旅游、商贸会展等方式实现第二、第三产业的融合互动。

表 4-22 新能源、新材料和高端装备制造业工业园区项目

项目	规模	功能
中国锂产业园	1000 亩	锂深加工企业为主的锂材料产业园
温商高端制造产业园	800 亩	以电器、电子及关联产业为主的现代制造产业园
美国科技产业园	450 亩	以太阳能发电、高端专用油田设备加工、仪器仪表、生物医药、金融商贸等高新产业为主导的科技园
地理信息产业园	3000 亩	地理信息及产品研发、加工和技术推广等
西部核心物流基地	1200 亩	包括农业、制造业、物流业、会展业等多元产业融合的物流园区
泾河新城昊林现代物流园	859 亩	以仓储、能源总部经济、农产品信息交易等为基础的物流园区
乐华新都市产业小镇	700 亩	包括生产中心、研发中心、活动中心、商业中心、生态社区、商务酒店和循环利用中心于一体的休闲小镇

资料来源：西咸新区官网。

2. FC1 现代田园城市示范区

园区目标定位：西咸新区现代田园城市第一示范区②，是集生态居住、文化体验、休闲娱乐、田园度假、商贸会展、家居服务等多元产业融合发展的城市综合体。

园区主要项目：科技文化园、国际饰品城、家居城等。

园区产业集聚：以现代服务业为主导，以休闲旅游为引擎，涵盖食、住、行、游、购、娱于一体的第三产业集群。

① 西咸新区打造现代田园城市新标杆［EB/OL］. 陕西省人民政府 . http://www.shaanxi.gov.cn/, 2012-08-25.

② 信息动态［J］. 中国经济周刊，2013（43）：12.

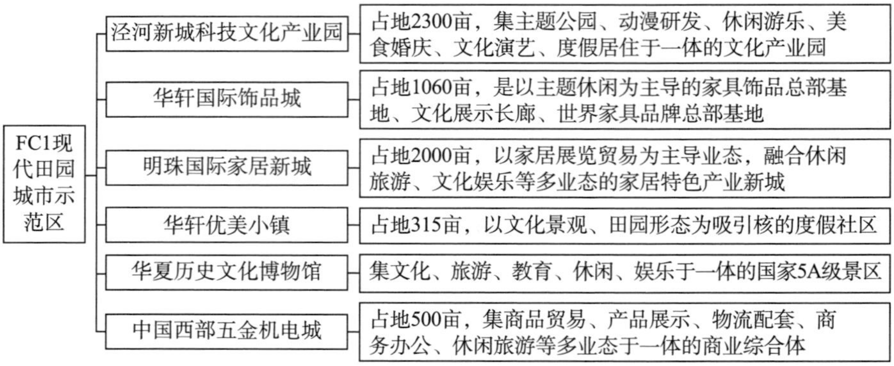

图 4－52　FC1 现代田园城市示范区龙头项目

资料来源：西咸新区官网。

3. 崇文文化旅游景区

园区定位：以文化旅游为主导的产业园区，是涵盖田园居住、文化旅游、科普教育、休闲度假等项目的文化型度假综合体。

园区主要项目：崇文塔公园、湿地公园等为核心项目。

园区产业集聚：以文化旅游业为主导，集农产品加工、休闲度假、生态居住、文化教育等产业于一体的第二、第三产业集群。

表 4－23　崇文文化旅游景区项目

项目	规模	功能
动漫谷教育展示区	600 亩	以动漫展示、动漫制作为主导，集旅游休闲、运动娱乐、都市农业体验等功能于一体的产业园区
动漫谷生态小镇	1100 亩	动漫谷休闲游乐、田园居住服务区
崇文重点镇	1655 亩	中国式宜居田园城市标准推广镇，2011 年荣获“人居典范绿色宜居住宅”称号，是休闲度假、田园乡居的典范小镇
崇文重点镇保障房	203 亩	小区包括公共租赁房、廉价租赁房、经济适用房、限房价和限地价的“两限”商品房等，公共服务设施配套齐全，周围环境以田园生态为主
崇文中学	45 亩	崇文重点镇教育配套
茯茶文化体验园	220 亩	以泾阳茯砖茶文化及加工工艺为吸引点，形成文化传播、规模生产、茶园并购、批发零售、外贸储备、休闲体验等第二、第三产业联动的产业园
泾河新城产业孵化中心	113 亩	泾河新城政务、社会服务、城市管理集中区域
崇文塔公园	—	依托中国第一高砖塔——崇文塔形成的综合性城市公园
泾河湿地公园	3600 亩	城市公园

资料来源：西咸新区官网。

4. 全国现代农业和城乡统筹示范区

园区定位：依托“都市高效农业”打造全国现代农业示范样板区。

园区主要项目：创意农业园、花卉科技产业园、葡萄酒庄园等。

园区产业集聚：以现代农业为主导，集农产品加工、休闲度假、生态宜居、科普教育等产业于一体的三产高度融合的产业园。

园区以人为核心实施城镇化建设，在转变农民身份的同时，实现农民就业、创业、安居乐业。

表 4－24　全国现代农业和城乡统筹示范区项目

项目	规模	功能
森禾现代花卉科技产业园	5450 亩	集花木品种研究、培育、商贸展销、休闲旅游、科普教育于一体的科技农业产业园
葡萄酒庄园	1500 亩	以葡萄高端珍稀树种培植研发、优质酿酒葡萄科技加工工艺为主导的葡萄酒庄园
葡萄酒庄园小镇	1790 亩	依托葡萄酒庄园打造的田园度假居住社区
植物园	338 亩	以植物物种采集、品种研究、引种驯化、成果展示、景观观赏为主要功能，融合科普教育、休闲游憩功能的园地
兰泰庄园	1800 亩	集农业种植、花木培植、农产品加工、观光游览、婚庆摄影、休闲度假于一体的农业旅游基地
利诺生态农业	800 亩	集农业观光、休闲度假、养生服务等于一体的休闲农园
盛汇·长乐庄园	3000 亩	集农业种植、农业科研、农产品加工、农业种植示范、休闲度假、定制种植于一体的乡村型度假综合体
泾河新城科技生态园	600 亩	依托现代科技农业发展的度假型生态农庄
秦龙现代生态智能创意农业园	10000 亩	集农业种植、育种研发、农产品深加工、农业种植示范、农产品配送、休闲度假、商务会议等于一体的休闲农园

资料来源：西咸新区官网。

中央商务区是泾河新城的核心商业区，具有金融、商贸、展览展销、咨询服务等功能。行政中心是泾河新城地方政府、政务办公的集中区域。

（四）一、二、三产联动发展

泾河新城是以新能源加工、新材料研发、高端装备制造等新兴产业为主导，以休闲旅游为引擎，集聚地理信息及产品加工、科技农业、现代物流等产业，通过一、二、三产联动发展的半城镇化田园新城。

泾河新城四大核心板块中，每一个板块、每一个产业都是复合体，第一、二、三产业高度融合。

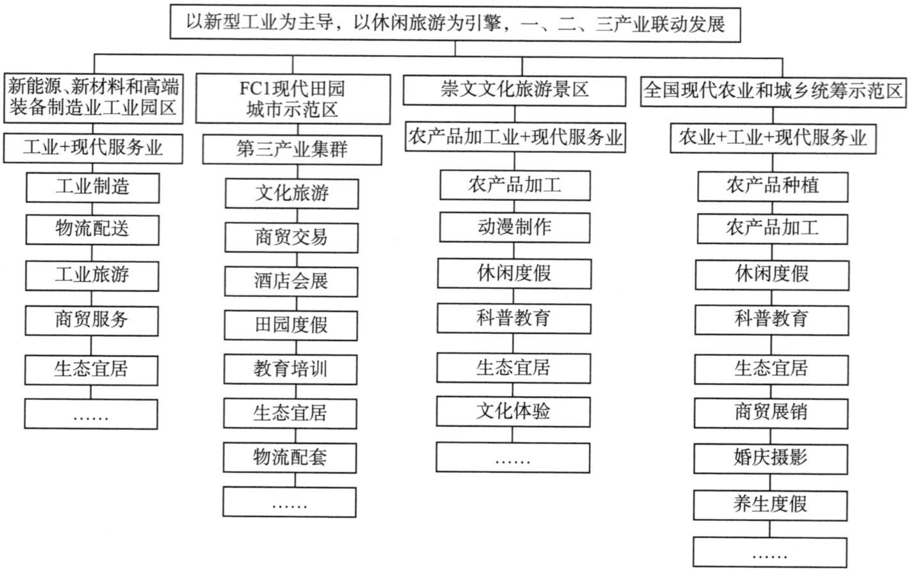

图 4-53　泾河新城一、二、三产联动发展

（五）以人为本的惠民工程

泾河新城推进以人为本的新型城镇化建设和城乡统筹工作，让居民在生态田园的居住环境中享受城市的生产生活方式和便捷交通。在保障农民权益问题上，通过开展土地所有权和土地使用权两权确认、保障房建设、社会保障体系完善、开展就业培训、村庄集中改造等多种形式解决农民问题，稳步推进城镇化建设。①

2014 年 6 月，西咸新区泾河新城已有将近 7000 名失地农民转变为城市户口，2000 余名 60 岁以上失地老人享有同等市民的社会养老保险。另外，近万名农民已在新城内从事园艺、花木养护、保安、卫生服务等工作。

三、泾河新城倡导政府把控、产业主导、市场运作的开发模式

（一）政府把控城市建设

政府严格把控泾河新城总体规划，在西咸新区规划指导下，严格按照

① 以现代田园城市建设为载体 打造中国特色新型城镇化范例［EB/OL］. 陕西省西咸新区泾河新城管理委员会 . http：//www. jinghenewcity. gov. cn/news/201406/25/766. html.

半城镇化田园新城规划要求布局新城格局。

政府严格把控新城交通、文化教育、环境保护等基础设施建设。在交通设施建设上，2014年底泾河新城主干路网基本形成，沣泾大道和正阳大道泾河段基本完成；在教育配套上，崇文中学已建成开学，第四军医大学新校区正开工建设；在环境保护上，西咸新区政府投资数亿元治理渭、沣、泾三条河流生态环境，泾河新城已开发建设崇文塔公园、泾河湿地公园。

政府严格监管土地利用。政府优化土地利用空间和结构，严格保护耕地红线，并规范土地供应市场。

（二）多元产业推动城市发展

泾河新城是以新能源加工、新材料研发、高端装备制造等产业为主导，以休闲旅游为引擎，集聚地理信息产品研发及加工、现代农业、物流业等产业，通过产业集约和集群①，打造一、二、三产联动发展的半城镇化田园新城。泾河新城在发展尖端工业的同时，融入现代服务业，推出工业旅游、商贸会展等特色产品；在农业发展方面，以高效农业为主导，通过休闲旅游引导，构筑农业与旅游、农业与休闲度假、农业与科普教育、农业与婚庆产业等多元产业链，推出农业休闲、田园度假、生态课堂、婚纱摄影等多种核心产品，集聚发展优势。目前，已建成一座生态创意农园，部分游乐主题公园已建成开园。

（三）多种融资方式推动市场运作

泾河新城采用多元化的融资模式。在开发建设初期，泾河新城通过灵活的投资基金、私募股权投资、BT融资②等方式进行短期融资。在开发建设中期，新城构建完善的财政体系，并建立土地储备管理中心，实行以储备土地抵押的方式进行融资。此后，新城以不同的项目不同的融资模式进行社会融资，构建多元融资模式。泾河新城还成立新城开发公司，成功发行10亿元公司债券建设保障性住房。

---

① 李伟．泾河新城：在国家级新区里建一座现代田园城市［J］．中国经济周刊，2014（12）：46－48.

② BT融资，即Build（建设）和Transfer（移交），是政府利用非政府资金进行非经营性基础设施项目建设的一种融资模式。

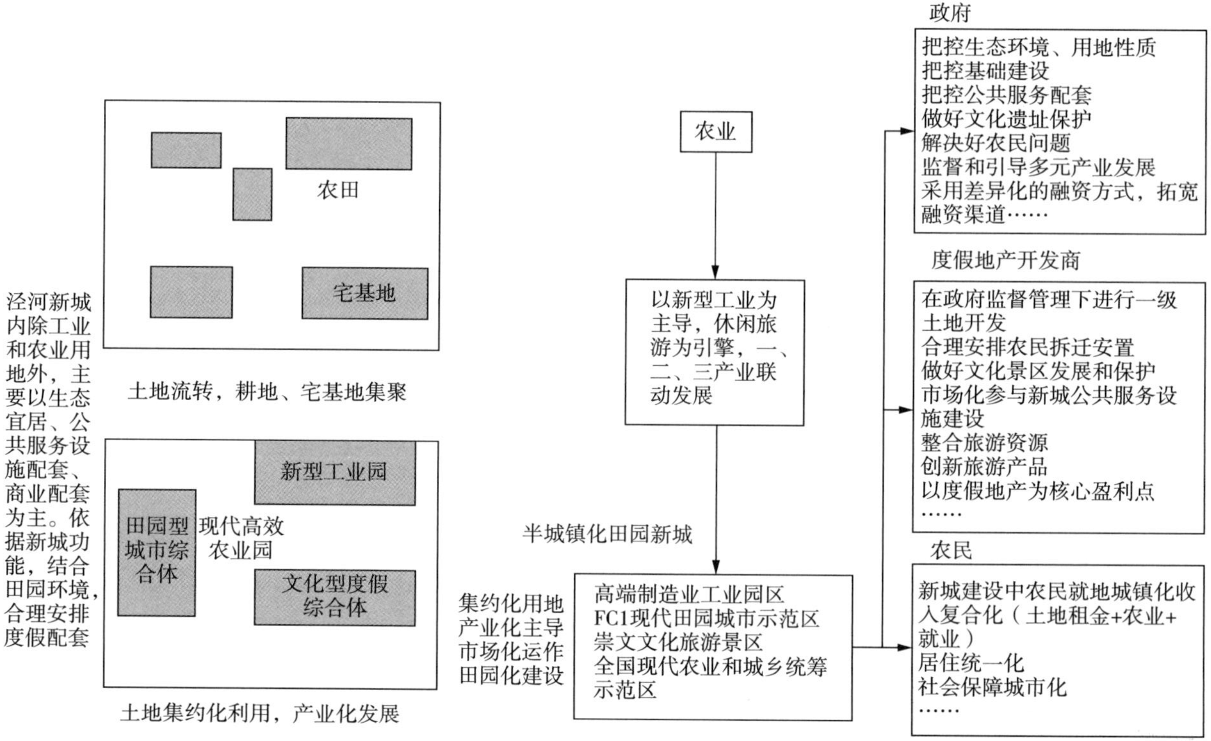

图 4－54　泾河新城开发模式

第八节 新丝路之旅缔造世界交融的区域旅游联动

一、新丝路之旅发展机遇

（一）战略机遇

我国政府倡议建设“丝绸之路经济带”和“21世纪海上丝绸之路”①，拉开了新丝路之旅的序幕。2015年初，《推动共建丝绸之路经济带和21世纪海上丝绸之路的愿景与行动》发布，将打造两核心、四门户、八高地和十五个港口，为新丝路之旅奠定区域联动发展基础。

表4-25 新丝路之旅区域联动发展基础

两核心	丝绸之路经济带核心区	新疆维吾尔自治区
	21世纪海上丝绸之路核心区	福建
四门户	面向中亚、南亚、西亚国家的重要交通枢纽、商贸物流基地、重要产业聚集区和人文交流基地	西北：陕西、甘肃、宁夏、青海
	面向俄罗斯、蒙古的重要窗口	东北：内蒙古、黑龙江、吉林、辽宁
	西南、中南省市开放发展的新战略支点	广西
	大湄公河次区域经济合作新高地，辐射南亚、东南亚的核心区	云南
八高地	内陆型改革开放新高地	西安
	西部开发开放重要支撑	重庆
	内陆开放型经济高地	成都、郑州、武汉、长沙、南昌、合肥
十五个港口	沿海城市港口	上海、天津、宁波—舟山、广州、深圳、湛江、汕头、青岛、烟台、大连、福州、厦门、泉州、海口、三亚

资料来源：《推动共建丝绸之路经济带和21世纪海上丝绸之路的愿景与行动》。

---

① 陈楠枰．“一带一路”：中国外交新观念［J］．交通建设与管理，2014（5）：46-49.

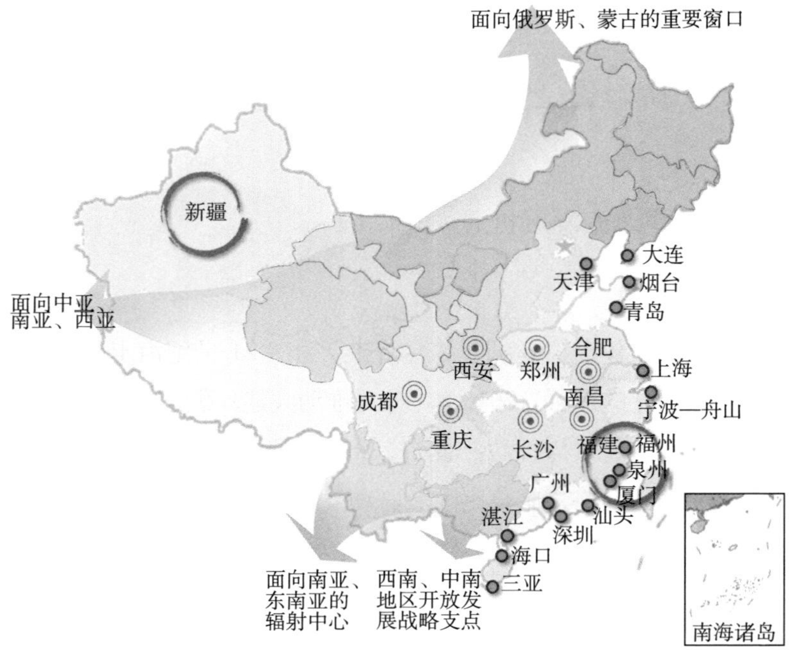

图 4 - 55 "一带一路"愿景和行动战略规划

资料来源：参考《推动共建丝绸之路经济带和 21 世纪海上丝绸之路的愿景与行动》绘制。

（二）文化机遇

2014 年 6 月，在西亚国家卡塔尔首都多哈举行的世界遗产大会（第 38 届）宣布丝绸之路"长安—天山廊道路网"成功申报世界文化遗产①，这为新丝路之旅奠定了文化基底。跨国申遗（中国、哈萨克斯坦和吉尔吉斯斯坦联合申报）的合作也为新丝路之旅奠定了区域合作基础。

（三）交通机遇

2014 年 12 月 26 日，被誉为现代"钢铁丝绸之路"的兰新铁路全线贯通，2015 年底兰渝铁路也将贯通，丝路之旅正式进入高铁丝路时代，这将促使亚欧大陆在贸易、投资、旅游方面形成新的战略性布局。"新丝绸之路"渝新欧铁路联合郑州、西安内陆航空港，以及东部沿海港口，将形成

① 丝绸之路成功申遗 成为首例跨国合作成功申遗项目［EB/OL］. 中国新闻网，2014 - 06 - 22.

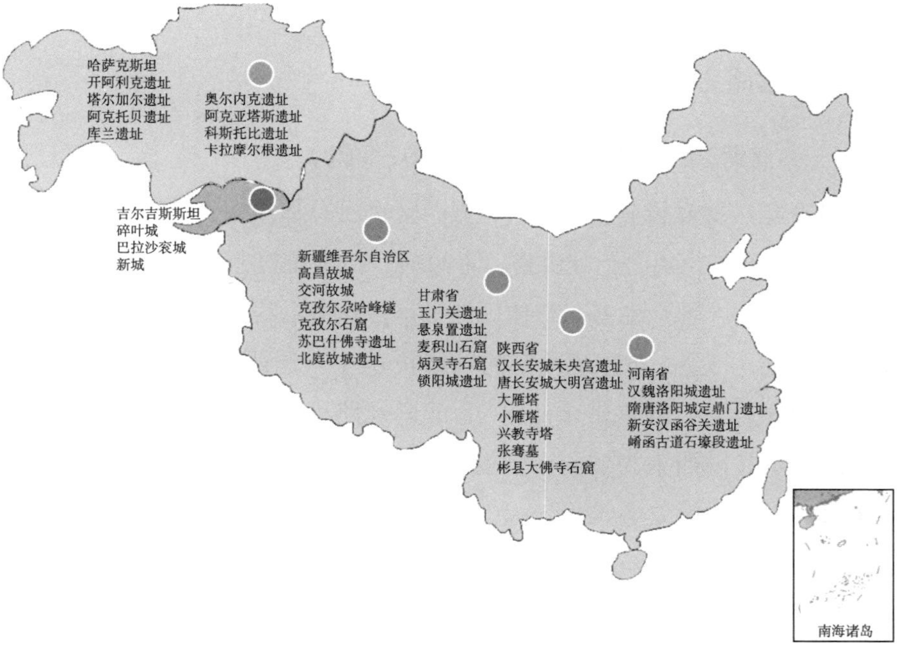

图 4-56　中、哈、吉“丝绸之路”遗产点分布

资料来源：凤凰网。

涵盖高铁飞机轮船多种交通方式、与欧亚各国相连相通的综合交通大格局。高度便捷化的交通将把欧亚大陆变成近若咫尺的“地球村”，让丝路之旅更加便捷、通畅。

（四）合作机遇

当前，中国同土库曼斯坦、吉尔吉斯斯坦、哈萨克斯坦、乌兹别克斯坦等国的双边关系全面战略升级。2015 年亚洲博鳌论坛吸引了世界各地 1772 名政商代表，其中包括 15 个外国政要首脑①。中国“丝绸之路经济带”构想成为世界关注的焦点，多国领导人倡议亚洲命运共同体共谋发展，共同推进“一带一路”战略。美、英、俄等 17 个国家的媒体领袖共同签署《丝路倡议》，以增强各国民众的了解和信任，促进多文明间交流与和谐。中国与多国间双边关系的全面升级、各国媒体间的合作与信任提

① 博鳌论坛共绘亚洲融合新未来 [N]. 经济参考报，2015-03-27.

升，都将为新丝路之旅奠定发展基础。

二、丝路之旅发展现状

（一）丝绸之路旅游区总体规划（2009—2020）

2009 年，巅峰智业对丝绸之路旅游区进行总体规划，涉及河南省、陕西省、宁夏回族自治区、甘肃省、青海省、新疆维吾尔自治区和新疆生产建设兵团六省（区）七方。整体规划立足古丝路沿线区域，依托丝路世界遗产资源点，打造一条穿越时空的丝路长卷（“丝绸之路·时空长卷”）。空间格局分为“一轴六带十四区”，即以丝路交通轴线打造核心景观轴，以丝路起点（以西安为核心，辐射洛阳、安阳、宝鸡等丝路城市）、丝路走廊（以兰州为核心，辐射宁、甘、青等区域）、丝路西域（丝路北道、中道、南道）等打造丝路旅游经济带，并规划了十四个丝路旅游聚集区。

《丝绸之路旅游区总体规划（2009—2020）》仅针对国内段的陆上北方丝绸之路进行规划，而新丝路之旅未来涉及的是欧亚整条丝绸之路，以及连接东亚、东南亚、南亚及欧洲的海上丝绸之旅，是跨国家、跨地区的旅游项目。新丝路之旅将在该规划的基础上做进一步深化和完善。

（二）丝绸之路各节点旅游动态

1. 河南——郑州、洛阳

洛阳是古丝绸之路的东起点（东汉时期），郑州是中国通往欧亚的重要中转站。洛阳和郑州都是著名的文化古都和重要的旅游目的地。

2009 年，洛阳作为古丝路东起点，成为丝绸之路旅游区的重要节点（参照《丝绸之路旅游区总体规划（2009—2020）》）；2015 年，郑州成为丝路经济带内陆开放型经济高地。

2015 年，河南携手新疆哈密打造丝路经济带旅游产品。

2. 陕西——西安

西安是古丝绸之路的起点（西汉时期），是中国通往欧亚的重要城市，也是中国西部重要的旅游目的地和客源地。

2015 年，陕西省重点打造“丝绸之路起点”旅游，将构建丝绸之路风情体验旅游走廊列入全省旅游发展“2336”思路中。陕西还成立首家旅游产业投资基金，50亿元的基金主要用于扶持陕西省及周边相关旅游产业项目，以及泛丝绸之路重大文化旅游项目。目前，基于丝路起点重要遗址的大唐西市丝路风情街文化产业项目已建成开放。

自2014年6月1日起，西安成为西北区域第一个实施72小时过境免签的城市①。

2014年6月18日，“长安号·丝绸之路旅游专列”正式开行，未来专列线路将进一步延伸到国外②。

2014年9月，陕西省举办中国丝绸之路国际旅游博览会，并提出申办2015丝绸之路国际旅游大会。

2014年10月，西安市举办了首届丝绸之路国际电影节。

3. 甘肃——兰州、敦煌

兰州、敦煌是古丝路的重要驿站。

2014年6月，甘肃省举办第四届敦煌行·丝绸之路国际旅游节。

2014年7月，甘肃省举办了中国·甘肃第五届“喜德盛杯”丝绸之路自行车拉力赛。

2014年9月22日，丝绸之路旅游交流推广活动（“美丽中国——丝绸之路宣传推广暨甘港澳旅游交流合作活动”③）在兰州举行。

2014年12月，甘肃省出台《关于促进旅游业改革发展的意见》④，提出把甘肃建成丝绸之路黄金旅游带和国内外知名的旅游目的地。

2014年12月，甘肃省印发《甘肃丝绸之路经济带建设大景区总体规划纲要》⑤，规划重点建设不同主题类型的20个大景区。

2014年12月，甘肃省河西走廊五市（武威、金昌、张掖、酒泉和嘉峪关）依托丝绸之路文化，以河西深厚的文脉和地缘为基础，打造丝路旅游

---

① 西安成为西北首个72小时过境免签城市［EB/OL］. 搜狐旅游，2014-04-21.
② 长安号·丝绸之路旅游专列正式开行［N］. 光明日报，2014-06-23.
③ 2014年甘肃旅游十大新闻［EB/OL］. 中国甘肃网，2015-01-05.
④ 2014年甘肃旅游十大新闻［EB/OL］. 中国甘肃网，2015-01-05.
⑤ 2014年甘肃旅游十大新闻［EB/OL］. 中国甘肃网，2015-01-05.

胜地。

4. 新疆——乌鲁木齐

新疆地处亚欧大陆腹地，是古丝路黄金通道，是中国丝路经济带的核心区。

2014 年 6 月，新疆举办中国新疆国际“丝绸之路”旅游发展会议。

2015 年，新疆政府高度重视旅游业，提出要把新疆打造成丝绸之路经济带旅游集散中心。

5. 天津

天津是海上丝绸之路的重要节点，21 世纪海上丝绸之路重要港口城市。

2015 年 1 月 1 日，天津举办了“美丽中国——2015 丝绸之路主题年”的启动仪式。在 2015 丝绸之路主题年，天津将推出 200 项多彩的节庆活动①。

6. 福建——泉州

泉州曾是海上丝绸之路重要起点（元代至明朝）。福建是 21 世纪海上丝绸之路核心区，泉州成为 21 世纪海上丝绸之路重要港口城市。

2014 年 3 月，福建省推出“21 世纪海丝之旅”，重点打造海丝文化旅游品牌②。

2014 年 9 月，泉州与西安、成都、洛阳联合举办的“丝绸之路与创意城市展”在巴黎顺利开展③。

7. 广东——广州

广州是海上丝绸之路起点（宋朝时为第一大港），也是 21 世纪海上丝绸之路重要港口城市。

2014 年 4 月至 7 月，在广州博物馆举行“中国‘海上丝绸之路’文化

① “美丽中国——2015 丝绸之路主题年”天津地区启动仪式举行［EB/OL］. 新浪网，2015 - 01 - 02.

② “21 世纪海丝之旅”引领福建打造海丝文化旅游品牌［EB/OL］. 福建新闻网，2014 - 03 - 11.

③ 泉州设海上丝绸之路主题展馆［EB/OL］. 中国新闻网，2014 - 11 - 05.

遗产精品联展"①，联展由广州、宁波、福州、扬州、蓬莱、北海、南京、漳州、泉州九城市联合举办。

8. 广西

广西是古代海上丝路的重要发源地②，是面向东盟开放的重要窗口和门户，也是丝绸之路经济带西南、中南省市开放发展的新战略支点。

2015 年 1 月 10 日，广西南宁举办"美丽中国——2015 丝绸之路旅游年"启动仪式。2015 年，广西旅游将借丝路旅游年的契机，重点开发海上丝路旅游产品，包括北部湾的海上旅游、跨国邮轮旅游等③。

9. 云南

云南是古丝路陆上南方丝路上的重要节点，也是丝路经济带面向南亚、东南亚的辐射中心。

2015 年，云南将重点开发"丝绸之路"重要节点的"南方古丝绸之路"及"茶马古道"旅游线路和产品，打响"南方古丝绸之路"和"茶马古道"品牌。

2015 年，昆明将加快建成使领馆区，方便云南人办理东南亚、南亚国家的旅游签证。

2015 年，云南开启探访南方丝路旅游年，探秘七彩云南境内古南方丝绸之路、茶马古道。

（三）丝路之旅区域联动

2014 年 6 月，东亚、南亚、西亚、东欧和南欧等丝路沿线国家和地区，汇聚古丝路重要节点城市张掖，发表重振丝路联合发展的合作宣言，构建丝路沿线旅游城市联盟，通过推广精品线路、塑造区域旅游形象品牌、举办特色主题活动等一系列措施重振丝路辉煌。

2014 年 6 月，东亚、西亚等十几个国家的 30 多名旅游研究者、旅游

---

① 云锦：云飘霞飞海上路，走进诸国王室家［EB/OL］. 世界丝绸网，2015－04/15.

② 陈武. 发展好海洋合作伙伴关系——深入学习贯彻习近平同志关于共建 21 世纪"海上丝绸之路"的战略构想［J］. 东南亚纵横，2014（1）：3－5.

③ 广西启动"美丽中国——2015 丝绸之路旅游年"［EB/OL］. 中国新闻网，2015－01－10.

部门管理人员在乌鲁木齐发表《“丝绸之路”国际旅游——乌鲁木齐宣言》。宣言表示，各国将重点打造“首善旅游目的地”，加大各国开放程度，加强旅游设施投入，提升旅游服务水平，促进各国旅游快速发展。

2014 年 8 月，宁夏聚集了来自宁、陕、甘、青、新、豫、渝、滇、苏、闽、粤、琼、京、津、沪、冀、黑、吉、鲁 19 个省市的旅游局代表，依托智慧旅游合作主题签署《网上丝绸之路宁夏宣言》①。

2014 年 12 月，河西走廊五市——武威、金昌、张掖、酒泉和嘉峪关联手打造丝路旅游胜地。

三、新丝路之旅发展之道

（一）进一步完善接待体系和服务标准

新丝路之旅沿线，国内西北地区，以及中亚、西亚等地区，经济相对不发达，交通可进入性差。休闲旅游业的发展是以特色的自然资源和历史文化资源为核心吸引力，以完善的食、住、行、游、购、娱为基础配套。如果旅游接待体系不完善，将会影响新丝路旅游的发展。完善新丝路沿线城市的接待体系和公共基础设施、提升其服务质量迫在眉睫。

（二）综合型旅游开发至关重要

由于政策限制和环境制约，新丝路沿线各个景点都是孤立存在的，尤其是各个国家的遗产景点。大型区域运营商并未在这些景点进行综合型旅游开发，也未进行多元产业整合、旅游线路重组和旅游产品创新，无法形成区域联动和景点互动。当然，新丝路之旅综合旅游开发还需要各个国家政府合作出台相应的鼓励政策。

（三）旅游签证便捷化不可或缺

中国与欧洲、西亚、中亚等地区的旅游签证便捷化程度较低。目前，中国与俄罗斯、蒙古等国已建立深度旅游合作②，但是中国与中亚、西亚

---

① 共筑网上丝绸之路宁夏宣言［EB/OL］. 宁夏旅游资讯网，2014-08-14.

② 2014 中俄蒙三国跨境旅游合作发展对话会议将在满洲里市召开［EB/OL］. 凤凰旅游，2014-12-17.

等国的旅游合作还不够紧密，推行便捷化的旅游签证，如落地签或72小时过境免签等，能促使新丝路之旅迅速升温。

（四）区域联动发展势在必行

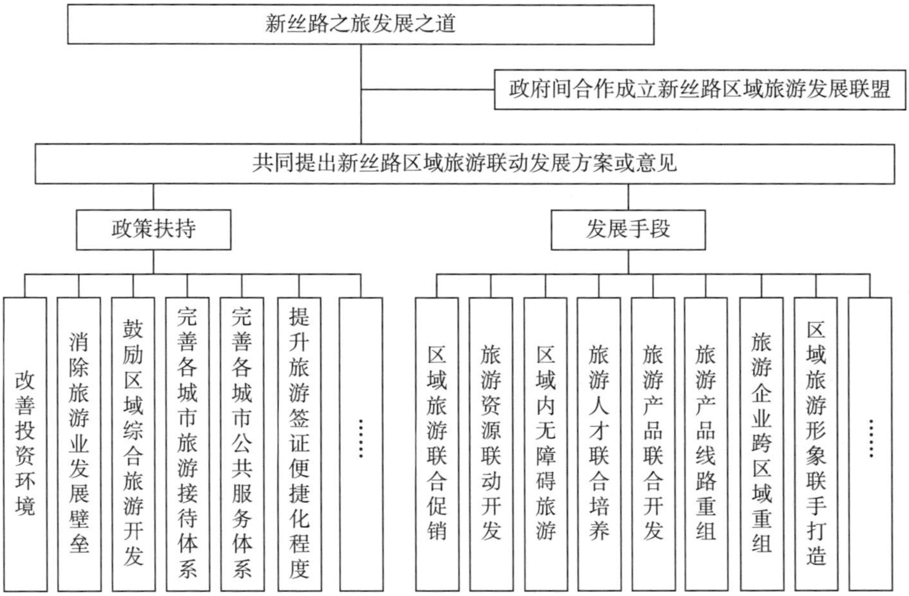

图4-57 新丝路之旅发展之道

新丝路之旅是不同文明间的对话，是亚洲一体化经济共同繁荣的基础。各国各地区需要成立区域旅游发展联盟，通过改善旅游投资环境吸引国际投资机构、区域旅游运营商、旅游服务商入驻；通过区域旅游资源联动开发、区域内无障碍旅游（交通便捷化、旅游签证便捷化）、旅游产品联合开发（提升旅游产品创新度、旅游服务品质化）、旅游产品线路重组、旅游企业跨区域重组、区域旅游形象联手打造等手段实现区域内的优势互补，提升区域整体竞争力。

四、新丝路之旅前景展望

（一）旅游资源最丰富的世界级旅游目的地

沿着古丝路的印记，探索新丝路之旅，翻越陇山山脉，沿黄河流域到河西走廊、穿越塔克拉玛干沙漠和吐鲁番盆地，沿绿洲和帕米尔高原通过中亚、西亚，越过美索不达米亚平原，抵达地中海沿岸，以及北非的尼罗河流域。山地、沙漠、绿洲、盆地、戈壁、平原、高原、海岸等丰富的地形地貌，汇聚成世界最丰富的自然资源，是世界最大的纯天然地形博物馆。

中华文化、印度文化、波斯文化、阿拉伯文化、古希腊古罗马文化、古埃及文化等灿烂的文化交织相融，大量的历史文化遗存、世界级文化遗产，形成了世界历史文化最丰富的文化博物馆。

中国灿烂的民族文化与西亚、中亚、中东、北非、欧洲的民族风情交相辉映，造就了世界最具特色的民族风情旅游区。丰富的地形地貌、灿烂的历史文化、多彩的民族风情构成了新丝路最具魅力的旅游资源，这将成为新丝路旅游目的地最核心的旅游竞争力。

（二）范围最辽阔的世界级旅游度假地

新丝路旅游目的地跨越东亚、中亚、西亚，直达北非、欧洲，随着海上丝绸之路的成形，还将包括东南亚、南亚地区，这里将成为世界上范围最大的旅游目的地。

渝新欧铁路全线贯通，使丝路之旅迈向高铁丝路时代。渝新欧铁路联合郑州、西安内陆航空港，以及东部沿海港口，将形成涵盖高铁、飞机、邮轮的立体交通网。高度便捷化的交通将新丝路旅游目的地变成朝发夕至的“地球村”①。

随着各国政府对新丝路旅游的扶持，区域旅游运营商将云集新丝路旅游目的地，进行旅游资源的整合开发、多元产业的导入、综合型旅游度假产品的开发等，伴随着大度假时代的到来，这里将成为世界级旅游度假地。

（三）世界最活跃的旅游经济带

“丝绸之路经济带”覆盖欧洲和亚洲50多个国家，联动世界人口近30亿，将成为世界最具发展潜力的国际经济长廊。在“丝绸之路经济带”的

---

① 王兴斌：打造丝绸之路旅游带正当其时［EB/OL］. 中国经济网，http://news.xinhuanet.com/travel/2014-06/23/c_126657937.htm，2014-06-23.

发展背景下，新丝路之旅将形成贯通中国大西南、大西北，联动中亚、西亚、欧洲、北非的国际大循环的旅游格局。随着各国投资环境的改善、旅游业发展壁垒的消除，休闲旅游的带动将会引发多元产业的汇集，这里将成为世界投资热点。随着跨国企业的汇集、国际丝路品牌的塑造、区域旅游形象的提升，这里将成为世界上最活跃的旅游经济带。

五、新丝路之旅带动下的综合型旅游开发

综合型旅游开发对于新丝路之旅至关重要。通过综合型旅游开发，进行旅游资源整合、多元产业联动、旅游线路重组、旅游产品创新，形成区域联动、景点互动，能有效提升新丝路之旅的核心竞争力。

“丝绸之路经济带”有望成为世界上最活跃的经济带。面对着众多区域旅游运营商的云集，综合型旅游项目必将会如雨后春笋般层出不穷。由于目前丝绸之路各景区之间缺乏联动性，交通便利度较差，在度假时代背景下，新丝路之旅前期综合型旅游开发多集中于大型度假综合体的开发，通过完善其服务接待体系、度假体验体系，提升新丝路之旅的整体品质，奠定国际丝路品牌基础。

由于新丝路之旅各节点地区呈现出不同的地形地貌、民俗风情和文化底蕴等，大型度假综合体的开发也会根据各节点特色呈现多元化的开发特点。

文化型度假综合体主要依托民俗文化、丝路文化，以休闲为引擎进行土地综合开发，如丝路民族风情街、丝路博物馆、丝路电影主题小镇，丝路主题演艺等文化项目，同时配套开发休闲娱乐项目，以及休闲地产项目（包括度假酒店集群、产权酒店、度假公寓等）来提升整体休闲集聚功能。文化型度假综合体多设置在重要节点，如中国乌鲁木齐、泉州等城市，中亚、西亚、南亚等各国首都，以及北非、欧洲的重要节点城市。

对于资源型度假综合体、养老养生型度假综合体，多侧重原生态的自然环境，以休闲度假引导土地综合开发，通过产权式酒店、度假公寓、度假社区、休闲娱乐项目等核心功能配套，打造高品质休闲聚集区。资源型度假综合体和养生养老型度假综合体对自然环境要求较高，多集中在丝绸之路节点林带、湖泊区、滨海地带等拥有特色度假环境的地区。

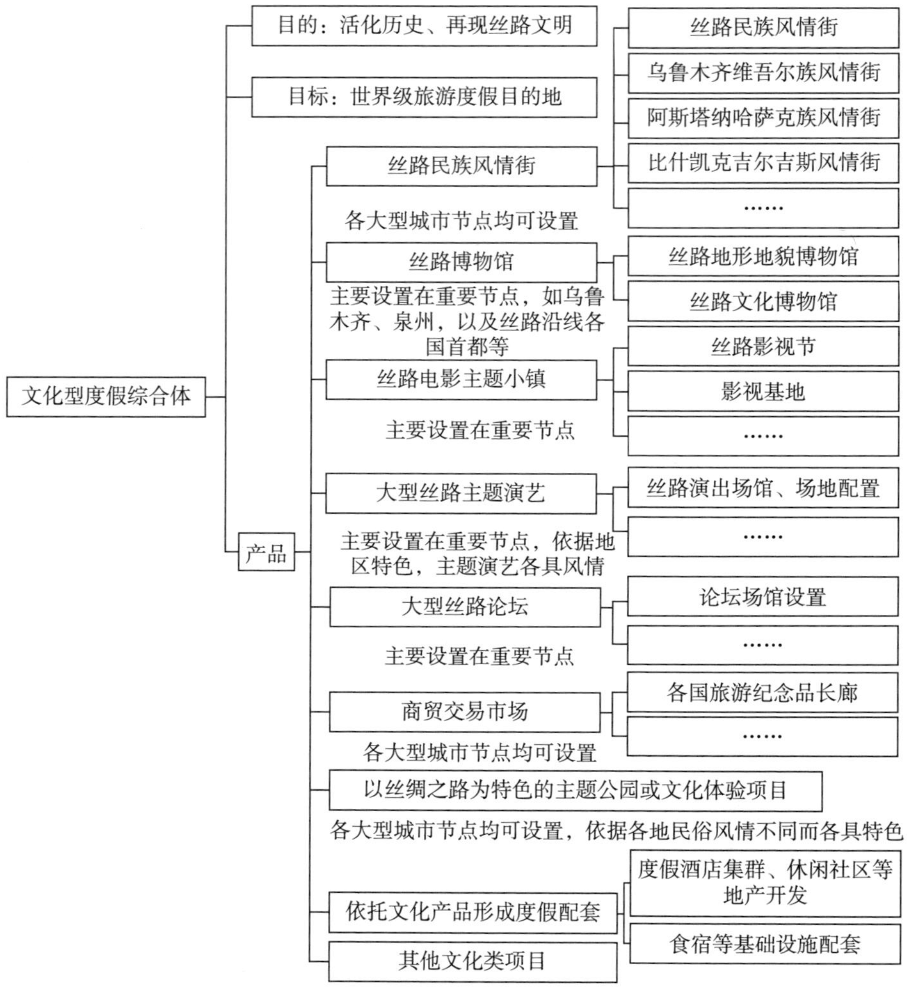

图 4－58　新丝路之旅文化型度假综合体开发

综合型旅游开发投资成本高、投资回收期长，区域旅游运营商多采用多元化的投融资方式。

表 4－26　新丝路之旅其他类型度假综合体开发

度假综合体的类型	代表	度假环境	特色产品	适宜地区
资源型度假综合体	滨海度假综合体	阳光、沙滩、海洋	邮轮体验、度假酒店集群、重走丝路体验、运动休闲体验等	海上丝路各港口城市

续表

度假综合体的类型	代表	度假环境	特色产品	适宜地区
资源型度假综合体	山岳度假综合体	山地 + 自然	山地运动、山地别墅酒店群、重走丝路体验、其他运动休闲项目	丝绸之路的山地地带，如陕西陇山区
	森林度假综合体	森林天然氧吧	森林度假木屋群、森林主题乐园、森林丝路体验等	海上丝绸之路林带，如云南、海南等地林带
	湖泊度假综合体	湖泊 + 自然	滨湖别墅群、江湖丝路体验、其他运动休闲体验项目	丝绸之路湖泊地带，如青海湖等
	沙漠度假综合体	大漠风情	沙漠定向越野、沙漠酒店群、沙漠丝路体验等	丝绸之路沙漠绿洲区，如“塞上绿洲”银川
	乡村度假综合体	田园风情	中西亚风情乡村农园、欧洲风情田园、农业主题乐园、乡村农庄、乡村度假别墅等	丝绸之路各节点城市城郊地带
养老养生型度假综合体	温泉疗养型度假综合体	温泉 + 自然	温泉疗养度假酒店群、丝路体验活动等	丝绸之路沿线拥有地热资源地区
	山水养生型度假综合体	山水养生环境	养生度假酒店群、山地丝路体验等	丝路沿线山水环境优良地区
	医疗康复型度假综合体	自然环境	中医理疗馆、特色民族医疗馆、疗养型度假酒店群、丝路体验馆等	丝路节点养生环境较好、医疗环境较好的大城市地区

表 4－27　综合型旅游开发投融资方式

	收入模式	融资方式	手段	适用范围
区域旅游投资商或运营商整体自持，能获得长期收益，收益较大	酒店物业、商业物业的长期租赁 + 部分产权销售；地产物业的产权出售旅游体验项目的门票 + 体验收益	银行借贷	通过抵押固定资产或土地所有权等贷款	较优质的商业物业、资金雄厚的资产企业
		政策性借贷	国家或政府的鼓励政策，进行政策支持性信贷	养老项目、生态保护项目、国家或省级优化产业结构项目等

续表

	收入模式	融资方式	手段	适用范围
区域旅游投资商或运营商部分持有，承担的风险较小，开发中可能会出现资本不到位、地产开发周期较长等问题	按股份获得相应的运营收益，以及增值收益	私募资本融资	增资扩股，成立股份公司	项目前景较好
	按股份获得相应项目的运营收益，以及增值收益	项目融资	将项目拆分成若干个小项目分别融资	单个项目开发难度大或项目前景较好
区域旅游投资商或运营商仅拥有管理权	以管理入股获得相应收益	众筹融资	成立股份公司，开发商以项目前景众筹资本融资	项目前景较好
此外，区域旅游投资商或运营商还能通过租赁融资（土地租赁、房屋租赁等）、产权融资（拆分产权融资发售）等多种手段进行融资				

在具体运营过程中，区域旅游运营商一般会采用一、二级联动开发盈利模式，一级土地运营成为重要回现手段。二级地产开发中，旅游度假地产、度假小镇、度假酒店集群等都有国际顶尖配套，可通过休闲度假项目的运营获得长期稳定收益。房地产开发，包括度假别墅，借助度假地产势头实现区域增值，通过第二、第三居所等房产市场开发实现短期回现。

六、新丝路之旅对我国旅游发展格局的影响

（一）缓解区域旅游发展不平衡，打破“东重西轻”的传统旅游格局

国家旅游局规划专家王兴斌提出，新丝路之旅将以我国大西南、大西北丝路产品为主导，形成东西开放的陆上丝路之旅和海上丝路之旅双向通道，改变传统“东重西轻”的旅游发展格局。通过与中亚、东南亚、南亚、西亚、欧洲、非洲等国家和地区形成区域旅游联动，将中国纳入世界旅游网络之中，形成以大西部丝路之旅为主导，中国—中亚/东南亚/南亚/西亚—欧洲—非洲的跨国、跨洲世界旅游发展格局。在新丝路之旅的带动下，我国东西旅游互动发展，国际旅游者“东进西出”与“西进东出”的大循环旅游格局将有效缓解我国区域旅游发展不平衡的现象。

（二）改变度假地产区域不平衡分布格局，有效化解部分“鬼城”现象

新丝路之旅将通过东西互动、跨国跨洲区域互动，带动大西部旅游带的发展。随着西部旅游的升温、国际丝路品牌形象的树立，区域旅游运营商将云集西部进行综合型旅游开发，这将在一定程度上改变西部度假地产不温不火的局面，也将在一定程度上化解部分“鬼城”现象。

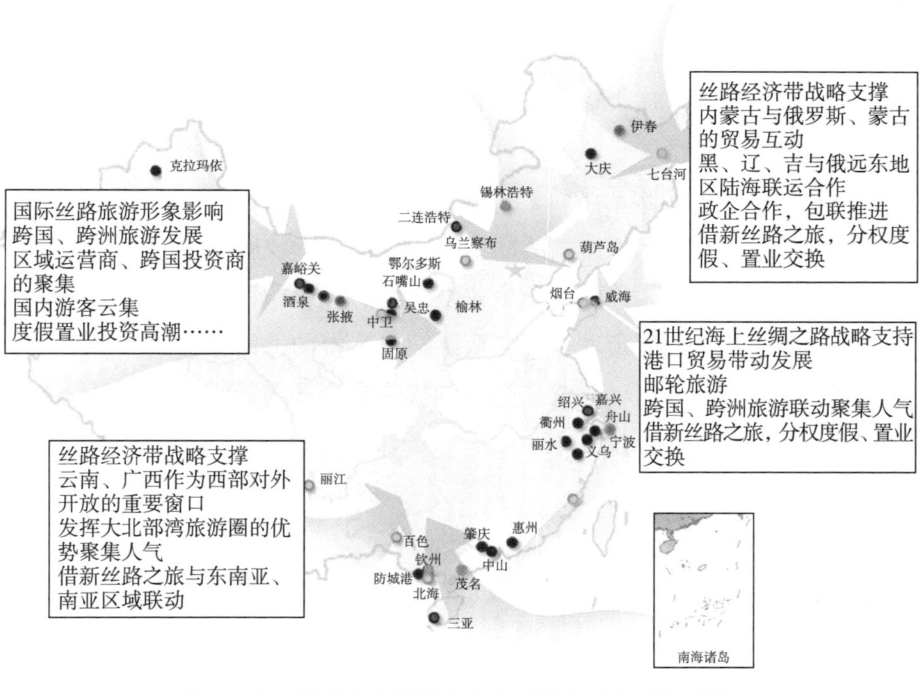

图 4－59　新丝路之旅能有效化解部分“鬼城”现象

对于西部“鬼城”，如新疆克拉玛依，甘肃的嘉峪关、酒泉、张掖，宁夏的固原、石嘴山、吴忠等城市，在丝路经济带背景下，通过东西互动、跨国联动，新丝路之旅带动等途径发展经济、集聚人气，能消化部分楼市库存；还可以依托政府收购积压商品房作为保障房，通过政企合作、包联推进等方式缓解“鬼城”现象。

对于东南沿海和东部沿海的“鬼城”，如海南的三亚，浙江的嘉兴、绍兴、舟山、宁波，山东的烟台、威海，福建的泉州，广东的惠州、肇庆、中山、茂名等城市，在21世纪海上丝绸之路战略背景下，通过邮轮旅

游，跨国、跨洲旅游联动，以及候鸟分权度假等方式，化解部分“鬼城”现象。

对于西南沿海“鬼城”，云南的丽江，广西的百色、钦州、防城港等城市，在丝路经济带战略背景下，云南、广西作为西部对外开放的重要窗口，充分发挥大北部湾旅游圈的优势，通过与东南亚、南亚区域联动，旅游及商贸互动，集聚人气、吸引财气，消化部分楼市库存；也可以结合度假市场，通过候鸟分权度假方式，在一定程度上缓解“鬼城”现象。

对于内蒙古二连浩特、鄂尔多斯、锡林浩特，以及黑龙江的大庆、伊春、七台河等城市，由于这些城市旅游资源不占优势，其经济活力也很难在短期内吸引人口前来投资入住。在丝路经济带背景下，应充分利用内蒙古与俄罗斯、蒙古的联通区位，以及黑、吉、辽与俄远东陆海联运合作，通过与北方国家联动来增添经济活力。同时，省内政府通过政企合作，政府收购积压商品房作为保障房，企业整合重组、协调信贷支持、包联推进项目等多种举措消化楼市库存。在新丝路之旅带动下，也可以结合度假市场，通过房产度假改造、置业交换（分权度假）等途径消化楼市库存，走出“鬼城”阴影。

第九节　郑东新区——中国最大的“鬼城”逆袭

一、规划背景

21 世纪初，河南省整体城镇化率不足 20%，位列全国倒数第二。按照 20 世纪末国务院对郑州市发展的批复，郑州未来要发展成为城市化率高达 80%、人口总量达 500 万以上的全国区域性中心城市[①]。以此前景来看，郑州中心城区规模较小，难以支撑数百万人口；京广铁路和陇海铁路的贯穿分割限制发展空间，难以承载建设目标。在此背景下，河南省提出开发郑东新

① 郑东新区管理委员会．郑东新区规划［EB/OL］．新华网．http：//www.ha.xinhuanet.com/yincang/2011－03/02/content_22183833_1.htm，2011－03－02.

区，扩展城市发展空间，培育城市新经济增长点，提升城市整体竞争力。

二、郑东新区规划

郑东新区由日本黑川纪章事务所规划，远景规划范围150平方公里[①]。规划中引入“生态城市”“新陈代谢城市”“共生城市”等新规划理念，并以组团开发形式划分六大功能分区，即中央商务区（CBD）、商住物流区、龙湖区、龙子湖高校园区、科技物流园区和郑州经济技术开发区。

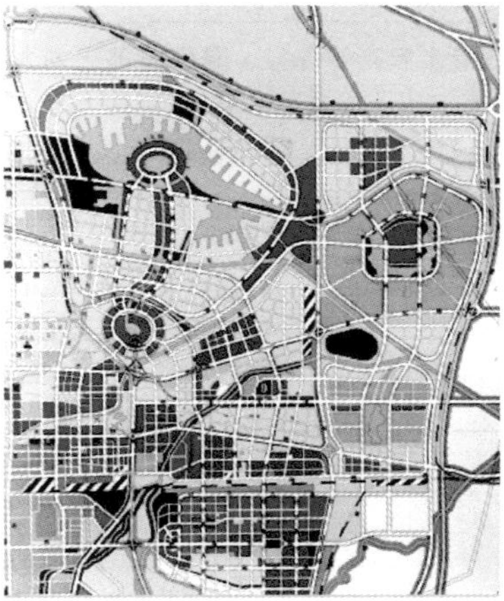

图4-60 郑东新区总体规划示意图

图4-61 郑东新区六大功能分区图

资料来源：郑东新区管理委员会。

表4-28 郑东新区六大功能分区

功能分区	规划面积（平方公里）	规划定位	构成
中央商务区（CBD）	3.45	郑东新区的核心区	两栋60层环形建筑构筑的环形城区，两环之间布置商业和娱乐项目；两环以内设置会展中心、酒店、艺术馆等
商住物流区	23	CBD的功能支撑区	内设行政机关单位、酒店、社区、商业街（包括美容美发、零售批发等商业）、物流服务中心等

① 郑东新区管理委员会．郑东新区规划．[EB/OL]．新华网．http://www.ha.xinhuanet.com/yincang/2011-03/02/content_22183833_1.htm，2011-03-02.

续表

<table>
<tr><th colspan="2">功能分区</th><th>规划面积（平方公里）</th><th>规划定位</th><th>构成</th></tr>
<tr><td rowspan="3">龙湖区</td><td>龙湖</td><td>6.08</td><td>城市生态区域</td><td>龙湖</td></tr>
<tr><td>龙湖半岛</td><td>0.48</td><td>CBD 副中心</td><td>半岛上建有写字楼、酒店、社区等，在空间上整体组合成环形半岛小城，其中半岛湖中湖为半岛一绝，集休闲、旅游、娱乐功能于一体。半岛环形城与 CBD 环形城以运河相连，打造“如意”造型</td></tr>
<tr><td colspan="4">其他区域共 33.44 平方公里</td></tr>
<tr><td colspan="2">龙子湖高校园区</td><td>22</td><td>大学城</td><td>设置多家高等院校。园区内部规划龙子湖（有“望子成龙”之意），空间上伸入各大院校。龙子湖上规划湖心岛，布局图书馆、体育场等设施</td></tr>
<tr><td colspan="2">科技物流园区</td><td>18</td><td>科研和物流产业区</td><td>主要布置科研机构、物流港等项目</td></tr>
<tr><td colspan="2">郑州经济技术开发区</td><td>50</td><td>工业支撑区</td><td>新型工业等</td></tr>
</table>

三、郑东新区挑战

2011 年，美国 CBS《60 分钟》节目将郑东新区定为“鬼城”；同年，郑东新区空置率调查显示，商住房空置率高达 55.17%①。2011—2013 年，郑东新区被评为中国最大的“鬼城”②。

四、“鬼城”强势逆袭

（一）政策支撑郑东新区发展

郑东新区在开发上，采取土地滚动、分期开发形式。在投融资上，依靠土地抵押、财政担保等手段向银行等金融机构融资。在政策上，采取行

① 揭秘郑东新区鬼城之谜［EB/OL］. http://baike.baidu.com/link?url=GB7FpBPMeT53FK6Hs9gKhSrfqXpJMSA21mZwCnCUh_VkINqgAWjdtb0EiGcpFzyU_Gc-qZeaCvnNL-a1c_8BRsq.

② 安乾．快速城市化中城市空间的生产机制研究——以郑州市为例［D］．开封：河南大学，2012.

政性强制手段。例如：①强制行政单位入驻郑东新区，以郑州市中级人民法院为例，行政性强制搬迁到郑东新区。②控制老城项目开发，强制企业单位入驻。③放低地价（地价仅几十万元/亩，房屋成本仅1000多元/平方米），鼓励房地产开发商入驻。

（二）外来大地产开发商入驻带动郑东新区发展

绿地、绿城、顺驰等外来大地产开发商因郑东新区规划前景和区域优势，以及便宜的地价投资入驻。品牌集聚效应促使更多的资本流入郑东新区。

（三）河南省城镇化的快速发展提高了郑东新区的人口红利

郑州市现有300多万流动人口，每年增长70万~80万人。河南2014年城镇化水平不足45%，有1600多万农村籍市民（半城镇化状态下的市民）[①]，这些都为郑东新区人口红利的提升奠定基础。

（四）多元产业培育为郑东新区快速发展奠定基础

郑东新区实施开发建设与产业发展联动协调、双轮驱动。在开发起步阶段，以房地产业为主导，驱动资本和人口流入。在城市发展阶段，受土地资源限制，导向性选择产业培育，金融业、旅游业等现代服务业作为发展重点。

郑东新区的国家战略和产业发展定位推动金融机构、旅游企业的入驻；同时，便利的交通和区位优势，以及中原经济区的发展潜力，也成为金融机构和旅游企业云集的主要原因。

截至2014年，郑东新区已吸纳226家金融机构入驻[②]，包括金融行政机构（人民银行等）、外资银行（汇丰、渣打等）、省级分行（中行、农行等），以及各类保险机构（中国人寿、中国人保等）等。旅游企业云集速度也毫不逊色，雅乐轩、万豪、永和铂爵等国际酒店品牌已强势入驻，万通、康辉、青旅、中旅等旅游企业也在郑东新区成立分公司。

---

① 中国最大鬼城逆袭：入住业主都是社会精英 房价疯涨［N］. 经济观察报，2015-03-02.

② 郑东新区金融业增加值破百亿 已入驻金融机构226家［N］. 河南日报，2015-01-07.

（五）六大功能分区快速发展，“鬼城”成功“复活”

如今，郑东新区已走出“鬼城”阴影，CBD 已发展成为河南省的金融中心，以及企业总部聚集区，已有 400 多家企业总部、银行等单位入驻①。

图 4－62　郑东新区 CBD

龙湖南区已发展成为高品位、生态化宜居区，区域内容纳 300 多家业态店面。绿地、绿城、顺驰等大地产商开发的社区入住率较高。

商住物流区已形成规模化的物流园区和行政单位聚集区。商都路沿线已形成初具规模的物流产业带，目前已有三四十家事业单位入驻。

龙子湖高校园区作为郑东新区的大学城，已有多家高等院校、科研机构入驻，师生超过 18 万人②。

科技物流园区已发展成为科技创新基地和现代物流中心。美国大通摩根、华丰钢铁、美国福蒙特、中国万通等一批国内外知名物流项目已进驻。

按照“鬼城”标准，100 平方公里的建成区少于 50 万人定为“鬼城”。郑东新区目前已实际入住 100 多万人③（建成区突破 100 平方公里），已从中国最大的“鬼城”逆袭为税收突破百亿元、人口超百万的新兴城

---

① 郑东新区［EB/OL］. http：//baike. baidu. com/link？url = YTLRJvUzbj64ixlVmH9dB9jhHiPQ05Ohfo3V738IRk97NOawT6OLOPgIVE4Ex3uwj8PblT2rQ482xjegXwpQs_，2014.

② 刘静，敬艳丽．郑东新区金融集聚核心功能区发展可行性分析［J］．中小企业管理与科技，2014（12）：141－142.

③ 中国最大鬼城逆袭：入住业主都是社会精英 房价疯涨［N］．经济观察报，2015－03－02.

区。完善的基础配套、生态的居住环境、高新企业云集，使得郑东新区成为郑州高收入人群的聚集地，房价也从每平方米2000多元飙升至每平方米1.5万元以上。

图4-63 郑东新区生态宜居新城

郑东新区“鬼城复活”的经验可归结为四点，即政府主导、规划先行、市场运作和产业跟进。政府为新区发展铺平道路，通过新区规划，打造了高品位宜居新城；通过市场运作和产业培育，打造了中原经济区的金融中心，为新区发展注入了产业生命力；借助郑州便利的区位优势和中原经济区的发展潜力，企业云集、人口集聚，郑东新区“筑巢引凤”才得以实现。

郑州、昆明、天津等地的新城“鬼城”，由于这些城市的新城区发展处于过渡开发期，凭借着它们优越的交通区位、有活力的城市经济，不出10年，就能通过产业导入、企业引进发展起来。但是，威海、烟台、三亚等度假地产“鬼城”突破还有待时日，我们会持续跟进，在未来的实践经验中不断更新。

参考文献

Reference

[1] 余源鹏. 旅游房地产项目开发全程策划 [M]. 北京：中国建筑工业出版社，2009.

[2] 黄博文，王瑞臣. 赢在模式——旅游地产困境突破之道 [M]. 北京：中国商业出版社，2013.

[3] 屠高平. 郑州市居民休闲旅游的现状调查及对策研究 [D]. 郑州：河南大学，2007：60.

[4] 中国旅游度假 [EB/OL]. http：//wenku. baidu. com/view/d477e2a2f524ccbff1218471. html，2012－01－14.

[5] "城镇化质量"其实也是民生问题 [EB/OL]. 中国网，2012－12－17.

[6] 张明明. 我国旅游地产投资分析 [D]. 天津：天津大学，2008：61.

[7] 2014 年 60 岁以上老年人口将突破 2 亿 [N]. 温州日报，2014－10－09.

[8] 郑州养老住宅需求意向调查 养老地产仍属"星星之火" [EB/OL]. www. fang. com，2015－03－12.

[9] 郑州需要养老地产 [EB/OL]. http：//hn. house. sina. com. cn/zhuanti/oldpeople/.

[10] 杨扬. 大城市边缘小城镇旅游房地产开发探析 [D]. 杭州：浙江大学，2005：56.

[11] 我国产权酒店和分时度假的资产证券化设想 [EB/OL]. http：//www. chinavalue. net/Biz/Article/2006－9－4/42718. html，2006－09－04.

[12] 全球经济背景下的分时度假发展 [EB/OL]. http：//www. sina. com. cn，2009－05－19.

[13] 海南“购房入户”政策的前世今生 [EB/OL]. http: //newhouse. hn. fang. com/2012 - 12 - 25/9254158_ all. htm, 2012 - 12 - 25.

[14] 卢宏. 分时度假的经济学分析 [J]. 经济问题探索, 2008 (2).

[15] 以“资本证券化”手段撬动现代旅游酒店业发展 [EB/OL]. http://pdjt. cn/shownews. asp? id = 651, 2013 - 07 - 26.

[16] 美尔地产携手万达推云南旅游地产 [EB/OL]. http: //www. sj998. com, 2014 - 06 - 09.

[17] 远洋首度进军旅游地产 15 亿黄山造岛 [EB/OL]. http: //house. focus. cn/news/2012 - 10 - 18/2439830. html, 2012 - 10 - 18.

[18] 龙湖中青旅跨界握手 长城源著树旅游地产投资新标杆 [EB/OL]. http: //www. cntins. com/zx/gdyw/201407/t20140725_90978. htm, 2014 - 07 - 25.

[19] 2013 年大型房企进军旅游地产调查分析 [EB/OL]. http: //www. chinairn. com, 2013 - 04 - 24.

[20] 魏靖. 华谊兄弟多元化: 进军旅游地产 意图复制迪士尼模式 [N]. 投资者报, 2010 - 10 - 24.

[21] 茅台再次跨界房地产: 斥资 22 亿元打造海南度假村 [EB/OL]. 澎湃新闻网, 2014 - 08 - 15.

[22] 2015 年旅游地产项目四大发展趋势 [EB/OL]. http: //www. coolod. com/35791. html, 2015 - 02 - 11.

[23] 2014 年中国房地产市场趋势展望 [EB/OL]. http: //house. cnool. net/shownews. aspx? bigcataid = 0 - 1 - 39&id = 17024&page = 2, 2013 - 12 - 25.

[24] 叶檀: 旅游养老地产投资更大、圈地更多、泡沫更严重 [EB/OL]. http: //house. 365jilin. com/news/20121010/399061. html, 2012 - 10 - 10.

[25] 胡晓莺: 2014 旅游地产发展分析及 2015 旅游地产发展预测 [EB/OL]. http: //www. aiweibang. com/yuedu/3007971. html, 2014 - 11 - 10.

[26] 2014 鬼城指数排行榜: 或将出现 50 个鬼城 [EB/OL]. http: //house. ifeng. com/detail/2014_ 10_ 12/50060123_ 0. shtml, 2014 - 10 - 12.

[27] 今年国内海景房开始步入分级时代 [EB/OL]. http: //www. chinairn. com/print/3633318. html, 2014 - 05 - 15.

［28］2013 第二届国际最佳旅游地产项目评选活动启动［EB/OL］. 中国新闻网，2013－08－08.

［29］2014 年我国人均 GDP 约为 7485 美元 已有 7 省市破万［EB/OL］. http：//www. guancha. cn/economy/2015_ 01_ 20_ 306931. shtml，2015－01－20.

［30］BCG：中国游客消费升级的世界机遇［EB/OL］. http：//www. enorth. com. cn，2013－12－08.

［31］苏海南. 我国中等收入群体调查［N］. 北京日报，2013－04－15.

［32］杨天宇，朱诗娥. 我国居民收入水平与边际消费倾向之间“倒U”型关系研究［J］. 中国人民大学学报，2007（3）.

［33］中国整体消费形势特点：BCG 中国中高收入群体消费报告［EB/OL］. http：//www. topbiz360. com/web/html/newscenter/transparent/158372. html，2014－09－29.

［34］国家统计局：中国 65 岁以上人口占比首超 10%［EB/OL］. 中国经济网，2015－02－26.

［35］李盛，李睦．“候鸟式”异地养老 喜中有忧［J］. 工会博览，2014（15）：33－35.

［36］国务院：2025 年我国 60 周岁以上老年人将突破 3 亿［EB/OL］. 人民网，2013－09－13.

［37］养生行业市场研究［EB/OL］. http：//www. chanyeguihua. com/1287. html.

［38］2013 年我国卫生和计划生育事业发展统计公报［G］. 中华人民共和国国家卫生和计划生育委员会，2014－05－30.

［39］传统旅游业正面临新形势的挑战［EB/OL］. 新华网，2014－02－26.

［40］中国就业年龄总人口 2020 年将达 8.3 亿人峰值［EB/OL］. 中国新闻网，2013－06－17.

［41］2013 中国差旅管理服务市场研究报告［EB/OL］. 劲旅网，2014－01－26.

［42］2014 中国商务旅行调查报告［EB/OL］. http：//cs. travelsky. com/

cms/wwwroot/cs/zx/xyxw/slmice/255893. shtml，2014－12－02.

［43］商旅公寓击破差旅原生市场［EB/OL］. http：//mp. weixin. qq. com/s？_ _ biz = MzA5MzA1OTQzNA = = &mid = 200240675 &idx = 3&sn = fd4d42ce2e7b0229f1e3bc，2014－03－29.

［44］2013年全国大学生旅游意向调查报告发布［N］. 中国青年报，2014－01－24.

［45］去哪儿网发布亲子游调研报告 暑期游6月订最划算［N］. 北京商报，2014－06－19.

［46］沙绍举. 中国国内旅游消费结构及潜力分析［J］. 中国集体经济，2008（2）：114－115.

［47］中国社会科学院旅游研究中心课题组. 2014年上半年中国旅游消费价格指数（TPI）报告［EB/OL］. 中国社会科学网，2014－08－08.

［48］2014年内蒙古旅游态势良好 游客消费结构合理化［G］. 国家旅游局. http：//www. cnta. gov. cn/html/2015－2/2015－2－3－16－9－35999. html，2015－02－03.

［49］2013年中国城市避暑旅游发展报告［EB/OL］. http：//travel. cntv. cn/2013/06/19/ARTI1371612449659975. shtml，2013－06－19.

［50］2014年中国城市避暑旅游发展报告［EB/OL］. http：//travel. sohu. com/20140627/n401474663. shtml，2014－06－27.

［51］海南三亚候鸟式养老 海南三亚老年公寓排名［EB/OL］. http://www. gzyeah. com/，2014－11－24.

［52］预计未来十年中国超高资产净值人士数目增80%［EB/OL］. http：//news. dichan. sina. com. cn，2014－03－11.

［53］万达联手途家网 打造国内旅游度假产业新标杆［EB/OL］. http://house. ifeng. com/detail/2014_ 04_ 28/46063491_ 0. shtml，2014－04－28.

［54］美尔再签万达 分权度假扩张西双版纳度假区［EB/OL］. http://cq. house. qq. com/a/20131021/011503. htm，2013－10－21.

［55］万达长白山国际度假区［EB/OL］. http：//wenku. baidu. com/

link? url = 8SiCDhqWZo_ 2x8kp6qCjO_ mow - ZhCI5nNycl6J2r - jBSwbasGPbJNpY-eGcjXImjrDdGmsajINP2GxvEyVXUnZZXQHJ - osrMJN5xDBwEaSb_ , 2012 - 11 - 20.

[56] 深度解读红树林：一个创新的旅游度假地产标杆案例 [EB/OL]. 新浪房产. http://sanya.house.sina.com.cn/news/2014-10-21/17554538142_2.shtml, 2014-10-21.

[57] 旅游地产发展渐露锋芒 分权度假模式已成未来趋势 [EB/OL]. http://www.winshang.com, 2015-02-25.

[58] 王春敏. 上海出台养老配套新政 [J]. 中国房地产, 2014 (5): 7.

[59] 旅游文化主题地产 [R]. 上海易居房地产研究院, 2010-11-05.

[60] 李延文. 我国城市养老社区投资研究——以北京市为例 [D]. 天津: 天津大学, 2010: 73.

[61] 不同年龄人群如何攒"旅游基金" [N]. 淮海晚报, 2010-07-05.

[62] 国内外经典养老社区项目分析及建议 [EB/OL]. http://wenku.baidu.com/link? url = iY6ZwX39uDAZub76NbjwC5Kd - w7iZvzzxFIkyN-zBZxFe0mMEt87csTvSaPrxHLEojpfwtJhS1xUYdQHLnWIZcuFt1WE6P4glFUbgS-AoynC, 2014-07-18.

[63] 国外的创意农业 [EB/OL]. http://sannong.cntv.cn/20140702/101672.shtml, 2014-07-02.

[64] 创意农业在我国的发展现状与前景 [R]. 大地风景国际景观集团, 2012-02-20.

[65] 张道刚. 现代城市的田园梦 [J]. 决策, 2011 (10): 5.

[66] 中国90%地级市争建新城 总规划人口达34亿 [N]. 广州日报, 2014-04-21.

[67] 师武军, 王学斌, 周艺怡. 英国新城建设的经验与启示 [EB/OL]. http://wenku.baidu.com/link? url = z803Sea4hxv9i1X6YJGKcTZEjf5-SCzELTDstKTIbwoJb8twNbc0U4xv7pfyHi7mJM3vfeZDshYyC - l7 - 8OVt7IqzD-KVfCpI9gu67HR6lFTe, 2010-12-07.

[68] 毛蓉芳. 当代西方国家的市场经济体制 [M]. 北京: 人民出版

社，1995.

［69］林洪波．中国大城市新城建设研究——以北京通州建设为例［D］．北京：首都经济贸易大学，2006.

［70］三四线城市成“鬼城”重灾区 “鬼城”是怎样建成的［EB/OL］．http：//house. baidu. com/，2014－10－12.

［71］苏畅．试论奥兰多迪士尼的主题乐园发展战略［J］．科技资讯，2012（25）：179－180.

［72］奥兰多迪士尼主题娱乐游乐园案例研究［EB/OL］．http：//kecheng. baidu. com/view/e71f880d1711cc7931b71678. html，2015－02－05.

［73］试论奥兰多迪士尼的主题乐园发展战略［J］．科技资讯，2014－04－11.

［74］王大悟．主题乐园长盛不衰十大要素论析—— 以美国迪士尼世界为案例的实证研究［J］．旅游学刊，2007，22（2）.

［75］王晓亮，李桂文．适应“持续照护”的老年人社区规模合理性分析［J］．城市建设理论研究，2012（16）.

［76］上海万科养老地产模式研究［R］．上海栖城建筑规划设计有限公司，2013.

［77］北京绿创维景规划设计院．度假交换系统模式探索［EB/OL］．http：//wenku. baidu. com/link？ url = s – fiFOsZ6kvQ3xtwEiANeEdGJQI7FkmT825k8QSAnmZTfMPG7whwxjXM6PtfPsc8-BkwWxo6O4jnwT _ CWgmaWj8ZpI7je9AMN-SGBeK _ SMPm，2014.

［78］旅游地产产品［EB/OL］．旅居财富网．http：//www. 5u588. com/.

［79］O2O2O，看旅游地产如何打造闭环！［EB/OL］．http：//www. shbiz. com. cn/Item/234772. aspx，2014－05－27.

［80］成都三圣乡“五朵金花”城乡一体化开发经验［EB/OL］．http：//wenku. baidu. com/link？ url = a_ OCR1tBnWEyzTv – VILy_ ZBQhXD-_c9s5EMziwS – og – 5rzYIatzJN0CfoY2L6uCIyY _ qzKacMZBgrH – cpI7asL GK-JoPjFSqACMzEd – gh6mm，2012－10－25.

［81］于英．青岛市城阳区乡村旅游发展研究［D］．青岛：青岛大

学，2011：63.

[82] 王春林．广西特色农业与农村文化产业融合发展的优势与策略[J]．创新，2013（3）：112－117.

[83] 经验启示 [EB/OL]．http：//wenku. baidu. com/link？url＝7sxpKz_ qoESU5b1BHZThKMXPLsyyEBcoIZXbCTcfslrgUZWAyBWtlGx_ 4phRFmb－8945iVOX5xi4MPDEToZerX4BX71_ iWqyaxscjjUQqzi，2014－05－08.

[84] 组团发展格局—总体规划—西咸新区 [EB/OL]．http：//www. xixianxinqu. gov. cn/aboutx/zlgh/ztgh/2014/0402/2510. html，2014－04－02.

[85] 马溯川，杨霖．西咸新区：全面开启现代田园城市建设征程，[J]．时代经贸，2012（14）：36－37.

[86] 西咸新区打造现代田园城市新标杆 [EB/OL]．陕西省人民政府．http：//www. shaanxi. gov. cn/，2012－08－25.

[87] 信息动态 [J]．中国经济周刊，2013（43）：12.

[88] 李伟．泾河新城：在国家级新区里建一座现代田园城市 [J]．中国经济周刊，2014（12）：46－48.

[89] 陈楠枰．"一带一路"：中国外交新观念 [J]．交通建设与管理，2014（5）：46－49.

[90] 丝绸之路成功申遗 成为首例跨国合作成功申遗项目 [EB/OL]．中国新闻网，2014－06－22.

[91] 博鳌论坛共绘亚洲融合新未来 [N]．经济参考报，2015－03－27.

[92] 西安成为西北首个72小时过境免签城市 [EB/OL]．搜狐旅游，2014－04－21.

[93] 长安号·丝绸之路旅游专列正式开行 [N]．光明日报，2014－06－23.

[94] 2014年甘肃旅游十大新闻 [EB/OL]．中国甘肃网，2015－01－05.

[95] "美丽中国——2015丝绸之路主题年"天津地区启动仪式举行 [EB/OL]．新浪网，2015－01－02.

[96] “21世纪海丝之旅”引领福建打造海丝文化旅游品牌[EB/OL]. 福建新闻网，2014-03-11.

[97] 泉州设海上丝绸之路主题展馆[EB/OL]. 中国新闻网，2014-11-05.

[98] 云锦：云飘霞飞海上路，走进诸国王室家[EB/OL]. 世界丝绸网，2015-04-15.

[99] 陈武. 发展好海洋合作伙伴关系——深入学习贯彻习近平同志关于共建21世纪“海上丝绸之路”的战略构想[J]. 东南亚纵横，2014(1)：3-5.

[100] 广西启动“美丽中国——2015丝绸之路旅游年”[EB/OL]. 中国新闻网，2015-01-10.

[101] 共筑网上丝绸之路宁夏宣言[EB/OL]. 宁夏旅游资讯网，2014-08-14.

[102] 2014中俄蒙三国跨境旅游合作发展对话会议将在满洲里市召开[EB/OL]. 凤凰旅游，2014-12-17.

[103] 王兴斌：打造丝绸之路旅游带正当其时[EB/OL]. 中国经济网，http://news.xinhuanet.com/travel/2014-06/23/c_126657937.htm，2014-06-23.

[104] 郑东新区[EB/OL]. http://baike.baidu.com/link?url=YTLRJvUzbj64ixlVmH9dB9jhHiPQ05Ohfo3V738IRk97NOawT6OLOPgIVE4Ex3-uwj8PblT2rQ482xjegXwpQs_，2014.

[105] 郑东新区管理委员会. 郑东新区规划[EB/OL]. 新华网.http://www.ha.xinhuanet.com/yincang/2011-03/02/content_22183833_1.htm，2011-03-02.

[106] 中国最大鬼城逆袭：入住业主都是社会精英 房价疯涨[N]. 经济观察报，2015-03-02.

[107] 揭秘郑东新区鬼城之谜[EB/OL]. http://baike.baidu.com/link?url=GB7FpBPMeT53FK6Hs9gKhSrfqXpJMSA21mZwCnCUh_VkINqgAWjdtb0EiGcpFzyU_GcqZeaCvnNL-a1c_8BRsq.

［108］安乾．快速城市化中城市空间的生产机制研究——以郑州市为例［D］．开封：河南大学，2012.

［109］郑东新区金融业增加值破百亿 已入驻金融机构 226 家［N］．河南日报，2015－01－07.

［110］刘静，敬艳丽．郑东新区金融集聚核心功能区发展可行性分析［J］．中小企业管理与科技，2014（12）：141－142.

［111］以现代田园城市建设为载体 打造中国特色新型城镇化范例［EB/OL］．陕西省西咸新区泾河新城管理委员会．http：//www. jinghenewcity. gov. cn/news/201406/25/766. html.

［112］唐浩．都市候鸟计划［EB/OL］．利海集团．http：//www. lsea. com. cn/，2012.